CASAIS MONTEIRO
UMA ANTOLOGIA

FUNDAÇÃO EDITORA DA UNESP

Presidente do Conselho Curador
Herman Jacobus Cornelis Voorwald

Diretor-Presidente
José Castilho Marques Neto

Editor-Executivo
Jézio Hernani Bomfim Gutierre

Assessor Editorial
João Luís Ceccantini

Conselho Editorial Acadêmico
Alberto Tsuyoshi Ikeda
Áureo Busetto
Célia Aparecida Ferreira Tolentino
Eda Maria Góes
Elisabete Maniglia
Elisabeth Criscuolo Urbinati
Ildeberto Muniz de Almeida
Maria de Lourdes Ortiz Gandini Baldan
Nilson Ghirardello
Vicente Pleitez

Editores-Assistentes
Anderson Nobara
Fabiana Mioto
Jorge Pereira Filho

CASAIS MONTEIRO
UMA ANTOLOGIA

Rui Moreira Leite (org.)

editora
unesp

© 2012 Editora Unesp

Fundação Editora da Unesp (FEU)
Praça da Sé, 108
01001-900 – São Paulo – SP
Tel.: (0xx11) 3242-7171
Fax: (0xx11) 3242-7172
www.editoraunesp.com.br
www.livrariaunesp.com.br
feu@editora.unesp.br

CIP – Brasil. Catalogação na fonte
Sindicato Nacional dos Editores de Livros, RJ

C33

    Casais Monteiro: uma antologia / Rui Moreira Leite (org.). – São Paulo: Editora Unesp, 2012.

    ISBN 978-85-393-0245-1

    1. Monteiro, Adolfo Casais, 1908-1972 – Crítica e interpretação. 2. Literatura portuguesa – História e crítica. I. Leite, Rui Moreira.

12-3340.   CDD: 869.3
                                                                                 CDU: 821.134.3-3

Editoras afiliadas

Asociación de Editoriales Universitarias
de América Latina y el Caribe

Associação Brasileira de
Editoras Universitárias

Sumário

Apresentação,   ix

Registros em primeira pessoa
O meu mestre Leonardo Coimbra,   3
Uma história da *Presença*,   9
O Globo,   17
Entre a cruz e a caldeirinha,   19

Comentários sobre cinema
Roma, cidade aberta,   27
Romeu e Julieta,   32

Teatro português
Função explosiva do teatro,   39
Sobre o estado do teatro em Portugal,   50
Situação do teatro português,   55

Crítica literária
Os falsos dilemas da crítica contemporânea,   63

Estabelecimento de textos e preparo de edições
Peregrinação de Fernão Mendes Pinto,   81
As *"Obras incompletas"* de Eça de Queiroz,   87

Relações culturais Portugal-Brasil
Para um verdadeiro intercâmbio cultural luso-brasileiro,   97

Comunicações a congressos
Congresso Internacional de Escritores e Encontros Intelectuais,   105
    Fernando Pessoa: o insincero verídico,   105
    Problemas da crítica de arte,   127
IV Colóquio Luso-Brasileiro,   143
    Modernismo português e brasileiro,   143
I Congresso de Crítica e História Literária,   151
    O real e o ideal na concepção da literatura,   151
II Congresso de Crítica e História Literária,   170
    A crítica sociológica,   170

Essência da poesia, criação poética – resposta
    à teorização concretista
A voz humana e a poesia,   197

Poesia e literatura portuguesas
Tentativa de síntese da poesia portuguesa,   203
A literatura portuguesa no Brasil,   212

Sena, Supervielle, Antonio Pedro, José Régio
Jorge de Sena: Antologia dos novíssimos,   219
Jules Supervielle,   224
Antonio Pedro, o animador da vanguarda,   229
Em memória de José Régio,   235

Cultura e política

A demagogia da arte útil, 245
Fernando Pessoa e o preconceito da ordem, 249
A cultura em regime democrático, 253
Queimando os velhos ídolos, 257
Quando os lobos uivam, 261
A grande hipocrisia da comunidade, 267

Correspondência

Casais Monteiro a Ribeiro Couto, 273
> Aljube do Porto, 2 de fevereiro de 1935, 273
> Lisboa, 4 de julho de 1952, 275
> 9 de julho(!!!!), 277

Augusto Meyer a Casais Monteiro, 279
> Porto Alegre, 1º de setembro de 1935, 279

Casais Monteiro a Augusto Meyer, 281
> Porto, 13 de novembro de 1935, 281

Mário de Andrade a Casais Monteiro, 282
> São Paulo, 12 de fevereiro de 1937, 282

Casais Monteiro a Mário de Andrade, 284
> Porto, 16 de maio de 1938, 284

Cícero Dias a Casais Monteiro, 286
> Lisboa, 3 de março de 1944, 286

Casais Monteiro a Hélio Simões , 287
> Lisboa, 21 de dezembro de 1948, 287
> Rio de Janeiro, 9 de abril de 1959, 288

Paulo Mendes de Almeida a Casais Monteiro, 289
> São Paulo, 11 de maio de 1954, 289

Vitor Ramos a Casais Monteiro, 290
> [Assis, 1959], 290

Unidade Democrática Portuguesa a Casais Monteiro e Jorge de
Sena, 295
> São Paulo, 3 de março de 1962, 295

Casais Monteiro a Dante Moreira Leite,   296
    Madison, 4 de janeiro de 1969,   296

Poesia
Poeta,   303
À memória de Mário de Sá-Carneiro,   304
Itinerário da libertação,   305
Canto da nossa agonia (fragmentos),   306
Europa (fragmentos),   308
Ato de contrição,   311
Ode ao Tejo e à memória de Álvaro de Campos,   312
Chave do silêncio,   315
Sol da tarde,   317
O castelo,   319

Romance
As esperanças comuns (um capítulo da primeira parte),   323

Cronologia,   329
Bibliografia selecionada,   337

Apresentação

Rui Moreira Leite

Esta publicação[1] destaca a atualidade da obra ensaística e crítica de Casais Monteiro, composta sempre no diálogo com os contemporâneos e os clássicos. A coletânea ressalta as ligações que desde cedo estabeleceu, de um lado, com a literatura e os escritores brasileiros e, de outro, com a literatura portuguesa e de maneira especial com a obra de Fernando Pessoa – com quem se correspondeu, de quem organizou a primeira antologia e a quem dedicou atenção permanente. Os textos evidenciam também o vínculo com a literatura de ficção, sobre a qual desenvolveu um conjunto importante de escritos alimentados pela apreciação dos títulos recém-lançados e pelo exame dos autores consagrados, muitos dos quais traduziu.

A seleção de textos aqui reunidos busca uma visão do conjunto da obra do ensaísta e do crítico. Alguns trazem observações acerca de sua formação universitária na Faculdade de Letras do Porto, na evocação

---

1   Esta obra reúne ainda uma seleção da correspondência, da obra poética, trechos do romance e uma bibliografia, tão extensa quanto possível. (N. O.)

Retrato de Casais Monteiro
por Antonio da Costa.

de Leonardo Coimbra; ou de sua militância política, na resposta às observações de Gaspar Simões acerca da revista *Presença*. Um inédito de meados dos anos 1940 se refere à tentativa frustrada de dar uma sobrevida ao jornal *O Globo*. Ainda em registro pessoal, um artigo publicado no Suplemento Literário d'*O Estado de S. Paulo* dá conta das dificuldades enfrentadas no exercício da crítica no Brasil.

Dado que apenas um texto referente ao cinema – escrito como colaboração para o quinzenário cinematográfico *Movimento* – foi recolhido em livro ("Cinema, mundo do instante", em *Considerações pessoais*), são reproduzidos aqui dois comentários das tardes clássicas do Jardim Universitário de Belas Artes – respectivamente a *Romeu e Julieta* e *Roma, cidade aberta* –, que constam do acervo da Cinemateca Portuguesa. Da mesma forma, são aproveitados dois textos sobre o teatro português publicados no Brasil com um intervalo de aproximadamente vinte anos: no primeiro, é mencionada a peça *Jacob e o anjo*, de José Régio; no segundo, *O indesejado*, de Jorge de Sena. O texto "Função explosiva do teatro", publicado na revista *Anhembi*, ainda antes de sua vinda ao Brasil, abre essa seção.

O artigo "Os falsos dilemas da crítica contemporânea" documenta, além da posição de Casais, sua maneira de escrever e organizar suas obras. Inicialmente publicado em 1946 no *Mundo Literário*, integra em 1950 o volume *O romance e seus problemas*, é reapresentado em 1952 na revista brasileira *Ensaio* para ser incorporado em 1961 como um dos capítulos de *Clareza e mistério da crítica*. A apresentação da *Peregrinação* de Fernão Mendes Pinto e os artigos sobre as obras completas de Eça de Queiroz documentam a atividade e a preocupação de Casais na área do estabelecimento de textos e preparo de edições. A atenção dedicada por Casais às relações culturais entre Portugal e Brasil é apresentada num texto publicado n'*O Diabo* em 1937 – ele retornaria ao tema em outras ocasiões e, em especial, numa série de artigos no Suplemento Literário d'*O Estado de S. Paulo*.[2]

Reúnem-se também os textos das comunicações apresentadas em congressos e colóquios: "Problemas da crítica de arte" e "Fernando Pessoa, o insincero verídico" (Congresso Internacional de Escritores e Encontros Intelectuais, São Paulo, 1954); "Afinidades e divergências do modernismo em Portugal e no Brasil" (IV Colóquio de Estudos Luso--Brasileiros, Salvador, 1959); "O real e o ideal na concepção da literatura" (I Congresso de Crítica e História Literária, Recife, 1960); "A crítica sociológica" (II Congresso de Crítica e História Literária, Assis, 1961).

"A voz humana e a poesia", escrito como resposta à teorização concretista, conserva seu interesse por expor suas posições acerca da essência da poesia e da criação poética. Aqueles artigos publicados na *Revista do Livro* e em *O Tempo e o Modo do Brasil* procuram, de um lado, apresentar a poesia portuguesa aos brasileiros e, de outro, a recepção da literatura portuguesa no Brasil aos portugueses.

---

2   Ver os artigos: "Não é com proibições que se cria progresso"; "Equívocos luso-brasileiros"; "Ainda os clássicos 'nossos' e 'deles'"; "Suscetibilidades irritadas e irritantes"; "Língua, cultura e nacionalidade" publicados no Suplemento Literário d'*O Estado de S. Paulo*, em 1957: os quatro últimos integrariam o capítulo "Tradição, Cultura e Autonomia Nacional", de *Clareza e mistério da crítica*. (N. O.)

"Antologia dos Novíssimos" saúda a publicação do volume *Líricas Portuguesas* 3ª série e também seu organizador, Jorge de Sena, que, graças à interferência de Casais e Eduardo Lourenço, viria ao Brasil como convidado para o IV Colóquio de Estudos Luso-Brasileiros ainda naquele ano de 1959 e aqui permaneceria até 1965. Três artigos são evocações de amigos recém-falecidos: o poeta francês Jules Supervielle; o pintor, poeta e homem de teatro Antonio Pedro e seu companheiro de *Presença* José Régio. Os textos sobre Antonio Pedro e José Régio foram seus últimos artigos enviados ao Suplemento Literário d'*O Estado de S. Paulo*, onde sua colaboração mais intensa se deu nos primeiros anos da publicação, de 1956 a 1961.

Por fim, uma série de textos sobre política e suas implicações na arte e na literatura escritos a partir das sugestões fornecidas por Fernando Pessoa, Henri Lefèbvre e pelo processo movido contra Aquilino Ribeiro por ocasião da publicação de *Quando os lobos uivam*. O artigo "A grande hipocrisia da comunidade", publicado quando da realização do IV Colóquio de Estudos Luso-Brasileiros em Salvador, teria sido responsável pela não renovação do contrato de Casais pela Universidade da Bahia. Com casos concretos, mostra como é impossível o estabelecimento de relações culturais entre uma ditadura e uma democracia.

A seleção de correspondência apresentada limita-se àquela trocada com escritores brasileiros e com as organizações da oposição portuguesa no Brasil. Ribeiro Couto é o primeiro escritor brasileiro a ser contatado por Casais em 1931. Aqui é reproduzida uma carta de Casais de 1937, que relata os dias de prisão no Aljube no Porto; e outra de 1952, que ecoa um desentendimento anterior de meados dos anos 1940, e que permite a Casais esclarecer seu posicionamento político. E, se Augusto Meyer, escreve a Casais ao ler o ensaio sobre a poesia de Ribeiro Couto, Mário de Andrade responde à solicitação de exemplares de seus livros ou por conta de pedidos de originais para a revista *Presença*. A carta de Cícero Dias de 1944 registra o contato mantido com Paulo Duarte,[3] então no

---

3   Paulo Duarte estaria, em 1954, à frente da organização do Congresso Internacional de Escritores e Encontros Intelectuais, que permitiria a vinda de Casais Monteiro e sua permanência num exílio voluntário. (N. O.)

exílio em Lisboa. As cartas a Hélio Simões documentam um primeiro convite para lecionar no Brasil e a expectativa da confirmação da ida a Salvador em 1959 para cursos na Faculdade de Letras e na Escola de Teatro. O bilhete de Paulo Mendes de Almeida registra o empréstimo de *Há uma gota de sangue em cada poema*, como colaboração a um artigo que Casais escrevia sobre Mário de Andrade. Vitor Ramos em sua carta oferece um relato do cotidiano do jornal *Portugal Democrático*, ao qual Casais esteve ligado como articulista e membro do Conselho de Redação. A carta da Unidade Democrática Portuguesa registra o desligamento de Casais e Jorge de Sena da Comissão Executiva daquela entidade – momento em que também deixam o jornal. Em carta a Dante Moreira Leite, seu colega da Faculdade de Filosofia Ciências e Letras de Araraquara, Casais registra, dos Estados Unidos, em 1969, a repercussão do AI-5 e o regresso de Jorge de Sena a Portugal após quase dez anos de exílio.

Poucos poemas de Casais Monteiro são reproduzidos, em seleção que procura respeitar a escolha do autor, registrada na antologia publicada em 1960. Assim como apenas um trecho do romance é estampado, seguindo a seleção efetuada por Casais quando de sua reprodução na revista *Presença*.

A bibliografia traz menção a textos não publicados referidos na correspondência com Ribeiro Couto e Augusto Meyer. Assim os *Poemas em louvor da carne*, comentados em carta a Ribeiro Couto, ainda hoje não integrados ao volume de suas *Poesias completas*. Ou o estudo crítico sobre Eça de Queiroz, que anunciara em *Considerações pessoais* e declara a Augusto Meyer, em 1935, ter iniciado nove anos antes e deixado de lado em sucessivas ocasiões. Da mesma forma *A jaula e os inocentes* é o título de um volume de teatro que anuncia em *A poesia de Ribeiro Couto* – um registro anterior é o comentário que faz com Ribeiro Couto: ter escrito três ou quatro cenas em 1933.[4] Entre os ensaios arrolados na bibliografia alguns são na verdade *plaquettes* e artigos destacados como títulos

---

4   O catálogo da exposição *Adolfo Casais Monteiro uma outra presença* (Lisboa: Biblioteca Nacional de Portugal, 2008) traz uma apresentação dos originais que constam do espólio, incluindo vários inéditos além dos citados. (N. O.)

à parte porque assim o próprio autor os incluiu em sua bibliografia.[5] A relação tão completa quanto possível das traduções revela que, por um lado, Casais verteu para o português muitos dos autores que discutiu em suas páginas sobre o romance; e que, por outro, à exceção de um conjunto de romances policiais cuja tradução foi excepcionalmente bem paga no início dos anos 1950, só se dedicou ao gênero uma única vez, com Simenon. Outro conjunto importante são obras de filosofia – notadamente Kierkegaard e Bergson que estão, curiosamente, entre as primeiras e as últimas das traduções realizadas. Entre os romances, o destaque parece ficar com *Adeus às armas* de Hemingway entre os contemporâneos e *A cartuxa de Parma* de Stendhal e *A educação sentimental* de Flaubert.

5　Optou-se por registrar sempre a primeira edição e, caso necessário, introduzir algum esclarecimento em nota. (N. O.)

Registros em primeira pessoa

O meu mestre
Leonardo Coimbra[1]

Nesta terra de analfabetos e de homens de letras em geral muito abaixo de analfabetos, os que pensam com dor e profundeza, os que sentem pensando e pensam sentindo, passam ignorados ou mal conhecidos pela parte episódica de sua vida.
Leonardo Coimbra

Os jovens que tendo terminado o curso liceal como quem acorda de um pesadelo, dão entrada na Universidade, levam no espírito uma grande fé naquele mundo inteiramente novo onde esperam achar satisfação para todas as curiosidades, umas precisas, outras indefinidas ainda, a que a abstrata frieza do liceu estava longe de responder – quando não as hostilizava.

Não tarda, porém, que, transpostos os portões da nova esperança, comecem as desilusões: a ciência continua a ser distribuída pelos mesmos processos, o mesmo espírito friamente didático; a mesma rotina da parte dos professores… Ai do jovem cheio de esperança! Como são

---

1   AA.VV. *Leonardo Coimbra: testemunhos de seus contemporâneos* (Porto: Tavares Martins, 1950). (N. O.)

Dedicatória de Luis Cardim
em exemplar de *Horas de fuga*
(Porto: Coimbra Ed., 1952).

raras as exceções a esta geral indiferença da Universidade pela formação espiritual dos que a demandam! É assim hoje, como o era quando eu próprio transpus esses portões. E, contudo, o que acabo de dizer da Universidade não provém de minhas recordações pessoais: a Universidade que conheci não era uma continuação rotineira do rotineiro liceu; os seus professores eram, pela maior parte, homens de verdadeiro espírito universitário – talvez porque quase nenhum deles tivesse sido jamais abafado pela borla e pelo capelo... Eram professores que faziam trabalho pessoal, iam ao encontro dos interesses dos alunos, e para quem a ciência era uma coisa atual, viva, criadora. Havia exceções é certo – mas que não tinham força para perturbar aquela atmosfera de convívio espiritual; não era ali que os moços deparariam com o arame farpado da suficiência professoral, a fechar-lhes o acesso às mais altas torrres do saber, onde o catedrático se isola... para esconder que também ele não está senhor dos segredos...

Sim, a Faculdade de Letras do Porto distinguia-se de qualquer outra do país. E a menor justiça a fazer a Leonardo Coimbra, que a criou sendo ministro da Instrução da República, é de se reconhecer que, sem ele, tal verdadeiro espírito universitário não teria presidido à formação de muitas dezenas de raparigas e rapazes que por ali passaram. Não é agora o momento de tirar as conclusões que impõe o exemplo desta Faculdade jovem, desta Faculdade não catedrática, criada à margem da mentalidade burocrática, que foi uma das mais belas encarnações do espírito da democracia – e que, extinta há tão longos anos, mantém vivo o seu espírito através do país, na ação de tantos dos que por lá passaram, como professores ou como alunos.

Se prefiro considerar aqui Leonardo Coimbra, meu mestre, de preferência ao filósofo, ao orador ou ao político, é precisamente porque sua estatura nunca me pareceu tão grande como nessa posição de "mestre"; pergunto-me aliás, se o filósofo, o orador e o político poderão ser considerados, tratando-se de Leonardo Coimbra, à parte do mestre. É que a irradiante dádiva espiritual que era a sua presença em qualquer meio, aparece como o traço dominante de sua personalidade. E quando digo mestre, e não professor, pretendo sugerir precisamente aquele dom primacial que em Leonardo Coimbra fazia considerar a função de transmitir conhecimentos infinitamente inferior à de abrir almas. Abri-las a quê? Eis o que é fundamental no mestre: abri-las para aquilo que elas possam receber, fazer germinar a semente, fazer desabrochar a flor! "Sê o que és" diz Nietzsche, creio. Pois bem: o mestre é aquele que tem por missão e destino ajudar a que, à sua volta, cada um "se torne no que é".

Leonardo Coimbra, porém, nem só dentro de sua Faculdade foi mestre: foi-o por toda a parte e de toda a gente, e só o não foi nos lugares onde a presença de um mestre seria considerada por demais "escandalosa", e das pessoas que, tendo aprendido tudo de uma vez só, acham ofensiva a simples ideia de lhes faltar algum "saber". Mas o saber que Leonardo Coimbra podia dar a toda a gente era de uma espécie insubstituível; com ele podia-se ganhar ciência, que a tinha para dar e vender (e também há uma lenda do Leonardo ignorante – oh espantoso país de sábios!) – mas o que havia a ganhar era sobretudo o estímulo que a sua palavra e a sua presença podiam constituir: o estímulo vivo para encarar a filosofia como elemento vital capaz de dar febre, alegria, sofrimento. É que Leonardo Coimbra vivia na filosofia, que não era para ele uma "especialização", mas sim uma função essencial do homem. E interessavam-se pela filosofia na boca daquele homem os mais alheios aos estudos filosóficos, a quem nunca interessariam as doutas dissertações dum professor. Era então a sua filosofia para toda a gente? Não – e o caso é bem diferente: a toda gente se destinava, sim, o calor humano com que ele sabia fazer ver que a filosofia é, de fato, para toda a gente. Ele foi, afinal, o único homem capaz de fazer curvar os ignorantes perante a certeza de que a filosofia era uma coisa real a respeitar: olhavam para ele, "e viam-na".

Mas, do mesmo modo que Sócrates se tornou "inimigo da cidade", Leonardo Coimbra que também andava pelas ruas a abrir almas defrontou a hostilidade reservada ao homem superior que exige de cada ser à sua volta que suba até onde ele está. Ninguém menos indicado para o admitir do que os mais naturalmente destinados ao seu convívio quotidiano, professores, advogados, médicos, políticos, os que menos podiam perdoar a distância a que o sentiam, porque isto os diminuía; distância que ele como que diabolicamente agravava, pela dureza com que lhe sucedia muitas vezes desnudar o hipócrita, o falsificador de valores morais e intelectuais – e às vezes aparentemente pelo prazer de um dito, que muitas vezes nem era feliz. E aqui a grandeza entronca na pequenez, por uma dessas vias ínvias que o ser inferior se apressa a pôr em relevo, contente por ver a grandeza desfeita. Mas, ó desgraçado homem inferior! Por que não pode ele ver que só ele próprio fala quando um Leonardo se torna pequeno descendo ao seu tamanho?

Sim, dir-se-ia que em Leonardo Coimbra demoníaca inspiração parecia apostar-se em fazê-lo passar-se insensivelmente da intransigência à mesquinhez, quando ele, fazendo tábua rasa de toda a delicadeza, de todo o espírito de compreensão, era capaz de ser cruel para com os seus melhores amigos. Mas como apesar desses momentos infelizes, o riso de Leonardo Coimbra era são! E antes de o condenar só porque ele "também" tinha pequenezas, se medite em palavras como estas (do prefácio a um livro de Ângelo Ribeiro): "Já pensou, meu amigo, como somos diferentes na apreensão alheia e como a opinião que os outros de nós fazem é a mão brutal da fatalidade a deformar o modo essencial do nosso ser?"

Não lhe podiam perdoar os fracos, que viam a sua esquelética estrutura espiritual desmascarada: mas não podiam deixar de lho perdoar todos quantos sabiam a que ponto a sua bondade era real – quando posta à prova pela urgência de um ato de solidariedade. Mas esta crueldade que muitas vezes foi ferir as almas, não é senão a mesma força com que ele podia atrair – e nela, está a mesma violência que não achava como expandir-se na sociedade charra em que vivia. Essa impressão de grandeza a que já aludi, e que não podia deixar de se sentir nele, teria decerto alcançado mais frequentemente, e em mais diversas circunstâncias, as suas mais nobres expressões, se ele não tivesse vivido sempre coagido no meio de uma sociedade estéril, que, por exemplo, não lhe fez sentir a necessidade de dar mais atenção aos seus livros, que abandonava tal como os improvisava, dando ele próprio as armas, aos ansiosos por pretextos, para porem em dúvida a seriedade do seu pensamento.

Não me acho no direito de censurar os que não "creem" que Leonardo Coimbra tivesse sido um filósofo: pois não ofereceu ele ao mundo, ingenuamente, o melhor que tinha de mistura com os gestos quotidianos que mais podiam prestar-se à confusão? Não tomou atitudes; foi homem da rua com uma franqueza ateniense, que não é para esta época de sapiências ostensivas; ah! Quantos por aí, estariam de rojo perante o filósofo, se ele tivesse afetado ares de sumo sacerdote, reduzindo a verbetes o entusiasmo, em vez de ir para os cafés sentar-se à mesa de "toda a gente", de braços abertos a cada ser humano que procurava o seu convívio! Se ele frequentasse antes os serões acadêmicos, solene, acaciano, fazendo do alto da sua superioridade um aceno condescendente à plebe!

Leonardo Coimbra era uma personalidade demasiado pujante para ter pretendido fazer uma carreira; sim a afetação não era com ele – e afetação seria, e falsidade, se nos tivesse dado obra puramente filosófica, que estou inteiramente certo ele poderia ter levado a cabo; mas as condições com que se defrontou durante toda a sua vida não lhe permitiriam "realmente" fazer tal obra; pois quem julga possível, num país onde ser filósofo é por si só coisa suspeita, o desenvolvimento integral duma vocação filosófica, e a realização da obra em que esta logicamente culminaria? Arrastado por todas as correntes a que a multímoda disponibilidade de seu espírito não se podia furtar, Leonardo Coimbra teve de aceitar, dentro de si próprio, uma transigência do filósofo, teve de procurar satisfações indiretas para o seu orgulho, porque ele não podia fazer como um Basílio Teles: fechar a porta ao mundo, e desprezá-lo; era – e ainda bem – demasiado humano para cometer essa traição, pior do que a outra, e, ao insinuar-se em todas as formas que sua vida revestiu, o espírito do filósofo não perdeu a vida, sem a qual nenhuma filosofia é verdade.

Aos que nunca puderam ver nele o homem inteiro, aos que não têm capacidade nem desejo hoje de descobrir o filósofo autêntico nos seus livros desordenados e improvisados (e que julgam só poder ser boa uma filosofia quando ordenada e filtrada, ao alcance do entendimento mesmo dos que não podem entender...), a esses Leonardo Coimbra não poderá evidentemente aparecer senão através das imagens mais perecíveis que deixou. E ninguém mais que eu lamenta ter sido assim: porque me dói e me doerá sempre, em mais ninguém tendo visto a presença do gênio, do gênio indiscutível, saber que dele não ficaram as formas perduráveis que levassem mais longe essa chama, quando ela se extinguir na pobre humana memória dos que mais lhe quiseram, e mais lhe deveram.

Uma história da *Presença*[1]

Fala-se muito de amizade e tratados, entre o Brasil e Portugal, mas bem mal se conhecem os dois países, sob todos os pontos de vista. Não sei se as mesmas pessoas, que tanto se preocupam com problemas ortográficos e afins, cá e lá, seriam iniciadas para as tarefas mais fecundas a bem de um melhor conhecimento mútuo; o que sei, sem receio de me enganar, é gastar-se muito mais tinta com discussões puramente abstratas de problemas secundários – se tanto! – do que com trabalhos capazes de diminuir a distância que nos separa, e de acabar com os preconceitos tão comuns que respectivamente nos deformam.

Eis um livro que poderá ser útil à melhor compreensão, no Brasil, da moderna literatura portuguesa: *História do movimento da "Presença"*, de João Gaspar Simões, nas suas 73 páginas (a maior parte do livro é antológica), vale, independentemente das suas muitas deficiências, como um ponto de partida para esclarecer o leitor brasileiro sobre algumas das tendências principais do movimento moderno em Portugal, e até para lhe

---

1   Suplemento Literário de *O Estado de S. Paulo*, 30 ago. / 6 set. 1958 (este segundo artigo com o título "A presença e seu momento histórico"); recolhidos na coletânea *O que foi e o que não foi o movimento da presença* (Lisboa: IN-CM, 1995). (N. O.)

evitar as tão frequentes confusões que resultam de se pensar apenas em valores individuais, sem qualquer ideia concreta da sua situação, isto é, sem o menor conhecimento das tendências estéticas representadas pelas sucessivas gerações.

Não temos ainda uma história dos movimentos d'*Águia*, do *Orpheu*, do *Novo cancioneiro*. Feita ela, teríamos um panorama bastante completo da evolução das ideias, do gosto, das tendências literárias, de 1910 até a última guerra, que é um período de grande vitalidade, por oposição à relativa estagnação que caracteriza o que vai do "colapso" da geração de 1870 (quando ela se torna uma geração de "vencidos da vida") até a Proclamação da República. O livro de Gaspar Simões é assim um elemento precioso que, mesmo pelas discussões que deverá suscitar, contribui para uma necessária sistematização dos nossos conhecimentos.

A deficiência fundamental de seu trabalho era inevitável. Não tanto por ter sido um dos diretores da *Presença*, mas por via dos conflitos em que teve um papel predominante, e que já na sua introdução às cartas que lhe dirigiu Fernando Pessoa resultara numa excessiva preocupação de se defender... e, ai de nós, de atacar. Falta-lhe, assim, uma condição fundamental de objetividade, e toda a sua visão do movimento sofre com isso, pois lhe faz esquecer, ou desfocar, fatos e ideias que envolvam a sua atuação. É sintomática a maneira como se refere à minha entrada para a direção da revista (em 1931), se confrontarmos as passagens que se lhe referem e tirarmos as conclusões devidas, o que farei adiante. Mas quero fazer notar, desde já, como é curioso que G.S. se refira à sua própria vida com muito mais abundância do que à de qualquer um dos seus camaradas da revista; assim, o livro assume um aspecto de justificação pessoal que não deixa de prejudicar a intenção de fazer "história", e pode até suscitar mais desconfiança do que o trabalho na realidade merece.

Com efeito, este pareceu-me muito menos parcial, apesar de tudo, do que receara, sobretudo depois de ter lido um artigo de G.S. publicado no Suplemento Literário de *O Estado de S. Paulo*, sobre o mesmo assunto, cujo conteúdo, felizmente para a história, não se acha incluído no livro. Onde a objetividade peca mais gravemente é em tudo aquilo que toca à própria evolução da *Presença* relativamente às condições sociais e políticas do período, o que veremos precisamente através do que me diz respeito. Os erros de pormenor são por vezes de espantar, mas não são de gravidade: é todavia estranho ter ele esquecido que não foi somente a partir de 1939 (isto é, nos seus dois últimos números) que a revista passou a ser sujeita à censura. A verdade é muito diferente: já em Coimbra, a revista era censurada (assim teve que se substituir, já impresso o n. 38 [de 1933] uma folha, pois a censura não permitia a sua circulação com um verso considerado obsceno, do poema de Sá-Carneiro "Crise lamentável"); ainda no período de Coimbra, fora proibida a publicação do "Fado dos ferros", de José Régio (a censura julgou, quem sabe, que era contra Antonio Ferro?) e – eis o que será devidamente apreciado pelos leitores brasileiros – um fragmento de romance de Mário de Andrade, igualmente considerado obsceno. Ora, quando a redação da *Presença* teve de ser transferida para Lisboa, procurei o diretor da censura do qual consegui que fosse levantada a proibição do texto de Mário de Andrade... não consegui porém o meu objetivo principal que era, baseando-me na lei (aliás decreto) que regia a censura, que a revista deixasse de lhe estar sujeita. Foi assim que o texto de Mário de Andrade pôde sair no último número da revista, de 1940. Chama-se "Trecho do idílio balança, trombeta e *battleship* ou o descobrimento da alma". Nunca vi qualquer referência à obra de Mário de Andrade deste título, que não figura na lista dos volumes anunciados das *Obras completas*, e seria curioso saber se aquele trecho é tudo quanto dela resta, ou se é, de fato, um "trecho".

Mas vejamos como a preocupação de autodefesa de Gaspar Simões o levou a dar, suponho que sem intenção menos honesta, uma ideia inteiramente errada dos fatos (os quais, aliás, "falam por si", mesmo através da névoa em que os envolve). Depois de referir as mudanças da redação, que passara em 1931, para as minhas mãos, quando G.S. se vê forçado a mudar a sua residência de Coimbra para Lisboa, empenha-se em mostrar que "era o fim da (sua) ação adentro dos quadros administrativos- -redatoriais da *Presença*. Terminara a (sua) longa carreira de veterano". Ora, o que lemos logo depois de mais alguns pormenores sobre a situação financeira da revista, daí por diante? Lemos isto: "Findara o período heroico da *Presença*, em plena maturidade, quando Adolfo Casais Monteiro assume a responsabilidade da folha. Depois da plenitude, a morte implacável".

Que poderá pensar o leitor desprevenido? Pelo menos que eu assassinei a *Presença*! Se for leitor atento, porém, verificará que, tendo a revista vivido mais dez anos, foi sem dúvida uma morte lenta, e que tal maneira de se exprimir é (para usar uma expressão suave) pelo menos bastante equívoca... Mais grave é porém afirmar que eu assumira a "responsabilidade da folha", coisa inteiramente falsa, devido à imprecisão dos termos. Eu apenas passara a ter à minha responsabilidade a administração da revista, ficando as responsabilidades de direção tal qual eram, isto é, dos três diretores. Ora, a propósito de matérias puramente administrativas, não se compreende bem como se fale, tetricamente em "morte implacável", uma morte mais comprida do que fora a vida, já que ao iniciar-se tal agonia, a *Presença* ainda tinha... apenas... cinco anos escassos.

Ora, o curioso é escrever G.S., na p.48 "foi a partir de 1930 que a geração ganhou, de fato, nas páginas de seu órgão, maioridade e amplitude". E esta? Estava agonizando, estava ganhando amplitude? Em que ficamos? O contrassenso é demasiado visível para que não se tire a única conclusão possível: inadvertidamente, G.S. disse mais do que pensava, mas o seu subconsciente disse a "sua" verdade: que, afastado ele (o que aliás, como vimos, não aconteceu), a revista só podia entrar em decadência. G.S., que pediu as luzes de Freud para estudar Eça de Queiroz e Fernando Pessoa, não poderá queixar-se se, a seu turno, procuramos no seu subconsciente a única explicação possível de um lapso tão estranho – e que ele próprio nos mostra ser puro e simples atentado contra a verdade...

A *História do movimento da "Presença"* carece de objetividade, sobretudo, quando aborda as condições sociais e políticas da época. Como é natural, este problema nunca pôde ser estudado a fundo em Portugal, devido à censura; não obstante, Gaspar Simões poderia ter dito muito mais, e se não o fez (e isso não será novidade para quem está a par das circunstâncias) foi porque jamais compreendeu o que estava em jogo, e ser-lhe-á impossível perscrutar a verdadeira raiz das divergências políticas que foram uma das causas da morte da revista.

Gaspar Simões reduz tudo à oposição entre a liberdade de criação defendida pela *Presença* e a sujeição às preocupações sociais, teorizada (disfarçadamente, é claro) pelos comunistas. Quem o ler poderá até pensar que minha posição se modificou. Pois não escreve ele ter sido eu que levei ao movimento da *Presença* "o seu último germe de decomposição"? E acrescenta: "foi através dele, na indecisão e na permeabilidade de caráter que o caracterizavam nesta época, que se insinuou, no corpo bem vivo ainda da *Presença*, a doença mortal que a iria vitimar quatro anos depois" (p.64-5).

Confesso ter-me sentido um pouco estomagado com aquela atribuição de permeabilidade de caráter... Mas estou habituado à imprecisão de termos de meu velho ex-companheiro, e bem sei que de modo algum terá querido insinuar que eu tinha falta de caráter... O que ele pretende dizer (suponho e espero!) é que eu fui influenciado pelas tendências políticas adversas ao espírito da *Presença* – o que não é de modo algum exato, pelo menos se G.S. pretende referir-se a uma influência comunista. A verdade é que em momento algum eu fui influenciado por elas, como basta para o provar tudo quanto escrevi sobre a questão, nas páginas da revista e fora delas.

Para se compreender a origem desses equívocos será preciso ir ao princípio. O próprio G.S. nos ajudará. Diz ele, na p.33: "Em Coimbra os rapazes chegados aos 25 anos [...] ainda viviam sob o influxo de liberdade que permitia acreditar numa independência total da literatura e da arte relativamente à política e aos destinos da sociedade humana". Ora, quando em 28 de maio de 1926 o general Gomes da Costa fazia mussolinescamente a marcha sobre Lisboa das tropas que comandava em Braga, aquele mais jovem futuro diretor de uma *Presença* ainda futura, assistia à passagem das tropas, numa praça do Porto, com um peso na alma e uma consciência do que iria acontecer bem diferente da atitude que, com exatidão ou não (mas é de supor que com ela pelo menos no que diz respeito a ele próprio), G.S. atribui aos "rapazes" de Coimbra. Está pois certa a afirmação de G.S., nas p.64-5, que inicia a passagem já parcialmente citada: "E é Casais Monteiro, o terceiro elemento da revista, o mais novo dos três, e o mais próximo portanto da realidade política e social que tomava conta do mundo..." As premissas estão certas – só as deduções que faz a partir delas é que não.

De fato eu era um moço "politicamente consciente", como costuma dizer-se. Vinha até de uma cidade que foi sempre o foco de resistência popular – muito antes de ser diretor da *Presença*, fora elemento ativo nas mais variadas formas de resistência e oposição à incipiente ditadura. Todavia, não era comunista, e, sobretudo, tinha também a formação intelectual que G.S. atribui aos "rapazes" de Coimbra. Parece, a julgar pela história escrita por G.S., e que a tivera muito antes dele, e com muito maior amplitude.

Vejamos os textos: há nas p.14 e seguintes, um significativo trecho que faz da *Nouvelle Revue Française* a própria encarnação, se não a Bíblia, de toda a renovação cultural europeia da qual a *Presença* seria, a crermos nele, um marco atrasado. Ora isso é profundamente inverídico relativamente a José Régio e ao autor destas linhas, e parece-me que só poderá estar certo como dado autobiográfico de G.S. Com uma franqueza que merece ser destacada, não hesita G.S. em confessar que deveu a José Régio a sua verdadeira iniciação à literatura moderna. Não nos dá ele a data em que isto teria se dado, mas, segundo parece concluir-se da p.21, deveria ser pelos 21 anos de G.S., em 1924.

Ora, o autor destas linhas, totalmente alheio a esses grupos literários de Coimbra, com os quais só viria a entrar em contato pouco depois de surgir a *Presença*, não esperava pela *NRF* para fazer a sua cultura literária, não obstante tenha vindo a ser um assíduo leitor dela. E, como disse, tivera uma "experiência" política, com jornaizinhos políticos que defendiam os ideais democráticos, e participação ativa em toda espécie de atividades oposicionistas, possíveis ainda nos dois primeiros anos da ditadura. E aos 20 anos, em 1928, já sabia o que era ver a cavalaria avançar sobre uma multidão indefesa...

Tem pois razão G.S. ao afirmar que a minha formação era diferente. O que lhe faltou foi a possibilidade de compreender que tal diferença não me aproximava, e muito menos permitiria que eu jamais viesse a identificar-me com os estreitos pontos de vista que, mesmo antes que tal atitude fosse assumida pelos comunistas, proclamavam com um simplismo de estarrecer, que a literatura tinha que servir à revolução. Por isso mesmo, quando em 1935 escrevi um artigo intitulado, significativamente, "A arte é, não serve", que respondia à tentativa feita pela ditadura de combater a liberdade da arte, as minhas afirmações foram tomadas por dois colaboradores do jornal literário oposicionista *O Diabo* como... dirigidas contra as ideias progressistas.

O que a G.S. nunca foi dado compreender é que defender a liberdade da arte e da literatura não é de modo algum incompatível com a participação ativa na luta política contra uma ditadura, e que na cadeia se pode escrever sobre Henry James e outros problemas literários (o pormenor é histórico). Foi-lhe sempre impossível dar conta, por outro lado, que a isenção da *Presença* não era alheamento da realidade, e que, à sombra da independência dos valores estéticos não era lícito defender posições reacionárias – pois isso foi, na realidade, o que acabou por resultar no fim da *Presença*.

É quase ingênua a maneira como ele narra os acontecimentos que levaram a tal desfecho. Diz, e é verdade, que a crise resultou de ele ter publicado na *Presença* um "diálogo inútil" ao qual eu quis responder na própria revista, por aquele escrito ter parecido "atentatório da independência proclamada pela *Presença* em matéria político-social" (p.66) Precisamente! Porque o diálogo em questão tinha, coisa para ele impossível de compreender, implicações políticas. Era, basicamente, a filosofia da abdicação. Dialogando com um imaginário interlocutor, praticamente mudo, G.S. diz que... "se o dinheiro não existisse, não se punha sequer o problema do homem. Nas sociedades modernas o dinheiro é sangue do próprio homem. É, portanto, um elemento material. Nada tem com a felicidade, que é um fator espiritual" etc. etc... O disparate é grande, como o leitor vê. Mas além de um disparate, havia ali, claramente implicada, a mais reacionária das filosofias. Ora, se eu pela minha parte achava necessário não recorrer à *Presença* para afirmar que não existe a separação entre problemas "espirituais" e "materiais", como pretende toda filosofia reacionária, não podia consentir que alguém defendesse os pontos de vista desta nas suas colunas. G.S. entendeu tão pouco o que estava implícito no seu escrito que tem comentários desta ordem:

"Exasperado, não sei por que ventos que então sopravam contra mim, Adolfo Casais Monteiro resolve enviar para a revista uma refutação…" (p.66). Santa inocência!

Mas a "santa inocência" é a pura raiz do reacionarismo. A "independência" de G.S. era, de fato, alheamento dos problemas. Quando teve a infeliz ideia de tocar num dos mais prementes, pôr a claro um pensamento que, sem ele saber, era a própria fonte de que se alimentava o fascismo, para o qual também "a felicidade é um fator moral", e, portanto, os homens não devem meter o nariz nos problemas materiais de que ela depende…

O Globo[1]

As condições em que se pretendeu dar a *O Globo* uma nova orientação pecaram por demasiado aventurosas. Tomou-se uma cota numa sociedade, aceitando um passivo bastante elevado (mais elevado que esta cota), mas a única pessoa a saber das condições exatas dessa participação na sociedade proprietária d'*O Globo* foi um pobre diabo, incapaz de decidir qualquer coisa e que até há pouco teve praticamente nas mãos o destino do jornal, tendo ao que parece agravado ainda mais a situação que foi encontrar.

L. de R. foi ludibriado ao ponto de supor que a entrada para a sociedade não o tornava corresponsável do passivo nessa data existente. Assim se começou a trabalhar na total ignorância das condições de vida do jornal.

Onde era preciso fazer uma remodelação total, deitou-se um remendo. Como se podia, aliás, fazer outra coisa, se a verba existente era totalmente insuficiente para dar a *O Globo* a categoria que seria para desejar?

---

1 Inédito, conservado no arquivo de Ribeiro Couto; Arquivo Museu de Literatura Brasileira (Rio de Janeiro, Casa de Rui Barbosa). (N. O.)

Do outro lado, a verba atribuída às despesas de redação e da qual se paga a quem a dirige, aos colaboradores, ao paginador, aos tradutores, ao revisor, apenas de 3.000$. Com isso, tem de se fazer o milagre de publicar dois números do jornal por mês – e como enchê-lo com textos condignos se, pagando 200$ de colaboração por número, a economia do jornal já se ressente?

Tratou-se, como se fosse um jornal de rapazes, de aproveitar uma oportunidade sem se pensar que em tais condições resultaria desprestigiante esse produto que não podia deixar de ser híbrido. Especulou-se, aliás, por outro lado, com a dedicação de pessoas a quem se disse que só provisoriamente (três meses que já passaram) as condições eram essas; o que mostra sob outro aspecto a leviandade manifesta que presidiu a tudo.

O Globo só pode tornar-se uma publicação à altura da missão que se lhe pede quando haja a possibilidade de: 1º) Pagar condignamente quem o dirige e faz, como a todos cuja colaboração seja para desejar; 2º) Existir uma redação e uma administração com o mínimo de pessoal indispensável; 3º) Poder imprimir-se numa tipografia que o possa dar pronto a tempo; 4º) Comprar a cota na posse do proprietário da tipografia onde é atualmente impresso, o que constitui uma dupla sujeição.

Deixo para o fim, embora seja talvez fundamental, o seguinte ponto: atualmente, L. de R. fornece, para cada número, os textos a traduzir. Quer-me, porém, parecer que a escolha desses textos não está de harmonia com as exigências jornalísticas e que muito melhores elementos poderiam ser fornecidos, se tal encargo coubesse a uma pessoa mais ou menos do *métier*. Além disso, não pode haver um bom jornal quando a responsabilidade total, o equilíbrio de cada número, não depende de uma única pessoa.

Em suma, tudo tem obedecido a um critério de improvisação deplorável, agravado pelo fato de L. de R. não ter o menor conhecimento de Portugal e dos portugueses, o que não me parece indicá-lo para orientar uma publicação que se destina precisamente a estes. Impõe-se, a meu ver, a estreita colaboração de quem foi encarregado de o dirigir com alguém que, pelo lado francês, possa ajudar a sua missão efetivamente.

Entre a cruz e a caldeirinha[1]

Parece-me que ao escritor são dadas três opções: alhear-se do mundo, renegar aquele em que vive em nome do mundo ideal, ou lutar contra o mundo em pé de igualdade, isto é, reconhecendo que é nele mesmo que lhe cabe agir, nem o renegando nem alheando-se dele. Já se vê, pelo cuidado na especificação, ser esta a atitude que partilho. A primeira é a mais cômoda, a segunda é a mais "bonita", a terceira é, modéstia parte, a mais difícil. Duma maneira geral, nenhum escritor se situa, permanentemente, apenas em uma delas. A sua fidelidade é condicionada por muitas circunstâncias de tempo e lugar. A intenção de as alhear pode, por exemplo, ser inutilizada quanto ao judeu levado para um campo de concentração, para que os algozes não terão levado em conta a sua "inocência". O idealista dificilmente se contenta em proclamar medidas irrealizáveis e ideias de impossível pureza. E o, digamos, realista da terceira opção, não poucas vezes se sentirá prestes a pedir demissão do seu intervencionismo, cansado da estupidez do mundo, que lhe parece

---

[1] Suplemento Literário de *O Estado de S. Paulo*, São Paulo, 19 mar. 1960. (N. O.)

então irremediavelmente sem conserto, e o faz sentir-se ridículo no seu empenho de fiel da balança, de *redresser de torts* [reparar os erros].

É muito difícil ser um espírito livre. Há sempre um "como" e um "onde". O exercício dessa liberdade está constantemente em risco de passar por outra coisa, e de que vale então a liberdade que, em vez de opinião, é tomada por crítica à liberdade alheia, e, portanto, tentativa de opressão? O autor que sente a necessidade de intervir, mesmo que seja somente em coisas de literatura, não é geralmente ouvido como a voz anônima que ele queria ser. É julgado como fulano de tal, isto é, em função duma opinião já formada sobre o que se supõe que ele pensa como "representante" de uma tendência (moral, religiosa, política) e de uma geração, ou grupo, ou roda literária. E quando não pode ser julgado em função de nada disto, se acontece ser anônimo, sê-lo-á pelo que cada leitor acha conveniente supor fundado nos mais diversos elementos – mas não pelo que efetivamente afirma. E se, ainda por cima, ele for estrangeiro?

Concretizemos. Sou um escritor português. Vivo no Brasil. Ocupo-me de literatura portuguesa, de literatura brasileira, de política portuguesa. Uma vez ou outra, de problemas que profissionalmente me interessam, em especial relativos ao ensino. E agora vejamos: sou escritor português no Brasil, e professor no Brasil, escrevo em jornais do Brasil (apenas, pois os jornais portugueses estão proibidos de me publicar a prosa). Como devo exercer essa liberdade pela qual sacrifiquei qualquer possibilidade de ganhar a vida no meu país? Deixando de ser livre? Abdicando dela? Qualquer pessoa, interrogada a respeito, me diria: Mas de maneira alguma, seja quem é, seja livre, esteja à vontade!! E, contudo, eu não posso estar à vontade nem ser livre na medida em que meus livros publicados no Brasil não forem criticados (porque não sou nem de lá nem de cá), em que as minhas opiniões podem ser julgadas em função de eu ser português, o meu nome pode ser – coerentemente – omitido quando se trata de escritores "daqui", e, sobretudo, porque se eu atacar um brasileiro, posso ser suspeito de o fazer como português, e ao elogiar um português, de ser contra os brasileiros. O que me pode, muito compreensivelmente, tirar a vontade de exprimir uma opinião positiva sobre um escritor brasileiro, e a negativa sobre algum português...

Como o leitor calcula, quando digo "pode ser" estou atenuando, para não usar um presente do indicativo que seria legítimo, mas demasiado afirmativo; quero eu dizer que tudo isso tem acontecido, mas nem sempre acontece. Deveria bastar-me que nem sempre aconteça? Não! Precisamente porque essas restrições são daquelas que se tornam atentatórias da minha liberdade. Porque se trata da intromissão, de um favor que considero inadmissível. Mesmo que a crise parta de... ninguém, o fato de ser possível dizer-se ter sido por verrina (textual) que eu defendo um Paulo Rónai quando o acusam de falta de solidariedade brasileira,[2] e lhe chamam "húngaro", dá-me tal enjoo que até desisto da oportunidade que isso me daria de mostrar quanto eu tinha razão...

Isto não é um artigo confessional. Mas certos problemas só podem ter verdade quando expressos sob a sua mais concreta evidência. E a evidência, neste caso, só pode ser pessoal. Só posso ser útil, e servir à verdade, se me puser francamente em causa. E por isso acrescentarei mais alguns dados, para perfeito esclarecimento do meu ponto de vista.

Quando leio, sob a pena dum escritor que se pretende crítico científico, que Machado de Assis é melhor que Eça de Queiroz, o que me intriga não é a falta de escrúpulo do autor: é que ninguém dê conta de isto comprometer a maioridade mental do Brasil (e até me fazer duvidar do direito com que a tenho afirmado). Quando se afirma que os escritores brasileiros do presente são melhores do que os portugueses, não é a opinião que me arrepia, é o fato de alguém achar necessário alegar isso seja para o que for. Pois, num e noutro caso, quem sai comprometido é Machado de Assis e são os escritores brasileiros contemporâneos. Porque isto não são opiniões, mas sinais de triste xenofobia. E quando os escritores brasileiros correm a assinar uma lista propondo para o Nobel o meu muito querido Manuel Bandeira, eu lamento, não que o proponham, mas que isto tenha sido feito contra Aquilino Ribeiro e Miguel Torga, depois de ambos terem sido propostos para esse prêmio. E, se me querem entender,

---

2   Paulo Rónai, conforme escrevi neste jornal em 7 de fevereiro, foi acusado por Geir Campos de falta de solidariedade com os escritores brasileiros e de "saudosismo europeu" por ter posto a circular uma lista pró-concessão do prêmio Nobel a Miguel Torga.

direi: entristeço-me como brasileiro que não sou... Que Fernando Pessoa me perdoe pedir-lhe o estilo emprestado para tentar ser mais claro.

E ao exprimir-me desta maneira aparentemente paradoxal, quero explicar que a minha liberdade começa em não poder preferir um escritor pelo fato de ter nascido no mesmo país. Se há alguma dignidade do escritor, está precisamente em não ser subserviente perante nenhuma forma de demagogia. Racial, política ou literária. Está em ser pela literatura e pelo que ela vale, e não pelos homens de letras. Outra atitude só pode amesquinhar aquilo que assim se julga defender – mas defender de que, é legítimo perguntar?

É triste dizê-lo, mas essas atitudes xenófobas provam a falta de confiança na autonomia da literatura brasileira. Autonomia que existe, mas da qual não são dignos todos aqueles que julgam defendê-la ao achar que "se é brasileiro é que é bom" – do que apenas vão beneficiar todos os maus críticos, os maus poetas, os maus romancistas, os maus teatrólogos, que serão louvados, como se fossem bons. E com o que se perderá, sem dúvida, a necessária destrinça entre os verdadeiros e os falsos valores, a qual, essa sim, é que é prova de autonomia num plano em que também seria importante havê-la. E essa não há – por enquanto.

Sim, mas... basta ser eu a dizer isto para que a clara verdade se torne suspeita. Quaisquer confusionistas, a quem a imprensa dá a ilusão de que têm opinião e até que sabem escrever, virão dizer que o "português" fulano "atacou" a literatura brasileira. E outros que não são confusionistas não terão coragem de dizer que eu tenho razão... E outros ficarão muito incomodados, porque são meus amigos e amigos também dos confusionistas. E assim sucessivamente. Pelo que talvez seja conveniente que eu me integre na condição de estrangeiro, e faça de conta que não vivo no Brasil. Mas para isso seria talvez necessário eu não tocar em pessoas e coisas quando isso possa envolver a suspeita de que pretendo colonizar novamente o Brasil. Que feche cuidadosamente as janelas. E, melhor ainda, que me consagrasse única e exclusivamente à literatura do meu país. Mas, pelo menos, devo cuidar de só falar de coisas daqui como se cá não estivesse, como... se vivesse em Portugal, isto é, escrevendo com um olho na censura. O que será ridículo? Mas de quem é a culpa?! Independentemente do que, quero terminar dizendo que nunca me aconteceria dizer que os escritores portugueses são melhores do que os brasileiros, nem que Eça de Queiroz é melhor do que Machado de Assis porque, francamente, não sei que sentido possam ter afirmações desse gênero.

Comentários sobre cinema

Roma, cidade aberta[1]

Tem havido na evolução do cinema certos momentos em que se quebra o feitiço daquele realejo de cego sempre a tocar a mesma música. Momentos nos quais uma obra excepcional ataranta e decepciona os amadores do realejo, ao mesmo tempo que entusiasma e conforta todos aqueles que deploram a raridade desses momentos, e que o curso normal do cinema dependa tão pouco das exigências da arte e tanto das imposições da indústria e do comércio, para não falar de outras. De tais imposições resulta que não é a arte do filme aquilo que somos chamados a julgar, indo ao cinema, mas a competência comercial dos produtores, a sua habilidade para confeccionarem aquilo que as plateias consomem quotidianamente em doses maciças, seguindo passivamente as historietas feitas voluntária ou involuntariamente para as reduzirem ao conveniente estado cataléptico.

Mas há momentos excepcionais, disse eu. São aqueles em que determinado concurso de circunstâncias faz coincidir os interesses em jogo e a

---

1   Comentário realizado na sessão de 27 maio 1952, no Cine Tívoli, organizada pelo Jardim Universitário de Belas Artes. O trecho assinalado entre colchetes [...] refere-se ao corte efetuado pela Comissão de Censura. (N. O.)

Cartaz de *Roma, cidade aberta*.

vocação e as ambições artísticas daqueles que procuram fazer do cinema uma arte e não um realejo de cego. E então, como por encanto, onde só se produziam falsificações estupidificantes, começam a surgir obras de arte, em que a vacuidade dá lugar a uma expressão significativa, que vai ao encontro daquilo que a parte do público que não se deixou estupidificar continua esperando do cinema: a verdade, a poesia e a vida.

Noventa e nove por cento da produção cinematográfica é convencional; isto é: a quase totalidade dos filmes nada tem a ver com a arte, que é por essência, e sempre, seja qual for a arte, seja qual for o gênero, anticonvencional. Isto, é claro, entendendo-se por convencional aquela obra em que se procura apenas o entretenimento do público, a sua distração, desviando-o de encarar a sério a sua própria vida. Nem se suponha pois que deva considerar-se convencional aquele gênero de filmes em que, como por exemplo *Os trovadores malditos*, ou o *Orfeu*, de Cocteau, se entra no domínio do "fantástico", pois que o fantástico não é convencional – e tanto não o é, que todos os franceses perceberam com certeza que o Diabo de *Os trovadores malditos* era a ocupação alemã. Mas é convencional qualquer desses inúmeros filmes que, dando-se como imagens da realidade, nos apresentam personagens que são simples manequins, e enredos em que só acontece o que convém ao agradável desfecho exigido pelas conveniências... nos vários sentidos desta palavra.

Há muitas maneiras de não se ser convencional. Mas para qualquer uma delas é exigência inicial, sem a qual nenhum filme será obra de arte, que o motivo e a sua expressão cinematográfica despertem no espectador o homem autêntico, interessem em cada um de nós a capacidade de pensar e de sentir, e não apenas a epiderme. Seja o filme realista ou fantástico, sentimos imediatamente a presença do artista entre nós e as imagens. A intensidade, a profundidade com que "revivemos" aquilo que se passa diante dos nossos olhos diz-nos claramente se se trata de uma obra de arte ou de uma falsificação.

A Itália foi teatro, depois da libertação, de um acontecimento de excepcional significado no desenvolvimento do cinema. Acabada de sair de uma época de falsificação oficial obrigatória, a sua seiva comprimida explodiu numa série de obras de primeira ordem, que foram como uma chicotada na depauperação do cinema europeu e americano. A sua influência não deu, contudo, todos os frutos que parecia prometer – mesmo na própria Itália; o instrumento admirável que parecia ter forjado alguns filmes de primeira ordem, embotou pela força das circunstâncias, porque lhe faltou a atmosfera de liberdade em que, momentaneamente, se situam as suas primeiras experiências.

O grande segredo desta extraordinária renovação reside essencialmente na experiência que os italianos acabavam de viver. Depois dela, não era possível ser convencional. Como podia um artista esquecer um dia a dia de trevas e angústia, de terror, de tortura, tirania e fome? Como podia essa experiência ser posta de lado, para se fazerem filmes em que, como se nada tivesse acontecido, só houvesse milionários, piscinas, corpos bonitos, facilidades e despreocupação? Assim o cinema italiano descobriu a torpe e a heroica, a mesquinha e a grandiosa realidade. Assim o cinema italiano desprezou as imagens passadas a ferro, e preferiu a fotografia bruta da mísera realidade. Assim o cinema italiano descobriu a olhar cara a cara a tremenda verdade dos rostos sem beleza, das vidas sem tempo para artifícios, das almas postas a nu perante uma realidade que não admitia hesitações entre a heroicidade e a cobardia.

A *Roma, cidade aberta* ficará para mim indissoluvelmente ligada à extraordinária emoção que senti – quantos milhões de homens não a terão sentido? – ao ver há seis anos pela primeira vez essa trágica história contada por Rossellini sem medo à horrível nudez e a infinita amargura da verdade. [Nesse momento, parecia que estávamos a enterrar um mundo definitivamente apagado da face da terra. Parecia-nos que aquele sangue frutificara realmente em libertação.] Aqueles heróis não tinham morrido em vão; na despedida dos seus pequeninos amigos ao padre fuzilado víamos já as vidas em formação que jamais esqueceriam o que tinham aprendido. E na junção de todas as forças reais, representadas nos heróis do filme, adivinhávamos a união sobre a qual se iria alicerçar um futuro que o medo jamais poderia recobrir com o seu manto tenebroso.

Ao rever seis anos depois *Roma, cidade aberta*, a angústia com que se assistia ao desenrolar das suas cenas trágicas não teve para mim a compensação que sentira da primeira vez. A sua verdade pareceu-me presente, e não passada. [Aquelas trevas são as nossas trevas.] E o filme ganha uma ressonância inesperada, pelo contraste de emoções e lembranças que estabelece.

Roma, cidade aberta não pretende ser uma síntese da resistência italiana aos alemães; não é um filme de pretensões simbólicas – o que nele há de simbólico dá-lhe precisamente a evidência com que se precipita sobre nós uma realidade fragmentada, exemplar, sim, mas que é apenas a parte mínima de um cataclismo. A maneira como este filme se nos impõe provém precisamente de ser tão simplesmente autêntico. Poderíamos preferir, como me sucede, que a "mulher fatal" da Gestapo tivesse sido dispensada; mas ainda aí a realidade excedeu em muito o cinema, e a nossa reação será apenas uma defesa contra o que há de atroz nessa figura – porque a crueldade moral nos impressiona mais do que o sofrimento físico. [Nem sequer o discurso do oficial alemão que bebe para se atordoar e esquecer a vergonha que tem da sua "raça superior", e tudo o que ele diz aos outros oficiais, nem isso é falso, pois outros o fizeram – outros acabaram por descobrir que eram afinal os mais escravos entre os escravos.]

Imaginemos como o cinema americano teria "cozinhado" um argumento deste gênero, e compreenderemos qual é a diferença entre a arte autêntica e as suas adulterações. Compreenderemos que para muita gente, arte é precisamente o que Hollywood teria feito de *Roma, cidade aberta*, enquanto o filme de Rossellini será por esses mesmos considerado de "mau gosto". Para essas pessoas a arte é um verniz para tornar as coisas agradáveis à vista. Ora, arte é exatamente o que nos oferece a obra-prima de Rossellini: uma intensidade tal, de momentos profundamente significativos, que o espectador sinta ecoar dentro de si cada cena que se passa na tela. O verniz não mostra nada: esconde. E a arte não se faz escondendo, mas revelando, tornando visível, tornando "evidente". Alguns poderão classificar *Roma, cidade aberta*, ainda para lhe negarem que seja arte, como filme documental. Ora o documental é um espelho, digamos assim, que recolhe indiferentemente tudo. Pelo contrário, onde há escolha, onde há composição, onde há arquitetura, deixamos de estar nos domínios do documental. A arte recompõe a realidade, porque só precisa dos momentos em que ela está concentrada. Assim a verdade ressurge, na arte, não como está à superfície do quotidiano, mas sim como está dentro do quotidiano.

Quando se reúnem a grande categoria como expressão de arte, e um tema de tremenda humanidade como é o de *Roma, cidade aberta*, todas as palavras com que o louvemos nos parecem frouxas e indignas. Os que não souberem aprender a lição que este filme nos dá, saibam ao menos senti-lo como obra de arte – e talvez acabem por compreender como uma e outra são afinal inseparáveis, indo até ao fundo da verdade profundamente amarga que ele contém.

Romeu e Julieta[1]

Que lugar tem a poesia na nossa vida? Precisamos, ou não precisamos dela? É um produto de luxo, ou consumo corrente? Eis, minhas senhoras e meus senhores, três perguntas que me surgem no espírito, ao evocar a obra-prima – duplamente obra-prima – hoje exibida neste cinema.

Qualquer delas talvez pareça de fácil resposta a muitas pessoas, cujo primeiro impulso será dizer "Sim" ou "Não" sem mais demoras de reflexão. Contudo, desde o dia que soube que certo homem muito rico, e tão apegado ao dinheiro que merecera o cognome de "Misérias" fazia sua leitura quotidiana de *O livro de Cesário Verde*, passei, pela minha parte, a hesitar muito sobre a resposta a dar a qualquer delas. Não é meu objetivo dá-la, mas apenas sugeriria a V. Exas. alguns pontos de vista que nos ajudem a esclarecer este mistério.

Uma verdade se nos impõe de início: chama-se poesia a tanta coisa que só isso baralha imediatamente as ideias; é certo. Mas o que tenho em vista é unicamente a poesia que encontramos numa obra de arte, e mais concretamente, a que se exprime sob a forma do verso, ou que tem nos

---

1   Comentário realizado na sessão de 9 mar. 1954, no Cine Tívoli, organizada pelo Jardim Universitário de Belas Artes. (N. O.)

versos o seu essencial fundamento. Assim delimitado o objetivo, surge então o problema: quando se trata de uma obra de arte poético-teatral, e se os versos forem ditos numa língua que não compreendemos, que sentido pode ter para nós a sua poesia, se nem sequer entendemos as palavras em que ela se exprime? É então outra coisa, o que nos comove, nos exalta, nos transporta?

Estou, e V. Exas. também, espero, a pensar precisamente neste *Romeu e Julieta* que vamos ver e ouvir. E eu peço-lhes que pensem sobretudo na complexidade de elementos que o constituem. Em primeiro lugar, já a peça escrita, que cada um pode ler em sua casa; em seguida, a peça representada, pois para isso foi feita, isto é, vivida em cena como se fosse uma ação real; finalmente, a sua transposição para o cinema, que não lhe acrescenta forçosamente nada de essencial, e se limita aparentemente a aproveitar a mobilidade dos meios cinematográficos para suprir o que é vedado ao teatro. Perguntarei, em primeiro lugar, se a poesia – pois a peça é em verso, como todos sabem – está apenas nas palavras quando lidas, isto é, se a representação modifica alguma coisa, para mais ou para menos, ao seu valor poético. É a mesma coisa, ou são coisas diferentes?

V. Exas. não ignoram – desejo-lhes, pelo menos, que não ignorem, pois a paz do vosso espírito só ganhará com isso – que nada tem uma resposta simples. Aquela personagem das *Memórias escritas num subterrâneo*, de Dostoievski, que se recusava a aceitar que 2 + 2 tivesse forçosamente que ser 4 limitou-se a pôr num plano particularmente irritante para os espíritos positivos: uma realidade que todos ganhariam em admitir, pois recusar, ou duvidar apenas que 2 + 2 só possa ser 4, é a saudável, a tônica prudência que defende o nosso espírito contra o cego dogmatismo e a cega intolerância. Essa dúvida é, minhas senhoras e meus senhores, o princípio da poesia. Pois se 2 + 2 = 4, não há poesia possível, mas há uma possibilidade dela a partir de 2 + 2 = 5. Isto vem como preparação para eu declarar que não sei se o *Romeu e Julieta* lido em nossa casa ou visto no palco são ou não a mesma coisa. E a minha ignorância não é "de fato", mas "de direito", pois tive a felicidade de ver uma famosa interpretação da peça, num teatro de Londres, e não me faltam pois os elementos aparentemente necessários para comparar, mas não sei.

V. Exas. suspeitam que estas dúvidas são uma habilidade da minha parte. Mas estão quase em erro... Eu de fato exagero, mas no fundo, como verão, menos do que poderiam supor. Com efeito, tudo depende de se ter mais amor à poesia ou mais amor ao teatro, de as aceitar melhor um ao outro dos caminhos, que ambos levam à poesia. Há mais poesia num deles, ou tudo depende dessa capacidade? Ou isso dependerá da poesia que haja em nós, e da nossa própria maneira de a integrarmos na nossa vida?

Tenho estado a supor que V. Exas. não consideram a peça de Shakespeare teatro no mesmo sentido em que como tal se considera uma peça de, por exemplo, Bernstein. É que a diferença é fundamental. *Romeu e Julieta* não é apenas uma peça em verso, mas toda ela é, na sua essência, poesia. Se não fosse assim quase não havia problema... Mas como é assim, nós podemos perguntar se não entender os versos de Shakespeare nos pode ou não impedir de ser sensível à sua poesia. E aqui abandonarei – provisoriamente – as minhas dúvidas, e afirmarei sem receio que se pode ser sensível a essa poesia mesmo quando não se apreende a extraordinária beleza dos seus versos. Isto implica, portanto, que haverá uma poesia contida na própria história de *Romeu e Julieta*, que o tema escolhido por Shakespeare já é, em si próprio, poesia.

Não tenhamos dúvidas: desde que foi representada pela primeira vez, a peça de Shakespeare, creio bem, terá sido muito mais frequentemente apreciada por esta poesia que paira em toda ela do que pela beleza estrutural contida nos versos em que ela é contada. Por todas as razões, a beleza dos versos é mais difícil do que a outra. É um misto de perfeição e beleza verbais, e de agudeza de conceitos, de sutileza na análise dos sentimentos, e de exatidão no desenhar das situações. É uma harmonia como talvez a ninguém senão a Shakespeare tenha sido dado criar. No seu teatro (mais exatamente, numa certa parte dele) a fusão entre poesia e drama encontrou uma expressão que depois nunca mais se repetiu em meu entender. E por isso eu ouso afirmar que Shakespeare é tão grande no palco como lido, porque a sua poesia contém o drama, e o drama contém a poesia. Por outras palavras: lido, a ação como que sai das páginas e se ergue diante de nós; ouvido e visto, a fusão é tal que não somos levados a perder a poesia pelo interesse da ação – pois que esta ação é ainda poesia.

E contudo, eu entendo que está no seu pleno direito aquele que, mais amante da poesia em verso ou mais amante do teatro, entenda superior uma ou outra forma: depende até da imaginação de cada um, do seu poder de transformar a leitura, digamos assim, num palco. Shakespeare é suficientemente grande para que este "menos" que se possa encontrar numa das formas não o possa diminuir.

Não esqueci as minhas perguntas iniciais. Volto a elas no momento em que devo lembrar-me de que não estou a comentar nem a peça escrita, nem a peça representada, mas a peça filmada. Ora o *Romeu e Julieta* filme, passou a ter um público extraordinariamente vasto. Até que ponto a parte desse público menos preparada para aceitar a poesia e o drama shakespeareano, isto é, a maior parte dele, terá realmente penetrado no íntimo da peça? Não terá esse público vibrado apenas com as admiráveis e inesquecíveis interpretações de Norma Shearer e de Leslie Howard? Mas que são essas interpretações, senão ainda a própria poesia de Shakespeare? Um grande ator pode dar a uma peça o que ela não tem – mas até certo ponto; interpretações da categoria destas só podem existir quando precisamente, interpretam, quando servem uma grande obra, quando uma grande obra lhes permite extrair dela todas as virtualidades que o grande intérprete sabe encontrar.

Resta então perguntar: é esse público de fato sensível à poesia de Shakespeare? Ousarei responder que sim e que não, conforme precisamente seja afirmativa ou negativa a resposta às minhas perguntas. A questão está, de fato, em saber que capacidade resta ainda ao "homem comum", vivendo na sociedade do nosso tempo, para penetrar num mundo que é real sem ser verdadeiro, que é da imaginação sem ser falso, que é vivo sem se parecer com a vida. E se a alguns dos presentes estas distinções podem parecer paradoxais, a culpa não é minha, mas precisamente dos hábitos criados por uma visão mesquinha e apagada da vida, que diante do amor de *Romeu e Julieta* só lhes permitirá pensar que aquilo é impossível, sem verem que a arte não se faz com "fatos", mas com a mais profunda verdade do coração e do espírito. E que são *Romeu e Julieta*, senão a imagem projetada fora do tempo, do amor de todos os tempos?

Teatro português

Função explosiva do teatro[1]

Creio não afirmar nestas páginas uma tese audaciosa, nem unilateral. E contudo – a quantos não parecerá, a julgar pelo título, pelo menos uma destas coisas! A verdade é que essa função explosiva é hoje e foi sempre a marca do grande teatro, em todos os gêneros em que ele pode ser grande. E se vemos hoje em Portugal, como vimos noutros países, negar-se que tal seja a sua essência e a sua função, é o mais claro sinal de que não me enganei quando um país que está doente de mentira, de hipocrisia, quando sofre de todos os males da opressão de uns e do "plastamento" dos outros (aqueles poucos, estes muitos) – é lógico que o teatro, gênero público por excelência, seja mais que nenhum outro vítima dos esforços de todos os interessados em tirar-lhe a virulência, e em juliodantizá-lo de acordo com todas as exigências da mediocridade – e do medo.

Se o teatro tem uma função explosiva, está implícita serem de condenar todas as formas "suaves" sob as quais se procura depurá-lo das suas estruturais virtudes, e sacrificar sua própria essência; estou pensando,

---

1 *Anhembi*, São Paulo, a.2, (15): 536-42, fev. 1952. (N. O.)

tanto no chamado (muito mal chamado) teatro "poético", diluição em atmosferas indecisas e palavras vagas de qualquer possibilidade de conflito, como naquele que se baseia no simples agrado da vista e do ouvido, como ainda todo aquele teatro de pseudoproblemas, que se dá ares de profundidade mas se esquiva habilmente a pôr o dedo na ferida, isto é, a levar ao palco os autênticos dramas e os autênticos conflitos humanos.

Está pois implícito nestas considerações que entendo ser indispensável para que haja verdadeiro teatro, a existência de choque, de conflito, choque ou conflito de sentimentos, de ideias, de classes, de concepções de vida e de condições de existência, de formas de comportamento e de crença. Por outras palavras, considero não ser verdadeiro teatro aquele que pretende apenas tocar superficialmente os sentidos ou o espírito, que receia pôr o homem a nu e tratar do que realmente nos importa, quer se trate de problemas de nossa vida quotidiana, quer de problemas metafísicos.

Espero não chocar as pessoas sisudas dizendo que temos o exemplo da essência do teatro nos desafios do futebol. Isto não é paradoxo nem graça – e mal vai àqueles que não sabem reconhecer, nos acontecimentos da vida quotidiana, o que neles é esboço, indício ou transposição dos mais sérios e altos interesses do homem. E neste caso a subterrânea identidade é transparente: o homem tem necessidade de uma exaltação que se exprime em termos do conflito, para se sentir viver, precisa sair de si próprio, delegando em outrem representar a sua necessidade pessoal de luta. Não me cumpre, porque não sou sociólogo, investigar as razões desta necessidade; cumpre-me apenas evocá-la e referir a sua significação para o nosso caso – o que, pela alusão ao futebol que poderia alargar-se a muitas outras formas de comportamento, também é útil para não deixar esquecer que o teatro, na sua alta significação, também tem raízes cá em baixo, nas coisas que não chegam a ter dignidade cultural.

O homem é um animal triste... Digamos antes: a sociedade moderna faz da imensa maioria dos homens animais tristes. É possível – a justiça manda admiti-lo – que possa ser da sua própria condição não ter felicidade e que esta seja apenas um mito entre tantos outros. Embora saibamos pelo menos que uma certa espécie de tristeza, e de pior que tristeza, é característica própria das condições feitas ao homem no mundo moderno. Isto, note-se bem, independentemente das satisfações ou insatisfações de caráter social, que não estão em causa neste momento.

A verdade é que, à parte a sua melhor ou pior condição social, os homens têm duas vidas: uma que não podem deixar de ter, e outra que deveriam ter e que, saibam-no ou não, lhes falta. A necessidade de subsistir obriga-os a alhear-se de si próprios, a deixarem de ser eles para terem a personalidade, ou antes a impersonalidade, da função que desempenham na sociedade. A necessidade de conduzir, ao longo dos canais da sociedade, o frágil batel do seu orçamento – frágil mesmo para o grande capitalista, note-se bem! – obriga o homem a alhear-se de si próprio ao mesmo tempo que o "convívio social" o faz abdicar ainda mais da sua própria personalidade em obediência a uma série infindável de obrigações que acabam por transformar a ele próprio num ser de convenção. Uma areia movediça da qual nunca mais consegue libertar-se absorve-o irremediavelmente. E note-se bem: nem por sombras pretendo sugerir que tudo isso seja penoso, que lhe seja menos que agradável do que uma vida em que ele talhasse para si um destino próprio, em vez de o receber feito das mãos da sociedade. O que me importa é apenas acentuar que a sua vida está subordinada à sua integração nas condições que lhe permitem um lugar: pior ou melhor, mais ou menos elevado na sociedade.

Ora bem: enquanto trabalha, enquanto convive em função das necessidades da sua participação na vida social, o homem conduz dentro de si um diabinho escondido, pelo qual ele se sabe ou não sabe acompanhado (em geral não sabe) que o deixa aparentemente em sossego ou o espicaça a cada momento: diabinho que é aquela outra parte de si próprio que pode ter muitos nomes, mas à qual peço licença para designar apenas por um deles: imaginação. Imaginação que não é apenas um poder de reproduzir ou mesmo criar imagens, mas um desejo, uma aspiração, às vezes só uma predisposição que lhe põe diante dos olhos ou conserva mergulhado nos seus mais obscuros recessos tudo aquilo que a sua existência efetiva tem de renegar para ser suportável. É, digamos assim, o poder de se identificar com quaisquer situações por mais incompatíveis que sejam com o seu eu social, é, mais do que o poder, a necessidade de também ser outros, de viver a existência que não pode ter. Mais ainda: é a necessidade de "perder" a que efetivamente vive, de abdicar dela em imaginação em troca de uma realidade que, de fato, nada tem de comum com ele.

Bem sei que já estamos longe do desafio do futebol – e talvez não. Pois não disse eu, e não é verdade, que as formas elementares de sair de si se esboçam, a traços grossos, as mais elevadas? E de fato, se é certo que o espectador do desafio do futebol se satisfaz com demasiado pouco, isto é, se ganha apenas uma exaltação sem conteúdo, se a sua identificação é por demais superficial e grosseira, se está realmente apenas no nível do instinto, nem por isso é menos verdade ser a necessidade que nele exige essa satisfação da mesma raiz que essa outra que, já noutro nível, será satisfeita pelo teatro.

E por que diferente esta última? Porque o teatro fornece um conteúdo real e não apenas uma exaltação sem conteúdo. É uma satisfação muito mais completa, uma satisfação muito mais complexa. Mas, num e noutro caso, há uma coisa indiscutivelmente comum, e de maior significação: o desinteresse da atividade posta em jogo. O espectador de futebol não ganha nada com o seu entusiasmo; quero dizer: para a sua vida social, não tem a menor importância, em relação a ela é um ato inútil – exatamente como ir ao teatro.

Perguntar-se-á: trata-se então de atos úteis para essa outra vida que lhe atribui? Mas evidentemente! Mais que úteis: indispensáveis! Quando o homem deixa de ter interesses desta ordem, quando a sua vida termina onde terminam os atos necessitados pelo desempenho de sua função dentro da sociedade, esse homem está morto, irremediavelmente morto. Será pois conveniente notar o seguinte: que o desafio de futebol não é senão uma exaltação fugaz e transitória: que a espécie de participação que constitui é apenas como um sinal de que o homem sente dentro de si uma aspiração a satisfazer, um vazio a preencher; é, apesar de tudo, uma coisa "sua", uma atividade alheia ao ganha-pão – e os pobres de espírito com ela se contentam, porque não saberiam pedir outra.

O leitor terá já adivinhado porque, em vez de qualquer outra dessas formas de "sair de si" elementares fui buscar o futebol: claro está, porque também o futebol tem um caráter explosivo. Igualmente subindo agora até a altura do teatro convém dizer, embora seja óbvio, que todas as outras formas de expressão da arte e da literatura fazem igualmente com que o homem "saia de si". Mas a sua função não é explosiva.

O teatro continua a ser, mesmo depois de inventado o cinema, a forma de expressão em que se pode estabelecer a mais direta comunicação entre o autor e o público. Todos nós ouvimos alguma vez, no cinema, crianças ou rapazes gritar ao "herói" que o "bandido" está atrás da porta, preparado para lhe dar um tiro. E todos nós sabemos como, para públicos primitivos, digamos assim, o que se passa em cena se torna real, com os casos clássicos de representações rurais de "reiseiros" em que o "traidor" apanha à saída do espetáculo. Mas isto é simplesmente, na sua expressão ingênua, o que se passa com todos nós noutro plano. Quero eu dizer que, se a nossa participação no que se passa em cena não se manifesta sob tão ingênuas formas, isso não sucede por uma diferença no gênero de reação, mas no grau de cultura – a nossa participação de civilizados não vai tão longe...

Com efeito, o teatro dirige-se a uma aglomeração de pessoas que "participam" não só com os olhos e com os ouvidos, mas com a sua presença coletiva, na ação que se desenrola em cena e que, portanto, se passa igualmente na sala, vivida em uníssono pelos espectadores. Este fator de extrema importância, se esquecido, leva precisamente à ilusão de poder transportar para a cena um mundo que, por seu caráter intelectualizado, de criação de atmosfera, esvaziado da ação, não pode saltar da cena para a sala, digamos assim: por muito bom que seja um público de teatro, nunca pode reagir como o leitor. E se é certo os melhores poemas serem precisamente os que mais perdem ao ser recitados, na opinião de André Gide, que me parece muito justa, é por um motivo análogo ao que exige do teatro a aceitação de certo número de condições que o distinguem. Reciprocamente, é bem possível serem as melhores peças aquelas que mais perdem à leitura. Será assim? É bem provável – mas não vou afirmá-lo.

Sim, o teatro tem um fundamental esquematismo que o fecha à expressão lírica, ao mesmo tempo que às formas mais sutis da análise. Como poderiam aquela e estas harmonizar-se com a sua exigência de situações críticas, de choque – de explosão em suma? Mas falei em esquematismo. Não é esta palavra suficientemente explícita nem sequer justa, pois, dado o significado minorativo com que habitaualmente a empregamos, pode induzir em erro. A verdade é que, para quem a considere do ponto de vista do romance, por exemplo, a ação teatral parecerá esquemática. Mas um gênero não deve ser avaliado do ponto de vista de outro qualquer, mas sim de harmonia com as suas características próprias. O que sucede com o teatro é ele não permitir as preparaçõcs, as análises, os desenvolvimentos e muito menos as divagações, ao contrário do que se passa com o romance. Não é um defeito, é uma característica que faz parte da sua definição. No teatro encontramo-nos perante momentos privilegiados. Os caracteres não pretendem apresentar-se em toda a sua complexidade, só se nos dão a conhecer sob aspectos que, tal como a ação, são igualmente privilegiados, isto é, se acham isolados de tudo quanto neles não é essencial.

Deste caos do qual se vai erguendo uma ideia de teatro, surgiu há pouco, implícita na afirmação anterior, uma nova noção. Isto é, enquanto por um lado não pode ser poético, conforme já se viu, por outro também não pode aspirar a apresentar-nos a realidade tal como ela nos aparece – e a coisa curiosa é a razão ser a mesma em ambos os casos, embora tal não pareça à primeira vista (dizemos sempre à primeira vista, quando ainda não olhamos sequer para as coisas…). Com efeito, essa famigerada realidade, que é ela senão a convencional aparência, essa vida obrigatória, em que não está presente o homem real? Que é ela senão a forçada alienação a que o homem é votado? Ora, ela é que não constitui o drama, porque só pode ser expressa pela narração. O drama, o conflito, é a solução de continuidade que vem cortar a trama igual dos dias. É a quebra das condições normais arrancando o homem para fora de si, colocando-o de súbito, nu e indefeso, perante a outra face de si próprio. Ora, sendo precisamente essas situações que contêm virtualidade dramática, perguntamo-nos, visto não ser delas que se constitui a existência normal, como seria possível o seu tratamento realista. Quer dizer, o realismo não é, como em geral se supõe, uma característica de épocas, mas sobretudo de determinados gêneros. E assim como o romance deixa de ser de fato romance quando se pretende antirrealista, reciprocamente o teatro, ao tentar, imitando o romance, adotar o que lhe é vedado, perde efetivamente as suas características essenciais.

E por que é assim? Porque a existência normal do homem é uma condição passiva: pode ser descrita, coisa que não tem lugar no teatro... Para subir ao tablado, precisa se transformar em existência real, precisa de um acontecimento em que se torne ativa e concreta, precisa de um crime, de uma desgraça, do invulgar, seja trágico ou cômico, suficientemente fora do comum para transformar o impessoal no seu contrário – precisa da crise, precisa da explosão. Eis por que para haver verdade humana no teatro é preciso que deixe de haver qualquer fidelidade à corrente realidade da existência – torna-se necessário que sobre a lisa toalha do quotidiano seja lançada a pedra que altera a serenidade das águas.

O teatro escolhe situações críticas e não existe sem elas, afirmei. Mas pode supor-se que estou assim a tentar expulsar do teatro algumas de suas modalidades essenciais. Que de tal não se trata, já se verá. Entretanto, considere-se o caso de um gênero que, esse realmente me parece merecer a expulsão da dignidade teatral. Refiro-me à revista. Chama-se-lhe teatro de revista, é certo. Mas também se chama romance na mesma que aos de Eça, aos romances do sr. Campos Pereira. Na mesma que às de Antero, se chama poesia às produções do sr. Silva Tavares. Mas isso são apenas confusões de nomes. Porque tudo quanto é autêntico tem uma contrapartida de falsificação, exatamente como o vinho do Porto. O bom provoca automaticamente o aparecimento do mau, porque o inferior sempre quer igualar-se ao superior, embora sem consentir em fazer o esforço que para tal seria necessário – ou em desistir se o verificasse impossível. Assim, os leitores do sr. Campos Pereira e do sr. Silva Tavares (aos quais juro não querer mal nenhum, mas não tenho culpa que eles me tenham vindo espontaneamente ao bico da pena, o que alguma coisa há de querer dizer...), esses leitores podem pensar e dizer que leem romances, que leem poesia tal como os frequentadores das revistas do Parque Mayer podem dizer que frequentam o teatro, embora segundo os casos lhes sejam absolutamente alheios, Eça de Queiroz, Antero ou Gil Vicente e aquilo que saber apreciá-los representa. Mas que me seja aqui permitido alegar uma séria atenuante em favor da revista, atenuante que ao mesmo tempo faz luz sobre um aspecto da nossa já secular crise do teatro: é que por não existir entre nós um teatro de farsa (e que seria a continuação dos caminhos abertos por Gil Vicente e por este tão esquecido José Antonio da Silva, que talvez só deva a pouca popularidade que tem o seu nome ter dado a Camilo o herói de um romance), os atores que mal poderiam sobressair em tal gênero são relegados para aquele, que da farsa ainda conserva alguns vestígios. Não lhes podemos querer mal por isso, e vamos aplaudi-los, embora isso nos custe o sacrifício de ter que suportar o resto.

A revista não é pois o verdadeiro teatro. O seu hidridismo condena-a. A revista está presa ao teatro por um certo número de fios, não existiria se ele não existisse – mas sofre essencialmente de seu caráter parasitário. Só por suas afinidades com a farsa teria salvação. Mas em vez de tender para ela, toda vez se degrada mais pelo recurso a expedientes lamentáveis. Em vez de exigir do espectador que saia de si para a vida real, a revista, subserviente, ainda ajuda a enterrá-lo mais na sua mísera vacuidade quotidiana. Veja-se como aquilo que nela finge de crítica social, de sátira contemporânea, funciona afinal como uma espécie de bicarbonato de sódio, ajudando a fazer aceitar como natural, a troco de um riso falso, tudo o que se dá ares de zurzir...

Embora sumariamente, espero ter apresentado com alguma clareza uma série de pontos de vista em que se encontra já implícita a minha atitude perante as duas características as quais pretendo agora considerar de face: o espetáculo e o drama.

Como se sabe, no teatro intervêm não apenas um autor e um público, mas, intermediário indispensável, não direi o intérprete mas a interpretação, isto é, tanto a parte que compete aos atores quanto como aquilo que é hábito chamar *régie*, isto é, a encenação. A quem nunca tenha prestado muita atenção aos problemas de teatro, e sobretudo a quem o frequente com pouca assiduidade, talvez não se torne sensível que o mesmo texto possa, segundo a interpretação que lhe for dada, resultar em espetáculos muito diferentes. Com efeito, e importa nunca o perder de vista, teatro, no sentido integral da expressão, não é o texto que se lê, mas a sua interpretação no palco, com cenário ou sem ele, numa sala ou ao ar livre – mas com gente encarnando personagens e… detenhamo-nos: no que vem depois deste "e" está o grande problema. Pois não basta que as pessoas finjam ser as personagens do drama e da comédia; é necessário que esse fingimento seja orientado num sentido determinado, e eis precisamente onde está o pomo da discórdia: as indefinidas possibilidades de interpretação.

Será com efeito a mesma coisa se, além de os atores assumirem as personalidades das figuras de uma peça, se fingir também, ou não se fingir o meio em que deveriam viver? A que nos obriga o texto? Onde termina ele e onde começa a parte do encenador? O teatro é criação exclusiva dos Sófocles e dos Corneille ou estes são apenas donos de uma parte da obra? E repare-se bem, não se trata de problema ocasional, mas inelutável. Não se pode supor a representação do mais insignificante texto sem a necessidade de se esconder a maneira de o interpretar e de o conduzir. Apontado isto, salta à vista que um passo num sentido ou um passo no sentido oposto, põem novamente todo o problema do teatro. Porque esta interpretação, a ideia segundo a qual cada encenador vê a peça, implica as raízes do problema geral de que procurei tornar visíveis algumas das traves mestras. A interpretação que se lhe dê pode, sem dúvida possível, destruir a própria essência teatral de uma obra; e, se o encenador entender que é mais como espetáculo do que como drama que se interessam encená-las, ai do teatro!

Preferir o caráter espetacular é um caminho que pode acabar na transformação de uma peça, quer num bailado, quer numa série de quadros que, se não é possível pendurar numa parede tem, não obstante, as mesmas características dos que são feitos para isso, quer dizer, seu valor plástico. Em outras palavras: a interpretação de uma obra apenas como espetáculo arrasta-la-á para duas formas de expressão que, não sendo embora incompatíveis com o teatro, só cabem dentro dele quando integradas na disciplina dramática, pois caso contrário teremos ou uma obra predominantmente plástica, ou predominantemente musical – e a expressão teatral empurrada para segundo plano.

Os gêneros não são uma invenção dos críticos. Mesmo que não tivessem nome existiriam na cena. Surgiram porque as necessidades de expressão correspondem a determinantes profundas e permanentes; mas os gêneros não são moldes dentro dos quais arbitrariamente o artista empurre uma obra como se a metesse numa camisa de força. Essa é a ideia dos gêneros que têm os acadêmicos. Ora, os gêneros são esquemas não arbitrários, mas correspondentes aos diversos tipos de visão do mundo em cujos extremos se encontram, para o caso do teatro, a trágica e a burlesca. Mas se nos habituamos a considerar certos textos famosos como de um gênero determinado, não é tanto pelo que o texto impõe, mas pelo hábito de assim os vermos considerados. Os amadores de teatro que me leiam terão assistido, como eu assisti, a interpretações da mesma cena "em drama" e "em comédia". Que significa isto senão que as palavras do texto não dizem tudo, e que encenador e ator terão de lhe dar vida – uma vida cuja modalidade pode fazer surgir, sobre a mesma base, os resultados mais opostos? Que quer isto dizer senão que, tal como podem dar-lhe espécies de vida diferentes, podem igualmente tirar-lhe de todo a vida, despojar o papel de qualquer caráter, de qualquer personalidade?

Justifica-se assim plenamente o uso que fiz da palavra "esquemático", embora prevenindo contra as más interpretações. Não só o intérprete, mas até o próprio leitor de uma obra teatral, terá que pôr muito mais de sua própria emoção e inteligência na leitura e na interpretação do que a pessoa que lê um romance. Porque no texto teatral falta precisamente aquilo que o romancista não pode deixar de fazer correr ao longo de sua obra, um calor de vida que no teatro é da competência da interpretação.

E eis chegado o momento de unir vários fios que venho tecendo e, regressando agora da interpetração à própria raiz da criação, verificar como o problema é idêntico nos vários planos em que tomamos contato com ele; pois que o sentido espetacular da interpretação é a perfeita equivalência daquilo a que logo ao princípio me referi e condenei, isto é, o teatro sem oposições, sem conflito – sem teatro.

Senão vejamos: tornando o teatro um espetáculo agradável aos olhos, fazendo predominar as suas características plásticas, que acontece ao conflito, à oposição? – acontece que se dilui e morre. Que se desvanece forçosamente enquanto passam a sobressair o movimento da cena, os efeitos de luz, as atitudes, os figurinos, o cenário etc. etc. – ou seja, todos os elementos que nunca deveriam passar de coadjuvantes da essência teatral. Um toque mais – e é o bailado! Longe de mim a ideia de o condenar! Mas por que se sacrificaria o teatro ao bailado?

Por quê? Não é uma pergunta gratuita. Que os autores deixem de se sentir impulsionados a dar às suas obras as condições fundamentais da ação, conflito, oposição, que os encenadores se sintam, por seu lado, com tendência a adoçar a realidade dramática das obras que a têm; que portanto uns e outros se encaminhem para tirar das possibilidades teatrais não a essência nela contida, mas tudo quanto não passa de complementar e acessório – isso quer dizer que voluntária ou involuntariamente, consciente ou inconscientemente, se pretende liquidar a virulência do teatro, atenuar e se possível liquidar o seu poder de choque e libertação. Para o reduzir à escala da vida em superfície. Para o transformar em mais um instrumento do serviço da abdicação perante a vida autêntica, ao serviço do silêncio, da aceitação reverente das palavras de ordem.

Sobre o estado do teatro em Portugal[1]

A impressionante decadência do teatro português pode à primeira vista parecer, a quem de longe de Portugal, não tenha outros elementos para julgar senão as próprias suposições – uma deficiência de obras de categoria. E, contudo, talvez as obras não faltassem se certas circunstâncias não dificultassem o seu aparecimento. Evidentemente que a crise do nosso teatro não se resolve de um dia para o outro se as circunstâncias se modificassem de modo a poderem os nossos palcos ser ocupados por outros originais que não apenas farsas descabeladas ou dramalhões a transbordar retórica e pelos inenarráveis *cocktails* de uns e outros, mas que isto se pudesse dar seria o essencial para que em palcos portugueses os originais representando realmente uma criação artística pudessem lutar contra aqueles que não procuram senão um resultado comercial. E, se é certo o escritor que pense em escrever para o teatro encontrar-se, antes de mais nada com as dificuldades resultantes de ele saber que não está

---

1   *Revista do Brasil*, Rio de Janeiro (25): 3-5, jul. 1940. (N. O.)

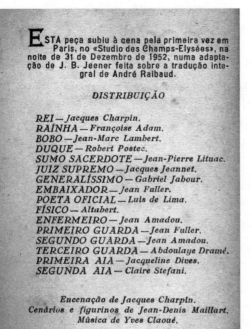

Ficha técnica da montagem de *Jacob e o anjo*, de José Régio, em Paris.

livre de escolher os assuntos, não devemos de modo algum esquecer que também um original não teria a menor probabilidade de ser aceito por qualquer companhia, a menos que contivesse os truques, as gracinhas, as tiradas desopilantes ou lacrimogêneas em que as companhias veem a condição essencial de sucesso.

Mais certo, poder-se-á pensar, é porque o público não está à altura de apreciar obras sérias em qualquer gênero teatral? Isso pensam, com efeito, as pessoas de quem depende a escolha de originais. E, embora tal suposição nos pareça descabida e infundamentada, não será de todo inútil procurar as suas possíveis causas.

Como toda gente sabe, o cinema veio tirar ao teatro grande parte de seu público. Como reagiram os interessados? Procurando melhorar a qualidade dos espetáculos? Levando à cena cada vez maior número de originais de reconhecido valor, procurando seguir a atividade teatral estrangeira, trazendo para os palcos portugueses os grandes sucessos internacionais? Não. Na desorientação provocada pela crise, pensaram apenas em não deixar fugir o público que se tinha conservado fiel ao teatro. Continuando a levar as mesmas peças, mantendo o mesmo nível dos espetáculos teatrais? Não, fazendo-o descer.

O que se passou pode, na minha opinião, explicar-se assim: o público que fugiu dos teatros foi principalmente o de gente nova, ficou-lhe especialmente fiel certa burguesia para quem a arte teatral é um complemento da digestão e que não conseguiu – é tão fiel à tradição – encontrar na frequência dos cinemas os mesmos efeitos de bem-estar. As gerações mais novas não abandonam apenas o teatro devido à sedução das novidades que lhes trazia o cinema – mas porque o teatro se imobilizou, se deixou ficar para trás, se fixou nos gostos desta burguesia respeitável e sonolenta que continuava a debruçar-se nos camarotes e a repimpar-se nas cadeiras de orquestra à espera de tríades grandiloquentes e de *coups de foudres* [amores à primeira vista]. Foi para este público miasmado ou um ainda pior que se continuou a "fazer teatro" em Portugal. Que tem a ver com isto a arte teatral? Menos que nada...

É que, importa vincá-lo com clareza, temos que constatar que o teatro passou a ser pura e simplesmente um ramo do comércio, totalmente divorciado de qualquer preocupação de caráter artístico. Aliás, pode afirmar-se com a maior generalidade que todas as manifestações que se pretendem artísticas nunca o são quando reduzidas a puras e simples imitações e revivecências das formas representativas de uma época passada. Não se podem fazer obras de teatro que sejam realmente obras de arte, repetindo, mimetizando as criações que já não correspondem às possibilidades da época presente. Os ciclos da criação vão se fechando sucessivamente e nunca um verdadeiro artista, isto é, aquele que cria em harmonia com a personalidade própria de sua época, poderá limitar-se a repetir, a mastigar novamente temas e formas de expressão já laboriosamente digeridos por uma geração anterior. Por isso mesmo não é aos artistas que se dirigem os empresários quando pretendem novos (?) originais, mas aos fabricantes, aqueles que fizeram profissão desta triste função que consiste na imitação, quase na cópia, do que foi original ou interessou há trinta ou quarenta anos. Isto na melhor das hipóteses, pois ainda mais frequentemente vemos fabricar peças de teatro por uma

SOBRE O ESTADO DO TEATRO EM PORTUGAL　　　　TEATRO PORTUGUÊS　　53

receita mais estranha, que consiste em amalgamar todos os gêneros – farsa, comédia e drama – numa série de cenas que acabam por não ter a menor conexão real umas com as outras, pois os autores só procuram em cada uma delas o efeito lacrimoso ou de gargalhada que lhes possa augurar mais público, mais récitas e, portanto, mais receita. Claro que um público que aceite de bom grado peças em que a ação é mero pretexto, um gênero de teatro que mais parece ter características de revista que de comédia ou drama, ao qual de fato só falta a música e as *girls* para ser revista, claro que um público desta espécie não poderá desejar outra coisa senão o que lhe dão tais espetáculos. Mas então devemos perguntar: o que tem o teatro com isso? Como se admite que as empresas se queixem de crise do teatro se a crise é delas próprias, que fazem fantochadas ao invés de teatro?

Acontece, portanto, que o público que vai ainda aos teatros é um público especial e por ele não podemos ajuizar do gosto que pelo teatro a sério poderia ter um público que existe em potência, que seria muito difícil de atrair mesmo para representações de peças de grande classe, visto desconfiar, e com razão, de que lhe prometam uma coisa e lhe deem outra, visto o cinema ainda lhe dar, pelo menos de vez em quando, uma atmosfera viva, criações elevadas, arte em suma, e, finalmente, visto o teatro ser muito mais caro. Por o ter deixado para o fim, não se pense que desdenho este motivo: a verdade é que o melhor público que poderia ter um teatro a sério que existisse entre nós seria constituído pelos que menos dinheiro têm.

Não pretendo preconizar soluções – apenas constatar alguns fatos de máxima elementariedade. E, para completar estas constatações, não quero concluir sem uma breve observação.

Em Portugal, em toda parte, há verdades de exportação. Para uso interno somos os campeões de má língua – mas queremos que o estrangeiro nos suponha admiráveis em tudo (aliás, sobre esta particularidade, ainda recentemente José Bacelar fez afirmações bem certeiras na Seara Nova). É, portanto, natural que no Brasil nos suponham possuidores da mais genial produção teatral dos tempos modernos – embora devam estranhar a ausência de provas desta genialidade. Mas onde quero chegar é no seguinte: não se deve supor que estejamos perante uma crise de criação, como há bem pouco nos mostrou a publicação na *Revista de Portugal* deste admirável mistério de José Régio *Jacob e o anjo*. E a publicação da peça de Alfredo Cortez, *Bâton,* não é sinal de que o gênero em que predomina a crítica de costumes nos pode dar obras capazes de interessar qualquer público sério?

Mas quem em Portugal se atreverá a levar à cena a peça de José Régio? E *Bâton*, do autor católico Alfredo Cortez, não permitiram as autoridades competentes que fosse representada… Será isto animador para aqueles que se sentem tentados a escrever para o teatro? Será com este conjunto de peias, que de todos os lados estorvam o caminho do artista, de esperar que o teatro português saia do atoleiro em que se encontra? Creio que não vale a pena responder.

Lisboa, maio 1939.

Situação do teatro português[1]

O problema do teatro nacional é um dos mais dolorosos espinhos em que a nossa consciência crítica se lacera. Temos um problema secular e um problema atual do teatro. Temos um problema sociológico, mas também um problema filosófico. Temos as dúvidas e as indecisões de quem está no princípio, sem por isso deixarmos de ter o lastro da tradição de séculos... O teatro português é francamente um paradoxo que tem desafiado e continuará desafiando a argúcia de quantos sobre ele se debruçam.

Seja, porém, qual for a teoria ou a interpretação à luz da qual se pretenda ver claro neste problema que é um emaranhado de problemas, só com excessiva cegueira será possível ignorar a extrema pobreza do teatro português. Pobreza que não é apenas de autores, mas, em cada um deles, uma insuficiência que nos impede de apresentar um grande autor dramático à altura dos grandes em qualquer outra forma de expressão, da poesia lírica ao romance. E isso torna-se bem patente se tivermos coragem para responder sinceramente a esta pergunta: existe algum autor português

---

1   *Teatro Brasileiro*, São Paulo (5): 3-4, mar. 1956. (N. O.)

cuja obra dramática valha só por si? Isto é, um Gil Vicente e um Garrett, que são os únicos grandes criadores do nosso teatro, teriam merecido o lugar que têm na nossa literatura só pelos valores dramáticos da sua obra?

Creio que se pode dizer afoitamente: não. Porque a via dramática vicentina não chegaria só por si a erguer a sua obra à altura em que a colocamos, o que se deve por uma grande parte a ser ele um extraordinário poeta. E a obra de Garrett não teria o lugar que lhe atribuímos se ele fosse apenas o autor do *Frei Luis de Sousa,* por maior que seja o lugar desta extraordinária tragédia no teatro universal. E o mesmo podemos dizer descendo um pouco de nível, de Antonio Ferreira, ou de Francisco Manuel de Melo – e o mesmo veremos, já que se passa com o nosso teatro contemporâneo.

Escrevia recentemente Jorge de Sena que

> não são alguns talentos, superiores ou inferiores, e algumas obras de exceção, e muita mexerufada, que constituem uma tradição teatral como a da Inglaterra, de Thomas Kyd e Marlowe a T.S. Eliot, e da França, de um Gringoire a um Anouilh ou um Sartre, a da Alemanha, de um Lessing a um Brecht, a da Espanha, de Lope de Vega a Garcia Lorca. Todos esses países atravessaram períodos de decadência, ou até de inexistência do teatro. Nós vivemos sempre, em matéria de teatro, na meia-tigela, da qual surge, às vezes, como que por milagre, ou obra ou um autor.

Ora, perante esta carência, duas maneiras fundamentais de ver se apresentam, ou se trata de uma deficiência específica ou as circunstâncias não favoreceram o aparecimento do gênio teatral, ao menos de um gênio teatral que só por si constituísse fundamento bastante para nele se alicerçar uma exceção regular dessas possibilidades de criação. A primeira resposta tem tido diversos adeptos entre nós, que somos um povo sujeito a descrer. Mas, como somos também sujeitos a grandes acessos místicos, por vezes acreditamos nessa discutida "vocação".

Mas há ainda outra hipótese, ou melhor, uma forma de as transcender a ambas sem por completo as negar: consiste em admitir que dependendo a existência do gênio teatral da "comunicação através do espetáculo", seriam as dificuldades opostas a esta última as verdadeiras causas de não enveredar para a expressão teatral senão um débil e acidental fio de água do espírito criador; e assim, não tendo como se exercitar o gênio teatral, não poderia manifestar-se senão por esses fogachos em que, de quando em quando, tenta abrir caminho, para ser logo abafado por circunstâncias adversas. Mas isto são, como se vê, hipóteses. Há, porém, uma realidade, e a ela nos devemos cingir agora, pois se trata afinal de dizer o que há, e não o que deveria haver. Contudo, creio que o leitor compreenderá a necessidade que senti de pô-lo ante certas dúvidas, válidas para todas as fases do teatro português, à luz das quais, segundo me quer parecer, as hesitações, os malogros e as desistências do nosso teatro contemporâneo talvez se tornem mais compreensíveis.

Um teatro sem tradição está, evidentemente, mais sujeito que outro qualquer às influências estrangeiras. Ou querendo fugir a estas, particularmente arriscado a perder-se em esforços desconexos, dos quais não poderá sair uma expressão dramática suficientemente forte, sendo dominado por um amadorismo permanente. É este amadorismo talvez, a característica mais impressionante para o profissional da crítica que acompanha a produção corrente, a qual, sendo já de si muito reduzida, raramente nos dá a oportunidade de ver uma peça que, boa ou má, tenha realmente "significação", que represente um esforço para qualquer coisa. Para isto, há pelo menos uma razão clara, no meio de tanta coisa obscura: é o fato de quase nunca serem levadas à cena as peças que representam realmente um esforço de renovação do nosso teatro.

Assim é que *Jacob e o anjo,* de José Régio, nunca foi representada, sendo *Benilde e a virgem mãe* a única peça deste autor que alcançou ser posta em cena. O mesmo acontece com João Pedro de Andrade, com Jorge de Sena, para não citar senão autores cujo teatro publicado permite pensar que essa representação se impunha. Ou então dá-se o caso de nunca terem encontrado eco senão entre grupos de amadores que, forçosamente, só lhes podem oferecer muito restritas possibilidades de comunicação, e é por exemplo o caso de Raul Brandão ou de Almada Negreiros, para também citar apenas duas personalidades de relevo.

Não vou afirmar que a modificação das condições externas a que isto em parte se deve – e a censura é a mais grave de todas elas – pudesse transformar dum dia para o outro o nosso teatro numa afirmação de personalidade, exatamente porque, sem experiência, não podemos saber se as "disposições" se transformariam em "realizações". Só podemos afirmar que as condições externas vigentes tornam impossível a existência de autênticos autores dramáticos. Se eles surgiram ou não é o que ninguém poderá dizer.

A responsabilidade da censura fica bem expressa pelas referências indiretas de alguns críticos que colaboraram recentemente nas páginas dedicadas pelo jornal *O Comércio do Porto* ao teatro português do século XX. Diz João Pedro de Andrade : "A expressão dum possível pensamento dramático é cerceado por preocupações que, a não serem pura e simplesmente arreadas do horizonte teatral, obstarão a que a nossa literatura do gênero possa ser considerada como coisa digna de considerar-se entre as atividades culturais". E Luís Francisco Rebello, depois de apontar os esforços feitos para se elevar o nível do nosso teatro, conclui que não bastou, "por culpa de outros fatores com os quais a cultura, a competência e a preparação, incontestáveis e incontestadas, de quantos o servem, nada têm a ver – para que exista entre nós um teatro português válido e significativo". E o artigo de Jorge de Sena, já acima citado, seria quase todo de citar, a este propósito.

A censura teatral é muito mais severa do que as outras – pois se trata com efeito duma entidade especial, a Inspeção Geral de Espetáculos. Assim, toda gente pode ler as peças de José Régio, as quais, aqui, toda a gente achará certamente – e com razão – perfeitamente inofensivas. Contudo, a Comissão de Leitura do Teatro Nacional (esquecia-me de mencionar mais esta entidade censurial, que só funciona para este teatro do Estado) não permitiu que fossem levadas à cena as suas peças *El Rei Sebastião* e *A salvação do mundo*. Mas aqui ainda se deu o caso raro, devido ao interesse da grande atriz que é Amélia Rey Colaço, de haver uma companhia empenhada na sua encenação.

Na maior parte dos casos, porém, ou por ver antecipadamente que a sua representação não seria consentida, ou por elas próprias não verem nisso interesse, as companhias evitam à censura o trabalho de uma recusa.

SITUAÇÃO DO TEATRO PORTUGUÊS

Aludi agora a outro elemento negativo, que se junta à censura para impossibilitar qualquer vida teatral séria: a incompetência, a tacanhez, a irresponsabilidade da maior parte dos elementos em cujas mãos está a produção de espetáculos teatrais. Mas o que é isto, senão o reflexo do meio? As dolorosas experiências de Antonio Pedro que, depois das excelentes provas de orientador com um grupo de amadores, por duas vezes tentou o teatro comercial, bem mostram que é impossível fazer coisa séria no seio duma sociedade perfeitamente desmoralizada por quase trinta anos de estímulo à falta de escrúpulos, sob a máscara da defesa da "ordem", da "moral" e do "espírito".

Poderíamos supor que, dadas estas condições, pudessem ao menos ser estimuladas, por contraste, aquelas tendências estetizantes que, por seu caráter social e politicamente neutro, não deveriam encontrar obstáculos por parte da censura. Poderíamos ter um teatro "intemporal", alheio aos problemas reais do homem, e a quaisquer circunstâncias suscetíveis de ferir as contravenções estadonovistas. Total ilusão! Porque isto implicaria, por um lado, um nível cultural elevado por parte dos autores, que seria inconcebível em nosso tempo. Mais: implicaria que a censura fosse unicamente política, quando o fato é que a sua sanha maior é contra a exposição de qualquer alusão à experiência e à condição humanas que possam pôr em dúvida a perfeita integração da sociedade portuguesa no seio da Igreja e do Estado. E assim, como poderá existir qualquer espécie de teatro a sério?

Por tudo isto eu penso ser o teatro, de todas as formas de comunicação artística, aquela em que se torna hoje mais difícil em Portugal um juízo justo sobre a obra em si, já que a significação desta está sujeita a uma série de fatores negativos que tornam impossível o desenvolvimento normal das vocações. Só personalidades tão excepcionais como a de um José Régio podem – e ainda com quantas limitações! – resistir à repulsa que o meio, por todas as maneiras, opõe à vontade de criar. Ele é o único que tem, no nosso tempo, uma obra dramática realmente representativa, em que os valores universais e nacionais encontram realmente uma expressão válida. E, contudo, seria realmente essa a obra de José Régio, se lhe tivesse sido dada a possibilidade do indispensável contato com o público? Não teriam algumas de suas peças ganhado em plasticidade, não teria o seu diálogo perdido certo formalismo *guindé*, como sucede com *A salvação do mundo*, peça ambiciosa que, em meu entender, só real experiência do palco teria permitido a Régio levar a bem?

Mais que o de qualquer outro gênero, o destino do teatro está intimamente ligado ao da sociedade; e enquanto a nossa for mantida na disciplina da inferioridade mental e moral que hoje é lei, o heroísmo dos que ainda persistem em escrever para o teatro como artistas e a tentar uma verdadeira arte dramática, não poderá deixar de ser um heroísmo inglório. Ninguém o pode compreender melhor do que vendo quanto se tem feito nesses últimos anos no Brasil, onde realmente, com todas as dificuldades, há todavia a liberdade, para as melhores, de preparar o caminho para a criação de um autêntico teatro nacional.

Crítica literária

Os falsos dilemas
da crítica contemporânea[1]

Mergulhados no presente, que a todo momento nos exige uma resposta, um ato, atentos, pela força de existirmos, à novidade que a todo momento se vai revelando ante os nossos olhos, bem certo é não se poder exigir de nós que, como o astrônomo, perscrutemos este mesmo mundo presente tal qual se ele estivesse a milhares de léguas – e de anos. Não podemos ter o ponto de vista de Sirius. Sermos nós próprios, e ao mesmo tempo o astrônomo – impossível.

Eis a dificuldade, a tentação do crítico, o qual está sempre arriscado a julgar-se em Sirius – quer dizer, a fazer crítica como se estivesse a fazer história. Sobretudo quando de crítica às artes e às letras se trata, importa termos isso sempre presente, não se vá sucumbir à tentação (e quem a não sofre?) de *dar* valores, com professoral infabilidade, de assentar *definitivamente* qual o lugar de cada escritor ou de cada artista, de dis-

---

1   *Mundo Literário*, Lisboa, (1/6): 1-2/1,16, 11 maio/15 jun. 1946; *Ensaio*, Rio de Janeiro, (1):3-9, jun. 1952; reproduzido em *O romance e seus problemas* (Lisboa: Casa do Estudante do Brasil, 1950, p.11-28) e *Clareza e mistério da crítica* (Rio de Janeiro: Expressão e Cultura, 1961, p.31-44). (N. O.)

Primeira publicação do texto, no semanário *Mundo Literário*.

por a cena final da peça quando ela ainda vai no primeiro ato. *Mestres e discípulos, velhos, novos e novíssimos* (que se poderá inventar a seguir aos novíssimos?!), eis, sem dúvida, formas de classificação que devemos deixar ao futuro.

Com efeito, *nós não somos a história.* Somos o nosso próprio tempo. Isto não nos impede de julgar, mas deve obrigar-nos a não esquecer que o *fazemos de um certo ponto de vista,* isto é, que estamos dentro daquilo que julgamos, que somos nós próprios parte da matéria que constitui o nosso tema – juízes e réus ao mesmo tempo.

Não se trata aqui de uma restrição imposta ao juízo; deveremos antes dizer que se trata de não confundir tipos diferentes de juízo. Precisamos ter bem presente que a liberdade de nossos juízos é função de uma necessidade; não temos o direito de ignorar que, em vez de dominarmos de mil metros uma planície que se abre a nossos pés, patente em toda a extensão até o mais longínquo horizonte, estamos realmente no meio dela. O nosso juízo é diferente do que poderá emitir a história. E saber que ao falar das obras que exprimem nosso tempo, não estamos fazendo a história da literatura, é a consciencialização necessária para não haver pressa demais em nos enterrarmos vivos.

Por isso mesmo a diversidade dos pontos de vista é fecunda – sempre que do seu contraste possa surgir uma visão geral mais larga. A arte e a literatura não se desenvolvem nunca segundo uma linha única – e, ao lado dos ortodoxos, há sempre os heterodoxos, se esta comparação é lícita. Mais: talvez não se deva pôr de parte a hipótese de que, além do ortodoxo e do heterodoxo, haja porventura a síntese de ambos. Entre uma tendência romântica e uma tendência realista, ou melhor, além delas, fora delas, há porventura uma posição diferente.

A crítica não pode partir sem risco de erro total, de uma *antevisão* do que qualquer obra deva ser. O crítico que traça antecipadamente a figura ideal da obra que se prepara para ler, que *já sabe* como ela deve ser, este crítico poderá falar de tudo, mas só por milagre falará realmente de tal obra. Porque a teoria e a classificação hão de vir a ser feitas sobre essas mesmas obras, e não se pode proceder como se aquelas existissem antes destas. Extinta a época, esgotada a seiva em todos os ramos da grande árvore, visíveis já todas as perspectivas, podemos então estabelecer a hierarquia dos valores, encontrar o lugar certo de cada autor e de cada obra, distinguir do que permanece o apenas transitório – brilho fugaz duma notoriedade acidental. Mas nós, críticos, presos nas malhas do presente, temos de fugir ao supremo ridículo do jornalista que escreve em grandes parangonas impudicas: "está em curso a maior batalha da história!" Que sabe ele? Que lhe fica para o dia seguinte, quando houver outra *maior batalha da história*?

O juízo histórico, que domina o tempo, é sedutor, sem dúvida. Cada um de nós gostaria de se ver içado, por artes mágicas, apostando em dado autor, vaticinando do cume da tal montanha já referida... Mas foi graças a tais artes mágicas que a crítica, desde que existe, cometeu os seus erros mais rotundos. Que Sainte-Beuve, por exemplo, sem contestação um dos mais profundos espíritos críticos que tem existido, proferiu a cerca de Baudelaire juízos *definitivos* sobre cuja insensatez devemos pensar maduramente, no momento da tentação. E qual grande crítico deu conta da importância enorme de Proust, ao publicar-se em 1913, à custa do autor, a primeira parte de uma obra genial que então ainda não se chamaria porventura *Em busca do tempo perdido*? E qual deu conta entre nós, há uns setenta anos, de ter passado fugazmente entre os homens um grande poeta: Cesário Verde? Mas não vou desfiar a lista infindável daqueles que a crítica de seu tempo não soube ouvir nem entender. Fique a lição para a crítica: ela não pode ter os olhos plurifacetados da história. Não pode dar a volta ao *monumento*, porque ainda não há monumento, mas sangue a escorrer dos flancos da vida. A obra não tem ainda o seu lugar próprio – não há perspectiva que permita vê-la de longe. Deformada pela proximidade, assim – contudo – a crítica tem que aprender a sê--la. A maior parte dos erros inumeráveis da crítica tem procedido de, quando a obra surge, ela julgar em função do passado, em função de valores já formulados, e *irrevogáveis*. E então sucede-lhe estar à procura de uma coisa e não ver a *outra*, isto é, o valor que caracteriza a nova obra. A verdade é que, fora da corte dos críticos, há sempre quem entenda o que é novo, donde se conclui não existir qualquer impossibilidade para os contemporâneos de reconhecer o gênio ou o talento que se revela, de súbito, no próprio seio do mundo em que vivem. O único mal são as lunetas históricas focadas sobre o presente.

A verdade é que sobra à crítica largo campo de ação, posta de parte esta ambiciosa e deslocada ânsia de se substituir o futuro. De duvidar é, pelo contrário, que ela seja suficiente para as tarefas que lhe deviam competir, entre as quais se conta, e em primeiro lugar, a de não ser uma função teórica, mas prática, se me atrevo a usar tal palavra, possivelmente escandalosa para muitos ouvidos. Prática, sim: consciente de que lhe cumpre exercer uma ação imediata, estar de olhos bem abertos para não deixar passar, sem os ver, os Baudelaire, os Proust, os Cesário Verde. E não para os classificar, insistimos, mas porque, quando aparecem, tais homens são a expressão mais viva do próprio tempo, são a onda que irá espraiar-se, longamente, lá longe. Nesta época em que se cultiva tão intensamente a confusão, é como em nenhuma outra necessário que os críticos abram os olhos e saibam comunicar, a quem os lê, onde viram erguer mais alto da mais alta onda, apontem para ela e digam: olhais,

OS FALSOS DILEMAS DA CRÍTICA CONTEMPORÂNEA

somos nós, é a nossa imagem, é a nossa vida que ali está, feita obra de arte. Somos nós e mais do que nós: uma coisa bela.

II

Somos nós e mais do que nós: uma coisa bela. Ora, por que não pode ver Sainte-Beuve a coisa bela que eram *As flores do mal*? Cremos bem que por não ter procurado ver a coisa bela, e se ter limitado a estabelecer, de fora para dentro, uma hábil série de considerações que lhe permitisse explicar aquele fenômeno desconcertante. Sainte-Beuve não podia pôr de parte a imagem para ele definitiva que podia ser a poesia de seu tempo. E como o que lhe oferecia Baudelaire era diferente, condenou-o. Quantas dezenas de poetas hoje inteiramente esquecidos Sainte-Beuve não pôs acima de Baudelaire! Nunca nos demos ao trabalho de contar, mas não há dúvida de que foram muitos; todos aqueles que correspondem à tal imagem definitiva. É, com efeito, aos artistas mais originais, a quantos revelam precisamente algo de novo, que por via dessa imagem do passado a crítica mais decididamente se recusa a aceitar pelo que são e valem. É que, para apreender o novo, se torna necessária toda a pureza de que um espírito é capaz; e que são os críticos, ai de nós, senão quase sempre, aqueles que de tanto julgar acabaram por ser incapazes de uma visão inocente, desprevenida, numa palavra: pura?

Ao afirmar que o juízo do ponto de vista histórico embota a visão do crítico, não pensamos unicamente naqueles que o formulam por consciente apego ao passado. Cremos mesmo que a maior parte dos críticos comete os seus erros sem a menor consciência de por que o faz, convicta porventura de ser perfeitamente do seu tempo. Sucede, aliás, e é, creio bem, o caso mais grave, e até o mais característico do tempo presente, estarem o mais possível *em Sírius* certos críticos que se julgam os representantes do mais moderno espírito, e não só isso como os mais científicos, os mais objetivos. Trata-se, como o leitor terá adivinhado, daquela crítica que se coloca sob o signo do materialismo dialético, com grande prejuízo deste, que aparece assim como uma panaceia grosseiramente acabada, quando se trata de mais fecundo método de interpretação histórica até hoje existente.

Não atribuiremos, pois, ao materialismo dialético as congeminações daqueles críticos que, sendo burgueses, declaram burguesa toda literatura que não revela uma posição de classe antiburguesa, com o que começam por declarar implicitamente nula a sua própria crítica; com efeito, se a literatura tem de exprimir a luta de classes, como pode um burguês, isto é uma indivíduo que vive na sociedade burguesa, ele próprio engrenagem de seu mecanismo, ter nesta luta uma posição senão burguesa? Deixemos, porém, este aspecto de parte, e consideremos antes a visão da literatura que resulta dessa posição.

Se a literatura só pode ser burguesa ou antiburguesa, isto é, representar e defender os interesses da classe detentora do poder, ou os interesses da classe dominada, não ficará, aparentemente, lugar algum para aquelas formas de criação literária insuscetíveis de constituir veículo para uma expressão de luta; mas que se fará da poesia lírica, por exemplo? Muito simplesmente, expede-se em grande velocidade para o campo da literatura burguesa, recorrendo-se então a uma fórmula negativa: alega-se que, não exprimindo uma atitude de classe, implicitamente se define como burguesa.

Se as coisas fossem tão simples, como a crítica seria fácil! E de fato foi a ilusão de facilidade que nos permitiu ler, nestes últimos anos, tanta pseudocrítica, retórica, como não podia deixar de ser, adjetiva, evidentemente, pois dito o que a obra *era* ou *não era*, outra coisa não restava ao crítico improvisado senão adjetivar pró ou contra, à míngua de espírito crítico. E assim vimos estabelecer-se uma confusão que já não envolvia o risco de passarem desapercebidos os Baudelaire, os Proust e os Cesário Verde que por ventura surgissem, pois o seu defeito era saudar indiscriminadamente como valiosa toda obra aparecida – contanto que, é claro, a tais críticos parecesse não ser burguesa...

Claro está que há uma literatura burguesa; mas é necessário ter em conta não ser ela burguesa *como literatura*. A literatura, com efeito, não se define nunca, primordialmente, como consciência de classe. Tomemos o grande exemplo de Balzac; recentemente, o notável escritor Elio

Vittorini, referindo-se àquele e a Dostoievski, afirmava numa entrevista[2] que eles foram "reacionários e perigosos na ideologia que professam, progressistas em suas obras"; ora, que significa isto senão que o escritor pode, inclusive, ser burguês ao mesmo tempo que antiburguês? Mas nem tanto nos importa afirmar, e apenas a existência de valores fundamentais na obra literária, que, do ponto de vista da consciência de classe, não tem sentido algum. Não oferece para nós a menor dúvida que, acima de certo nível, a criação literária se torna *consciência da época* e portanto, ao mesmo tempo, de todas as classes. Mas basta-nos, para o ponto em questão, verificar que, conforme acima afirmamos, uma obra pode ser burguesa sem que isso de modo algum a defina no seu valor essencial.

Está isto bem longe de pretender significar que a literatura esteja isenta do condicionamento social. Parece-nos mesmo conveniente dizer, com todas as letras, que o escritor não pode ser destituído de consciência social, e, portanto, é inevitavelmente condicionado na sua criação. "Então, não é livre", exclamarão, à uma, neorrealistas e idealistas, aqueles contentes conosco, estes deplorando os nossos desvarios. Sim, não é livre, nem do ponto de vista de uns, nem do ponto de vista dos outros. Mas é livre, *e condicionado*, se entendermos que, só tendo a liberdade sentido em função do homem, não se trata para ele de liberdade teórica, mas da escolha dentro do possível. Como artista, o homem é livre para encontrar a expressão superior. Não são senão os maiores e mais livres criadores que vimos a considerar como os mais representativos da sua respectiva época. Perguntamos: qual foi a sua liberdade, senão a de descobrir uma expressão que, todavia, bem ao contrário de ser gratuita, pode ser considerada síntese máxima duma época?

Ora, estes críticos de que vimos falando não põem, pela estreiteza da posição em que se fixaram, admitir senão o que se revela condicionado, sendo-lhes vedado descortinar qualquer superior expressão de liberdade que porventura venha a revelar-se (senão é que desde já se revela a espíritos menos dominados pelas ideias feitas) particularmente

---

2 *Lettres Françaises*, 27 jun. 1947.

expressiva do seu tempo, embora aparentemente alheia à luta imediata. Disse e muito bem Elio Vittorini, na já citada entrevista, falando de certo tipo de materialistas dialéticos que "fazem sonhos de futuro com sonhos do passado". E acrescentava "A todos quantos sonham com catedrais, é necessário opor o espírito do protestantismo". Admirável síntese, e aviso que deveriam ouvir muitos apressados críticos, demasiado confiados na eficiência da sua *receita*.

Ser condicionado não significa ser subserviente. Se o escritor está condicionado pela classe a que pertence, porque vive nela e dela, resta provar, e nenhum espírito de bom-senso pretenderá provar, que a sua arte seja o *produto* que pede esse *mercado*. O que está certo no plano do folhetim, do romance mundano, da poesia dos Jogos Florais etc., isto é, de todas as formas pseudoliterárias, e que de fato as explica perfeitamente, pois aí não se trata senão de oferta e procura, passa a revelar-se ridículo, senão reles, quando se utiliza para *demonstrar* que a poesia de um Fernando Pessoa ou de um José Régio, por exemplo, são expressão da classe a que pertencem.

III

A vida do homem não está limitada ao momento presente. Eis uma verdade de trazer por casa. De fato, se vivêssemos só momentos, que possibilidade de consciência nos restaria? Cada momento desvanecendo-se sob novos momentos, nem se pode conceber que tivéssemos sequer consciência de algum presente. Não podemos viver, de fato, sem o passado e o futuro, e o bom-senso nos manda reconhecer haver sempre no presente um passado que se prolonga, e um futuro que já se está formando.

Quando encaramos a crítica, torna-se contudo, patente que esta verdade, desviada do seu justo sentido, acaba por se tornar impedimento do livre e fecundo exercício daquela. Com efeito, dá-se a cada passo, uma transferência de valor que, entre outras consequências, se manifesta constantemente pela anulação do presente em nome do passado ou em nome do futuro.

Expliquemo-nos: a verdadeira liberdade, para o crítico – e para o leitor –, está em saber julgar dentro de limites, isto é, não julgar apenas em função de um passado que julga conhecer, nem apenas de um futuro que julga prever. Porque esse passado e esse presente existem na própria dialética da criação, pertencem à própria obra. E quando o crítico vem sopesar o presente baseando-se *no que foi* e *no que há de ser*, como há de ele encontrar *o que é?*

Uma obra interessa-nos em primeiro lugar como expressão de um presente. A poesia, a pintura, a arquitetura, o teatro da nossa época exprimem-nos a nós, é a nós que representam, fazem parte de nossa vida. Não os *reconheceremos* se, para os julgar, em vez de partir deles, procedermos ao invés, encarando-os em função do passado de cada arte – ou da ideia do que há de ser o seu futuro.

Cremos bem que a *paixão de explicar* é o maior adversário do são juízo. Porque, para explicar, recorre-se em geral ao passado. Para interpretar o livro ou a pintura que surgem como novidade, vai-se buscar no passado a bitola com que se avaliem. Fica assim de fora um elemento fundamental: nós próprios, isto é, o presente que essas obras e nós somos. Julgadas em função de uma coerência histórica, como desenvolvimento, como continuação, elas deixam assim de nos aparecer na perspectiva que para nós não pode deixar de ser a principal, quer dizer, a que oferecem quando vistas segundo os nossos próprios olhos.

Não se pretende com isto afirmar que as obras de arte e a literatura sejam apenas uma *representação* do que nós próprios somos. Não se pretende afirmar que elas sejam apenas uma imagem, uma imitação, uma reprodução, e que nos interessariam exatamente por serem isso. É certo ser a criação artística uma objetivação do que somos – mas é ainda outra coisa. Em *ser ainda outra coisa* está a diferença entre a vida e a arte. Se não há arte sem ter havido vida, não é menos certo que a arte não é só vida.

Durante muitos séculos, teve-se como certo que a arte e a vida nada tinham a ver uma com a outra. Ou melhor: não se via a relação fundamental entre a vida e o espírito. A arte pertencia à alma – e a alma subsistia só por si. Antes que alma e corpo, espírito e existência, passassem a ser considerados como duas faces inseparáveis de uma única realidade, era impossível a consciência de ser a arte, essencialmente, uma expressão do homem.

Tomar num sentido unilateral esta identidade fundamental pode, todavia, conduzir a novos equívocos. Para os evitar, é indispensável reconhecer-se nas criações da arte e da literatura essa objetividade a que nos referimos. De fato, a arte *fixa* a vida, fixa os momentos da existência – e, para os fixar, tem de haver algum elemento que se acrescente à vida, um elemento que, digamos assim, *faça parar* a vida, suspenda a série ininterrupta de momentos; no "Detém-te momento: és tão belo!" de Goethe, está implícita toda a filosofia da arte. Na criação, a experiência vivida e a forma criada diferem profundamente e da confusão de uma com a outra têm-se alimentado, se bem nos parece, muitas estéreis polêmicas.

Com efeito, há sempre um *momento* subjetivo *antes* que a obra de arte possa nascer. A *passagem* da vida para a arte não se faz senão depois desse momento. O artista não é apenas (perdoe-se-nos a crueza da imagem) crivo através de cuja rede a vida passe para arte; não se pode esquecer que uma transformação se realiza, transformação que é obra da vida, obra viva, que resulta de uma experiência profunda. Quem pode imaginar o artista *tirando* da vida para *pôr* na arte? Imagem cujo ridículo nos mostra bem o absurdo de qualquer explicação simplista.

Por outro lado, independentemente deste momento, que não pode deixar de ser subjetivo, em que a vida gera a arte no criador, devemos reconhecer, para ver claramente as coisas, que tanto podem existir precedendo--o elementos subjetivos como elementos objetivos. A experiência do artista é, com efeito, dupla. É a do que ele próprio vive e é, através desta, indiretamente, se assim quisermos dizer, a experiência do que o mundo lhe comunica, do que ele sabe, do que ele conhece, mas não vive propriamente. Não é possível negar que esta e aquela sejam igualmente importantes. Mas, uma ou outra importa mais, conforme a personalidade e o temperamento. Daí que, segundo os gêneros literários, a arte seja, nuns, subjetiva, e, noutros, objetiva por seus elementos; que a poesia lírica seja forçosamente o resultado de uma experiência predominantemente subjetiva; que a épica seja o resultado de um conhecimento e de uma elaboração de elementos objetivos. Mas leva-nos isto a dizer que a própria obra de arte seja subjetiva? Por que o diríamos? A arte é uma coisa, os seus elementos, outra. O que está atrás dela não a define. E assim voltamos ao ponto de partida: importa ao crítico o que ela seja, e só secundariamente de que seja *feita*.

A subjetividade ou objetividade dos elementos sobre que a criação se constitui, à psicologia, sobretudo, o compete investigar; mas o que deve ter importância primordial para o crítico será a própria obra. Ora, esta não é senão um *objeto*, que pode, evidentemente, ser estudado na sua dependência em relação ao autor, ao meio, mas que a ele crítico, importa, sobretudo, na medida em que existe e em que vale por si próprio. Ora, o que nos permite considerar as criações da arte e da literatura como objeto senão, precisamente, aquilo que as distingue da vida, ao mesmo tempo que as distingue da filosofia, ou da economia, ou da mística, isto é: serem belas e terem na beleza o seu fundamento, a sua razão de ser?

A arte torna-se independente de nós na medida em que é bela e, aparente paradoxo, tanto mais viva quanto mais morta para o autor, quer dizer, quanto mais profundamente revela o humano em geral. Sem a experiência *através* da qual passou o criador, não haveria arte. Mas dessa experiência só resulta realmente uma obra de arte quando ele nos pode dar, deste modo, mais vida do que nele havia de vida, mais humanidade do que nele, como indivíduo, podia caber de humanidade.

IV

Quando publicada sob forma de artigo, a terceira parte deste ensaio suscitou, da parte de alguns excelentes amigos, objeções que só nos podem ser gratas e a dois diferentes títulos: primeiro, porque nos permitem desenvolver e esclarecer pontos passados talvez demasiado por alto; segundo, porque, sendo esses amigos filósofos, a sua reação vem confirmar, polemicamente, a justeza das nossas considerações.

Foi-nos perguntado se, como parecia depreender-se do que afirmáramos, só o gosto seria, para nós, a base dos juízos sobre a literatura do presente. Eis ao que se responde agora.

Fugimos sempre, mais por instinto do que por deliberação, ao uso *acadêmico* do vocabulário filosófico, assim como a sistematizar as nossas opiniões sobre matérias que tocam mais ou menos os domínios da especulação filosófica. Talvez o tenhamos feito por preguiça, talvez por modéstia, talvez por ambas as razões. O fato é que, mesmo assim, não nos livramos de ser apontados, entre outras coisas, de bergsonistas. Nunca nos pusemos o problema de se o seríamos ou não, porque, não nos tendo por filósofo, nos parecia assunto cuja investigação nada tinha a perder com um adiamento favorável a trabalhos para nós de maior importância. Não deixamos de notar, porém, que a ideia da arte que é a nossa foi sempre inteiramente diversa da, em vários pontos, embora sempre acidentalmente, expressa pelo grande filósofo francês, do qual, aliás, já não temos hoje vergonha de confessar não ter lido uma obra fundamental para se poder ser bergsonista: *A evolução criadora.* Verificamos sim, que não só pelo explicitamente afirmado, como pelo implícito em vários livros (sobretudo nas magistrais análises do *Ensaio sobre os dados imediatos da consciência*), as ideias de Bergson só podiam harmonizar-se com uma atitude estética: a do simbolismo.

Mas, voltando ao ponto: cremos que nos chamaram bergsonista pelo frequente uso que fizemos, e hoje muito nos arrependemos, da palavra *intuição*. E devemos acrescentar, por nos parecer a ocasião azada, que se não somos bergsonistas, ainda menos o podiam ser um José Régio ou um Gaspar Simões – isto dito a propósito da frequência com que a *Presença* era definida como uma cidadela bergsonista, tudo por culpa da *poesia pura*, do padre Brémond, e de Antônio Sérgio, feroz perseguidor de vestígios bergsonistas, a quem só Julien Benda pode levar a palma. Enfim, isto não é assunto para desenvolver aqui, e onde pretendemos chegar é ao seguinte:

Os nossos amigos filósofos, que também não são bergsonistas (quando se descobrirá que nunca houve bergsonistas em Portugal?), viram na nossa citada afirmação uma tentativa de desapossar a filosofia de um seu para eles imprescritível direito: o de ser senhora do campo do *valor*, ao qual nós íamos roubar todo o domínio estético, pois dávamos como valor essencial da arte e da literatura a sua própria condição de *belo objeto*. Reduzir o belo ao bem ou à verdade, foram, desde Platão, as duas saídas que a filosofia encontrou para resolver os problemas da estética. Falar em gosto era, na boca desses nossos amigos, não verem que outro critério pudesse subsistir, desde que não queríamos procurar o valor que define a arte e a literatura senão nela própria.

Contudo, esta expressão, *gosto*, é por demais traiçoeira. Quando dizemos *gosto*, não significamos o mesmo que dizendo é *verdadeiro* ou é *justo*. Devemos talvez concluir que, por tal expressão, se nós próprios a empregamos, entendemos afinal a forma de juízo específico dos objetos estéticos, ou seja, das obras de arte e da literatura. Que, dizendo *gosto*, emitimos um juízo. A verdade é, porém, que, normalmente, se usa da palavra com um à vontade que lhe deixa poucas possibilidades de a podermos usar com seriedade. Diz-se efetivamente que se gosta do que é doce, do que é cômodo, do que é agradável a toda a espécie de sentidos (chega a dizer-se gostar de um remédio), o que evidentemente, relega a palavra para o limbo. Mas não iremos concluir daí que não haja juízos estéticos! O *gosto* é, com efeito, o sentido do belo, e sobre esse sentido assentam os nossos juízos estéticos. É um juízo de valor? É um juízo de valor... estético duma esfera irredutível a qualquer outra, e cuja validade só poderá ser fundada nela mesma.

Acrescente-se que este juízo estético continua a ser base dos juízos a fazer quando o nosso presente já for história, é ele também a base dos juízos que fazemos sobre as coisas do passado. Acontece simplesmente que o juízo histórico se acrescenta ao estético, quer dizer, que as obras do nosso tempo *adquirem* valores de outra espécie. Para sermos exatos devemos acrescentar até que certos desses valores já lhe são atribuídos, hoje mesmo, em especial o de verdade, mas o seu valor é muito restrito, sobretudo por ser assaz difícil encontrar quem, entre os que cuidam da verdade (isto é, os filósofos), saiba não sobrepor aos estéticos os valores de sua *especialidade*.

Ao usar a palavra *especialidade*, não pretendemos ironizar. Temos quase todos uma especialidade qualquer. Vemos o mundo através dela, em função dela. O filósofo puxa a si a obra de arte, e outro tanto fazem o religioso ou o político. E como é difícil ao crítico não ser, às vezes, o filósofo, o religioso ou o político! Sobretudo porque *esteta* se tornou uma palavra antipática, que quase toda a gente renega. De qualquer modo, o certo é que dificilmente o homem evita ser o especialista de alguma coisa. E como esse homem universal não se encontra, só há a desejar que trate de arte, sobretudo, o seu especialista, chamemos-lhe crítico ou... esteta.

Cremos que um esforço imenso está por fazer nos domínios da estética. Embora de sobreaviso contra a tendência que sempre houve, seja qual for a época, para desvalorizar o que fora anteriormente teorizado, julgamos não estar em erro ao afirmar que *juízo estético* continua a ser uma expressão com demasiado pouco sentido, ou com demasiados sentidos. Presumo que a estética tem que ser definitivamente separada da filosofia.

Falamos atrás num *juízo histórico* que vem se acrescentar ao estético. Atente-se bem a isto: não se trata de um *juízo estético histórico*, mas de um juízo histórico, simplesmente. Porque a arte entra na história, e como tal passa a ter uma função. Mas o valor estético de *Romeu e Julieta* não é exatamente o mesmo que a função histórica do teatro de Shakespeare. As obras tornam-se plurivalentes, tanto mais quanto mais universais – e sabemos, aliás, muito bem como isso as pode prejudicar. Ninguém melhor do que nós, portugueses, deve, aliás, sabê-lo, porque nenhuma grande criação literária teve tanto a sofrer da confusão entre valor literário e função histórica como *Os Lusíadas*.

Ora, quando uma obra nova surge diante dos nossos olhos, poderemos nós dizer que ela vá representar um grande papel na história? Podemos supô-lo – mas supomo-lo porque o seu valor estético nos fará pressentir essa consequência. Sabemos, sim, que é bela. Não *ganhamos* nada com o significado histórico que ela possa vir a ter, mas quanto nos importa o seu valor estético! Quando, talvez em 1925, lemos pela primeira vez versos de Fernando Pessoa, não nos lembramos do que a sua obra poderia vir a significar como expressão de uma época. Encontrávamos qualquer coisa de *nós*, qualquer coisa que ao mesmo tempo nos descobria perante nós próprios e nos enriquecia, que era nosso não o sendo; e o mesmo diremos da descoberta da poesia de Sá-Carneiro, e da de José Régio. Essa visão sem perspectiva é o traço fundamentalmente característico da descoberta dos contemporâneos. Daí a referência (na primeira parte deste ensaio) aos limites do nosso juízo. Esse *valor em função de nada* é o que o homem apreende da arte e da literatura do presente. Dizer "é belo porque..." não tem sentido.

O que se apresenta em primeiro lugar à consideração do crítico é algo inteiramente novo, por mais ligações que, à margem, ele possa estabelecer entre a obra em causa e as que a precederam. Procurar essa diferença é a sua missão fundamental, distingui-la, separá-la de quanto de secundário a possa envolver. Se não receássemos ferir a sensibilidade dos nossos confrades diríamos que o essencial no crítico é *o faro* para essa peculiaridade. Se não encontrar este peculiar, de nada lhe serve verificar com toda a exatidão as condições do tempo e de espaço, espirituais e materiais, que tornaram possível essa obra. Sem esse faro, nem a ciência nem a filosofia lhe poderão valer: passará ao lado do VIII poema do *Guardador de rebanhos* como gato sobre brasas, falando com grande proficiência em Whitman – mas não dará conta do que faz dele uma obra-prima da poesia portuguesa.

Estabelecimento de textos e preparo de edições

Peregrinação de Fernão Mendes Pinto[1]

Todos os portugueses minimamente informados sobre a literatura do seu país ouviram algum dia falar – pelo menos – em Fernão Mendes Pinto, e têm alguma noção acerca do homem e da obra que tal nome designa. Mas, pergunto: de todos esses portugueses, quantos o leram – e quantos o puderam ler? Na verdade não se pensara até hoje (como tão pouco se pensou a respeito de alguns outros, Fernão Lopes, sobretudo) que a maior parte de seus possíveis leitores se assusta perante as dificuldades que defendem a *Peregrinação* da curiosidade dos menos cultos. Não foi em vão que se passaram quase quatro séculos desde que ele pegou a pena para nos deixar essa extraordinária narração do que passou, viu e ouviu ou do que nem passou, nem viu; mas apenas ouviu e leu segundo querem uns, do que imaginou, segundo outros (ainda hoje há adeptos do *"Fernão, Mentes? Minto!"*). A língua em que ele escreve não pode ser hoje de leitura corrente para o comum dos leitores, e estes não podem

---

1 Apresentação à edição de 1952, publicada pela Sociedade Cultural de Intercâmbio Luso-Brasileiro. (N. O.)

abordar a sua obra com a mesma sem cerimônia com que abrem qualquer romance ou outra espécie de leitura mais ou menos amena.

Se a leitura da maioria dos nossos clássicos se torna difícil devido ao caráter erudito de suas prosas e versos, tal não é o caso com a de Fernão Mendes Pinto. Não é o espírito humanista no seu aspecto menos criador: as alusões eruditas, o recurso às fontes greco-romanas, o estilo metafórico, em suma, o afastamento da língua falada para estabelecer uma língua artificial, a do homem culto, não é nada disso que põe uma barreira entre o leitor de hoje e a *Peregrinação*. Porque a sua erudição – que a tem – é uma erudição bem própria do homem que correu as sete partidas do mundo e mais algumas, que andou por todos os mares e viu coisas dantes nunca vistas; é antes informação, esta informação talvez discutível em muitos casos, que ele largamente nos fornece sobre os costumes, as crenças, as leis, a história, a geografia dos povos e das nações do Oriente e, sobretudo, do extremo Oriente; se é indiscutível ter ele possuído também erudição, no mesmo sentido que os escritores de gabinete do seu tempo, é de crer que os ventos de todos os quadrantes lhe varreram do estilo as presunções a alardeá-lo, e a fazer da sua prosa outra coisa que o mais simples veículo da narração que se propôs a levar a cabo. Não, a dificuldade da sua leitura está apenas e pelo contrário, em Fernão Mendes Pinto *não ser um escritor*.

Do pouco que ele nos diz, e do pouco mais recolhido laboriosamente por aqueles que se dedicaram a investigar a sua vida, conclui-se sem sombra de dúvida – salvo as circunstâncias especiais, e nitidamente práticas, que lhe ditaram as *Cartas* – que só escreveu quando nada mais lhe restava fazer, isto é, quando a sua vitalidade esgotara já, nos caminhos do mundo, a sede de aventuras que é o fulcro de toda a sua existência. E escreveu como quem, não tendo já forças, ou de qualquer maneira, possibilidade de escapar à vida sedentária, recorre à única forma de evasão possível, revivendo as suas aventuras – escrevendo o romance da sua existência, já que não podia acrescentar-lhe mais nenhum capítulo.

Se o leitor de hoje encontra dificuldade na leitura de Fernão Mendes Pinto, é em parte pelas mesmas razões que nos tornariam difícil dialogar com um homem do seu tempo, é que ele partiu da língua falada, e a sua narração, na própria enormidade dos períodos, até na frequente incorreção sintática, é o monólogo do homem que se põe a contar, ao canto do lume, para encher serões intermináveis, todo o passado que lhe vem à memória. Ele escreveu como teria falado, como porventura muitas vezes terá feito, perante vizinhos, perante amigos, perante a família reunida à sua volta, todos desejosos de ouvir aquelas coisas maravilhosas e extraordinárias do "cabo do mundo".

Com os outros escritores da época, temos dificuldades de leitura por via do artifício; aqui, elas provêm apenas da máxima simplicidade, do desataviado da frase. Na prosa de Fernão Mendes Pinto não há parágrafos, quase não há períodos. E tem-se perguntado justificadamente se a divisão em capítulos existiria no seu manuscrito, pois é bem provável que a obra inteira fosse um infindável parágrafo, apenas aqui e ali interrompido pelo início de novo período. Tudo isto quer dizer que ele escreveu à margem das convenções, e talvez, de fato sem pensar no público, tal como afirma no início da *Peregrinação*. Como uma longa, uma infindável carta para os seus.

Mas não ser um escritor, digamos *de carreira, de profissão*, é uma coisa; outra é ter-se ou não o dom; e eis precisamente o segredo do invulgar interesse que desde a sua primeira publicação vem acompanhando a obra de Fernão Mendes Pinto. Se não tinha ambições de autor, se não ambicionou, nem sonhou possível ter um lugar entre os que, no seu tempo, criaram nome por suas obras literárias, a verdade é o autor da *Peregrinação* revelar-se dotado de um poder de expressão literária graças ao qual a sua obra resulta, em vez de amontoado indigesto e incaracterístico de fatos, a mais viva, a mais apaixonante e a mais bela obra romanesca do seu século.

Talvez Fernão Mendes Pinto não possa ser indicado como modelo de estilo – pelo menos se pensarmos no estilo dos seus contemporâneos mais reputados. Pergunto-me, contudo, se é justo chamar de outra coisa que admirável estilo à forma sob a qual exprime, na sua longa narrativa, as suas impressões, reflexões e sentimentos.

Incorreto? Sem dúvida! Fernão Mendes Pinto está longe de corresponder à ideia do escritor, particularmente a do seu século. Mas já seria

errado afirmar que o homem da *Peregrinação* não passa de um aventureiro aposentado que dedica seus últimos anos a contar desataviadamente o
que viu e o que sabe. A sua figura recorta-se a igual distância de uma e de
outra imagem, nem é o homem de gabinete que, tal um João de Barros,
vai polindo e envolvendo de erudição a cronologia dos feitos portugueses, nem o homem inculto que, impressionado pelas coisas espantosas
que viu e as aventuras que viveu, vai enchendo indiscriminadamente as
laudas com o que lhe vem à memória, sem noção do que é importante e
do que é anódino.

Se não sabemos que espécie de formação intelectual terá sido a de
Fernão Mendes Pinto, não podem, todavia, restar-nos dúvidas, após a
leitura da *Peregrinação* de que as suas andanças não foram apenas as
materiais que nos conta, pois em alguma altura terá ele achado tempo
para mobiliar o seu espírito com os conhecimentos que haviam de lhe
permitir, no fim da vida, organizar as suas recordações, reproduzir (er-
rando ou não, é secundário) o que viu e ouviu dos costumes de tantos
povos – e até, se o fez, como alguns pretendem, aproveitando-se do que
outros tinham escrito – mas, sobretudo, amadurecer este espírito esclarecido, o sentido dos valores humanos, que a cada passo se revela.

Um grande escritor à margem da literatura da época? Sem dúvida.
Mas ao mesmo tempo, representando como talvez nenhum o movimento
real dos espíritos, e a mais autêntica raiz do humanismo, nele, ao contrário do que sucede com quase todos os outros, vivificado pelo ar salgado
dos caminhos da aventura. Daí vem a aceitação que a *Peregrinação* sempre teve entre um público maior que o habitual dos "clássicos". E por isso
mesmo nenhuma obra dessa época merecia tanto como ela a tentativa
que agora se faz de atenuar a distância que quatro séculos de evolução
da língua falada e escrita puseram entre a *Peregrinação* e o leitor de hoje.

Não ignoro que perigoso atrevimento é abalançar-se alguém a introduzir a lima ou a tesoura de podar na obra alheia, e muito mais uma obra
com tais títulos ao nosso respeito, mesmo quando tal intervenção não se
faz com o intuito de alterar nada do essencial. Mas com uma obra literária, como saber exatamente onde acaba o acidental e começa o essencial?
Como saber o que é legítimo, e o que é imperdoável? Alguns acharão mes-

mo que tocar, ao de leve que seja, já é crime. A verdade é que não presidiu à modernização do texto por mim tentada senão a ideia de que alterando a pontuação, abrindo parágrafos, cindindo períodos demasiado longos, substituindo construções e palavras caídas em desuso, pondo coerência sintática onde ela tantas vezes falta, o atentado que cometia era compensado pela satisfação de oferecer a todos a possibilidade de lerem, sem ser como penosa obrigação, esta obra-prima da nossa literatura. De resto, lado a lado com o texto primitivo, a minha versão deve ser considerada como, digamos assim... um dicionário, a que irá lançando os olhos quem prefira seguir o texto pelo da *edição princeps*.

Devo, aliás, esclarecer desde já que, conforme o leitor se dará conta, não foi meu intento tirar à *Peregrinação* o sabor quinhentista, mas, antes, separar deste um outro, o arcaico. Dizendo melhor: pretendi pôr a nu, para todos os olhos, o que é *estilo e caráter,* fazendo desaparecer o que não passa de *acidente*, e como tal nada significa relativamente à íntima fisionomia da obra. Fi-lo a tal ponto que deixei tal qual, salvo pontuação e grafia, os discursos, tantas vezes do mais admirável de sua obra, que ele põe na boca de orientais – e são do que mais inconfundivelmente revela o seu gênio de escritor. Como, por motivo idêntico, me pareceu impossível tocar em determinadas descrições da faina marítima: também o leitor de hoje, ao ler o nosso contemporâneo Conrad, tem de fazer o esforço necessário para forçar as portas de um vocabulário técnico, para o qual não há transposição.

Já me referi atrás ao interesse romanesco da *Peregrinação*. Ora, não quero concluir este prefácio, embora arriscando a torná-lo demasiado longo, sem voltar a este aspecto. É que, embora a *Peregrinação* possua igualmente um interesse, digamos, erudito, e levante problemas que importam à geografia, à história geral e à literária, parece-me necessário insistir em que não foi por via de nenhum destes aspectos que ela teve, com esta, dez edições, coisa rara para as obras quinhentistas – rara para obras portuguesas de maneira geral. Se alcançou um êxito invulgar entre nós, foi porque constituía um alimento para a imaginação, foi por pertencer, realmente, ao gênero literário que sempre despertou mais geral curiosidade: a ficção.

Note-se bem: a ficção. Como gênero literário, tanto se cria à base de verdade como de invenção. Sob tal ponto de vista, pois, não importa se Fernão Mendes Pinto tenha falado a verdade ou não. Creio bem que o fundo da sua narração consiste realmente, senão em acontecimentos vividos por ele próprio, pelo menos em coisas ouvidas que tinha por verídicas. Mas isto é com o historiador, com o estudioso das navegações dos portugueses – a *Peregrinação* é também uma obra literária de primeiro plano, não acidentalmente, como o deixam crer os historiadores da literatura com o seu formalismo, chamando-lhe "literatura de viagens", e deixando-a entrar na literatura como que por favor e especial condescendência, mas por um evidente direito.

Pensemos nesses admiráveis discursos em que ele pretende encontrar – e consegue-o admiravelmente – uma expressão portuguesa para o estilo cheio de imagens dos orientais. Não há evidentemente, sombra de exatidão neles. São inventados pelo nosso Fernão Mendes, dezenas de anos depois de os ter ouvido – se os ouviu –; são obras de novelista, são a reinvenção de uma atmosfera, e não a reprodução verídica de uma fala. E assim como ele torna real a presença dessas personagens, malgrado a fantasia que haja nos próprios termos, assim também ele põe diante do leitor, com não menor força criadora, com não menor poder de invenção ou transposição, esse desfiar ininterrupto de naufrágios, batalhas, piratarias, martírios, glórias e vergonhas, em que a existência é uma perpétua passagem do poder à humilhação. Da liberdade à escravidão, em que o aventureiro bafejado pela sorte passa de súbito à condição de misérrimo cativo, e que, com muita ou pouca verdade, nos dá de forma incomparável o romance da aventura portuguesa de quinhentos.

E por isso me pareceu que tais qualidades impunham que a leitura da *Peregrinação* deixasse de ser privilégio exclusivo dos suficientemente cultos para penetrarem o segredo duma linguagem fora de uso, e pudesse tornar-se leitura viva para os vivos.

As *"Obras incompletas"* de Eça de Queiroz[1]

Suponho que nenhum autor se iguala a Eça de Queiroz pela abundância de edições das suas *"Obras incompletas"*, isto é, de edições que presumindo ser de "obras completas", não fazem jus a este título. Haverá aqui alguma característica portuguesa, omitida por todos aqueles que têm feito o inventário das nossas virtudes e defeitos? Será uma peculiaridade barroca? Parece-me, todavia, que lhe vai melhor a designação de abuso de confiança e incompetência editorial. Não se costuma ter como norma a adoção de "um" critério, seja ele qual for. O hábito é reeditar o que já foi editado tal qual foi – e chamar-lhe obras completas, sem mais cerimônia, nem justificação. Vejamos o que se tem passado com Eça, mártir por excelência, até há pouco só em Portugal, agora também no Brasil.

Como é sabido, a Editora Lello & Irmão detém, em Portugal, o direito de publicação das obras de Eça. Somente quatro obras suas saíram

---

1 Suplemento Literário de *O Estado de S. Paulo,* 13 maio 1961, e o artigo seguinte no mesmo suplemento "As hipotéticas obras completas de Eça", publicado em 20 maio 1961. (N. O.)

de outros prelos. De 1946 a 1948 essa casa publicou as primeiras pseu-docompletas, a chamada edição do Centenário, fácil de distinguir por ser, graficamente, uma cópia descarada da edição francesa das *Obras completas de Anatole France*. Não houve, então, a menor preocupação de suprir qualquer deficiência das muitas reconhecidas às edições correntes. Mudou-se o formato e o papel; o resto foi reproduzido tal qual. Dez anos depois, eis que surge uma nova incompleta: pelo seu pitoresco merece descrição: lê-se no rosto de cada um dos três volumes desta edição em papel bíblia: "Obras de Eça de Queiroz"; e em pé da página: "1958/Lello & Irmão – Editores/ 144, Rua das Carmelitas – Porto" Mas os volumes são encadernados; e na lombada lê-se – ó pasmo! – o seguinte "EÇA DE QUEIROZ/ Obra de Ficção/ Editora José Aguilar" – mais a sigla da mesma. A sobrecapa acrescenta alguma luz a este mistério, embora não possa eliminar a incongruência de uma obra ter dois títulos diferentes, com a agravante de o segundo ser falso, pois nela não se contém apenas a obra de ficção; nessa sobrecapa pode ler-se que se trata de "uma pu-blicação de Lello & Irmão, editores, do Porto (Portugal), incorporada à Biblioteca Luso-Brasileira. Com idêntico conteúdo ao da famosa edição do Centenário".

O leitor não ignora que a editora José Aguilar iniciou no Brasil uma obra altamente meritória à qual já mais de uma vez tive ocasião de me referir com aplauso, sobretudo a propósito da exemplar edição da *Obra poética de Fernando Pessoa*, é assim tanto mais de lamentar que a cate-goria alcançada por sua Biblioteca Luso-Brasileira se veja comprometida por uma transigência com os detentores portugueses dos direitos auto-rais sobre a obra do nosso grande romancista, acobertando uma edição que nada tem em comum, senão a encadernação, com os princípios em boa hora postos em prática nas edições dos grandes autores brasileiros, e do português, acima citado. Transigência que resultou, adivinha-se, da intransigência da firma portuense, fiel ao seu princípio de não fazer e não deixar que se faça… transigência, afinal, inútil, como vemos pelo lançamento que a editora Brasiliense está fazendo de uma edição brasilei-ra, e… incompleta, das obras de Eça de Queiroz. E, visto esta última em nada melhorar qualquer das existentes, aqui fica à Editora Aguilar esta sugestão: verificado que no Brasil, a obra de Eça se acha já no domínio público, por que não recuperar o seu bom nome livrando-se do Lellico conúbio, e empenhando-se em publicar as primeiras *Obras completas de Eça de Queiroz*?

Em qualquer das edições existentes (aliás, sempre a mesma, como veremos!) há três fontes fundamentais: as obras publicadas em vida de Eça de Queiroz, a primeira série das póstumas que reúne textos já publicados em jornais e revistas, e a segunda série destas, os volumes organizados por José Maria de Eça de Queiroz pela seleção e arranjo de originais inéditos na posse da família, e mais alguma coisa que sobrara do recolhido na primeira série das póstumas (como as *Cartas inéditas de Fradique Mendes e mais páginas esquecidas*). Ora, que fazem as edições recentes, quer a Lello-Aguilar quer a da Brasiliense? Simplesmente reproduzem tal como foi publicado cada um dos volumes, quer sem ordem, quer (na Ed. Brasiliense) em ordem cronológica – aspiração absurda, já que reproduz os volumes editados pela Lello, e mantendo esta estrutura não há ordem cronológica possível.

Mas o mais curioso não está dito: referi atrás à existência de quatro obras que não foram dadas a lume sob o cioso patrocínio do editor portuense; quatro obras, mas cinco edições: *As novas cartas inéditas de Eça de Queiroz* etc., publicação feita no Brasil pela Alba Editora, as *Cartas de Londres*, publicadas em 1944 pela *Seara Nova*, e reproduzidas sob o título *Crônicas de Londres* pela Editora Aviz, as *Cartas* publicadas por esta mesma editora em 1945 e... as *Cartas de Lisboa*. *Cartas de Lisboa*? Perguntará o leitor, até, porventura o queiroziano que julga conhecer toda a sua obra publicada. Pois sim senhor, está aqui sobre a minha mesa – mas é quase uma edição clandestina... Depois da preciosa contribuição ao conhecimento da obra de Eça que foi a sua publicação nas colunas da *Seara Nova* das já citadas *Cartas de Londres*, Lopes de Oliveira (autor do volume indispensável *Eça de Queiroz – história de suas obras contadas por ele próprio*, 1944) continuou o seu esforço, isolado, nunca devidamente prestigiado e até intencionalmente ocultado, lançando uma parte das crônicas de Eça publicadas no *Distrito de Évora* – bissemanário que ele redigiu, de ponta a ponta, entre janeiro e julho de 1867.

Ora a *Seara Nova*, se não podia ser proibida de divulgar nas suas colunas essas páginas que não eram inéditas, não podia, contudo, editá--las em volume. Fez unicamente para a "gente da casa" uma edição restritíssima e fora do mercado. Se o texto por ele divulgado das *Cartas de Londres* foi aproveitado pela família (embora alegando que se servia de supostos originais na sua posse...) o das *Cartas de Lisboa* permaneceu quase desconhecido, porque nem Lello nem a família tiveram até hoje, e já lá vão 17 anos, o menor desejo de as ver conhecidas. Por quê? Porque Eça não era, nessa altura, um modelo de patriotismo pré-salazarista. Porque Eça era o entusiasta do cenáculo e não o "vencido na vida".

Ora, seguindo os passos das edições do Centenário e de Lello-Aguilar, também a da Brasiliense deixa de fora do seu plano as *Cartas de Lisboa*. Não por mal, certamente, mas certamente pelo fato de o organizador desta última ignorar a sua existência, ou antes, ignorar que a única edição conhecida do *Distrito de Évora* tirou cópia e promoveu a sua publicação parcial a mão generosa de Lopes de Oliveira, nobre figura de intelectual que merece assim lugar de destaque entre todos quantos têm trabalhado para a obra de Eça de Queiroz não ficar perpetuamente sujeita aos caprichos de uma família reacionária e de um editor que nunca teve qualquer noção das obrigações que lhe caberiam como "dono" da obra de Eça.

O que mereceria o nome de "Obras completas" de Eça de Queiroz, como planejá-la, como executá-la? Em próximo artigo direi como entendo que isso podia ser feito, sabendo embora que tal tarefa só poderá ser levada a cabo quando a família deixar de utilizar a obra do grande escritor como se fosse um qualquer dos seus imóveis.

II

Conforme afirmei no meu anterior artigo, só poderia fazer-se uma edição das "Obras completas" de Eça de Queiroz se a família abrisse mão dos originais de que é detentora. Não tendo ido porventura tão longe como a malfadada irmã do Nietzsche, que lhe adulterou conscientemente a obra inédita, a família de Eça de Queiroz tem pelo menos, duas graves responsabilidades às costas: a de sonegar obras inéditas e a de ter introduzido modificações em pelo menos parte das que revelou. Toda gente sabe que existe, inédito, o romance *A tragédia da Rua das Flores* – e é muito possível que exista outro: *A batalha de Caia*. As declarações feitas acerca do primeiro nunca deram ao público razões muito claras; alegou-se, se não estou em erro, que o livro fazia *double emploi* [redundância] com *Os maias*. Consta (ignoro se isto foi ou não dito por algum membro da família, ou só pelas más línguas…) que a verdadeira razão seria… um incesto que nas páginas se perpetraria. O fato é, porém, que a existência do romance foi confessada – e que nenhuma razão válida poderia justificar o abuso cometido por meio dessa sonegação contra o que é um patrimônio da literatura universal.

Mas, além disso, é a família responsável por publicações de inéditos não apenas feitas sem garantias, mas confessadamente adulterados. Já se tem dito que o *Egito* revela, e isso está provado, pelo menos erros de leitura. Mas não é preciso provar, pois o filho do romancista que o deu a lume o declara com toda a inocência que *A capital* é um texto arranjado, no qual se aproveitaram três estados diferentes do texto. Veja o leitor o seu exemplar, em qualquer das edições portuguesas (porque a da Brasiliense não a inclui) a introdução de José Maria de Eça de Queiroz a essa obra póstuma: lá verá a confirmação disso, mostrando, note-se bem, que não houve da parte daquele filho do escritor já falecido, qualquer má-fé, mas apenas ignorância dos deveres que se impõem a quem edita o texto inédito de um grande escritor.

Não obstante a dificuldade inicial resultante da concepção dos descendentes de Eça sobre os direitos que teriam sobre ela (concepção lamentavelmente protegida em Portugal, além disso, pela absurda perpetuidade da propriedade literária), não há dúvida que seria possível organizar uma edição aceitável e honesta das suas "Obras completas", a partir dos materiais existentes e deixando "em branco" os volumes ineditáveis, isto é atribuindo-lhes um número a ser preenchido quando, surgindo na família uma nova geração capaz de lhe redimir o nome, os materiais necessários se tornassem acessíveis. Aliás, não é impossível que a família estivesse disposta a franquear certos originais, que não sonegou por mal, como dissemos, mas por incompetência: penso tanto em *Egito*, como e, sobretudo, em *A capital*, pois o conhecimento das três versões, as duas incompletas e a completa, seria precioso elemento de estudo.

Mas existem preciosos elementos de estudo que se acham desaproveitados, embora seja improvável que isso resulte mais do que simples descaso. Penso nas duas primeiras versões de *O crime do padre Amaro*: a que foi publicada nos números de 15 de fevereiro a 15 de maio de 1875 da *Revista Ocidental* (e não apenas no de fevereiro, como erradamente se afirma no prefácio à edição agora feita pela Brasiliense da versão definitiva do romance), e da que veio a lume em 1876. Essas duas versões mereceram em 1943 um estudo comparativo do prof. José Pereira Tavares; mas nunca foram reeditadas. Se – o que seria uma solução perfeitamente admissível – se dividissem as obras completas em três séries, das quais a primeira seria constituída pelas obras de ficção, o primeiro volume deveria reunir estas duas versões, seguindo-se os outros romances pela ordem em que foram escritos. E ficaria então um volume por publicar: o destinado à *Capital* nas suas diversas versões, todas três desconhecidas, já que nos foi servida uma caldeirada cujos diversos componentes não se podem distinguir...

Calculo que a família de nosso grande romancista se deve ter como vítima de uma conspiração: Gaspar Simões, Lopes da Silveira, Câmara Reys, não sei quantos mais, em diversas oportunidades tiveram a infelicidade de a desgostar. É que ela (não cito pessoalmente, nem poderia, nenhum de seus membros, pois funciona como um bloco) não tem a menor noção de que Eça, como escritor, não foi marido, nem pai, nem avô de ninguém. Foi um grande escritor que um dia não poderá ter outro "dono" senão a consciência do mundo, e nem sequer apenas a de seus compatriotas. Como aquelas *veuves abusives* [viúvas abusivas] cujas tropelias foram investigadas por Anatole de Monzie, os descendentes dos grandes escritores nem sempre sabem exercer a discreta colaboração que lhes competiria, nem lhes passando pela cabeça que publicar as obras de um autor ilustre exige uma competência que não se adquire por hereditariedade. O seu dever é preservar – e respeitar.

Falei em três possíveis seções das suas obras completas. A segunda reuniria toda a enorme obra do cronista. Haveria aqui um delicado trabalho de redistribuição, que só me parece realizável recorrendo às fontes originais, sendo a mais importante destas, como se sabe, a *Gazeta de Notícias* do Rio de Janeiro. Seria desejável distinguir as crônicas políticas das literárias, da mesma forma que seria indicado não confundir carta de Fradique Mendes com estas ou aquelas, já que Fradique Mendes, em bloco deveria entrar na série das obras de ficção, tal como obviamente, os *Contos*, incluindo estes as *Prosas bárbaras*, mesmo quando nada tenham de contos. Seria demasiado longo explicar, mas parece-me evidente que, não sendo possível uma distinção inapelável, se devem procurar razões de afinidades e não de aparências. Talvez a designação *Contos e fantasias* desse cobertura justificável a tudo o que é literatura, e assim se distingue do que é "sobre literatura".

Guardaríamos para a terceira seção a "Correspondência Geral". Além de muitas cartas dispersas, e de muitas inéditas que certamente existem, possuímos atualmente três coletâneas das suas cartas (as *Novas cartas inéditas* publicadas no Rio, só parcialmente são de Eça). Os volumes *Correspondência* e *Cartas* continuam separados e a edição Lello-Aguilar não contém o segundo – como, aliás, deixou de incluir as *Cartas* (ou Crônicas) *de Londres*. *Eça de Queiroz entre os seus* não é uma obra de Eça, mas outra manifestação dos curiosos conceitos de propriedade que a família tem sobre o seu grande escritor. Não saberemos nunca se as cartas que constituem seu único material válido são dadas na íntegra. Realmente, um natural escrúpulo deveria ter levado os dois filhos que apresentam o livro a considerarem-se seus autores, em vez de o atribuírem ao pai, único autor das cartas que o esmaltam. Não se pode negar a qualquer família a publicação de livros destes; mas gostaríamos de ver, nós admiradores de Eça, e não dos seus, as cartas publicadas à parte, e apresentadas segundo aquelas exigências que hoje ninguém deveria desconhecer, tão comum é já essa noção de respeito pelo "integral" (ou pela justificação de alguma omissão) quando se publica uma linha que seja de um escritor morto. As cartas em questão deveriam, claro está, ser integradas nos volumes dessa correspondência geral aqui proposta, e desejada, como últimos dessa sonhada edição de suas *Obras completas*, pela qual, ai de nós, teremos talvez de esperar que surja entre os descendentes de Eça uma geração que seja mais Eça de Queiroz e menos Rezende...

Relações culturais
Portugal-Brasil

Para um verdadeiro intercâmbio cultural luso-brasileiro[1]

É bem estranho este fenômeno que se dá nas nossas relações intelectuais com o Brasil: multiplicam-se as manifestações oficiais de mútua simpatia, apregoam-se iniciativas de intercâmbio intelectual, escreve-se de um e de outro lado do Atlântico numerosos artigos, abundando nas mesmas intenções e ao fim e ao cabo de tanto discurso, de tanto reclame, averigua-se que tudo está na mesma e que se mantém tal qual anteriormente o isolamento dos dois povos.

Nunca houve, de fato, um verdadeiro e efetivo intercâmbio com carácter cultural entre Portugal e Brasil. Não é isso unicamente devido à falta de iniciativa oficial, nem apenas à proverbial ineficácia das academias; por muito está o desinteresse, não só do público em geral, mas dos intelectuais. Ora, é destes que deveria partir, de ambos os lados do

---

1   *O Diabo*, Lisboa, 20 dez. 1936. (N. O.)

Atlântico, o esforço de compreensão. Muita gente, à semelhança daquela personagem de *Os maias*, convicta de que na Inglaterra não existia literatura, tem a crença de que o Brasil é uma nossa província literária, cuja única função consiste em ler e imitar os escritores portugueses. Outros, embora não ignorando a autonomia da cultura brasileira estão, porém, muito longe de suspeitar até que ponto ela vai, e do desenvolvimento atingido pela literatura. Para que tal estado de espírito se dissipe é evidente que antes de mais se reclama a intervenção daqueles que estabelecem o contato entre o público e a literatura que este ignora: críticos e jornalistas. Sem ela, sem o interesse, sem a intervenção destes "médiuns da cultura", qualquer iniciativa cultural é inútil. Oficial ou particularmente não podemos esquecer a importância que poderia ter uma ação propriamente pedagógica: criação de cursos nos quais, em cada um dos países eminentes do outro viessem periodicamente falar sobre a história, a cultura, as artes e as letras etc. Disse oficial ou particularmente, pois num e noutro país há as condições necessárias para que tal realização pudesse ser levada a cabo com o simples auxílio do Estado sob a forma de facilidades de toda a ordem. É evidente que esta ação só poderia ter completa eficiência quando apoiada pela primordial e já atrás indicada, a qual compete àqueles que em livros e jornais, por meio de ensaios, de críticas, de artigos de caráter jornalístico, contatam diretamente o público.

A ação que se deveria desenvolver é, portanto, dupla: deixemos de lado a que só poderia nascer de determinação oficial ou particular, mas implicando despesas que, por relativamente elevadas, me levam a considerar apenas as mais ou menos gratuitas. Insistamos, pois, na outra. Existe atualmente em Portugal meia dúzia de homens que, com boa vontade e entusiasmo incansáveis, vem trabalhando na realização de um programa de aproximação intelectual luso-brasileira. Seria injustiça – embora não me sinta obrigado a mencionar nomes num artigo em que apenas se apontam generalidades – não destacar os nomes de João de Barros e José Osório de Oliveira, cujo esforço me parece o mais útil de todos os que têm sido tentados. Mas... que é o esforço de meia dúzia, se não for eficazmente apoiado? De que servem os livros, as conferências, os artigos, se as revistas, os jornais e as empresas editoras não contribuíram para coordenar estas atividades dispersas? Ora, nenhuma revista, nenhum jornal, nenhuma casa editora há em Portugal que dedique à expansão da cultura brasileira uma atividade regular e coerente. Quando um artigo desperta em qualquer leitor interesse por determinado livro brasileiro há noventa e nove probabilidades contra uma que esse livro se não encontre em nenhuma livraria portuguesa. Por outro lado, só excepcionalmente um livro brasileiro chega às redações das revistas e dos jornais portugueses. Culpa de quem? Ignoro-o, mas o certo é que dada a absoluta ausência de seriedade na função crítica dos nossos jornais não é de admirar que os editores do Brasil se dispensem de gastar exemplares de suas edições, sabendo que em nenhum desses jornais uma assinatura autorizada lhes garante uma crítica que se imponha ao público. (Excetue-se, sob todos os pontos de vista, o *Diário de Lisboa*, jornal que soube desde sempre pôr-se ao serviço da campanha para a expansão da cultura brasileira). Sucede ainda que as rivalidades editoriais entre os dois países não são o fator mais próprio para facilitar a obra cultural que se impõe.

A verdade é essa: temos tudo a ganhar, quer leitores quer autores, convivendo mais intensa e regularmente com a cultura brasileira. Esse povo em cujas veias há sangue irmão do nosso, nasceu, contudo, de um tão complexo caldeamento de raças, cruzaram-se, no solo do Brasil, tão variadas e díspares influências, que a feição portuguesa não representa senão uma das facetas dessa síntese, e não superior, mas em igualdade de influência com algumas delas. Na civilização, na cultura brasileira, tanto nos reconhecemos como nos desconhecemos; isto é: revemo-nos, mas numa imagem em que outros traços se acrescentaram. Há no espírito brasileiro interesses, dons, possibilidades que aprendemos a conhecer como nossas; mas a seu lado mil outras se nos deparam, incompreensíveis para aqueles que só esperam encontrar na alma brasileira um eco apagado da nossa. E é precisamente naquilo que nele é diferente que nos importa conhecer o Brasil: se sua literatura não fosse mais que uma sombra da nossa, em que poderia nos enriquecer? O que há nela ao fim da nossa é a ponte através da qual se nos abre o acesso das zonas mais obscuras, nas quais, apesar da comunidade de língua, um mundo novo se nos depara.

Há em muitos portugueses uma desconfiança declarada ou latente que os leva a pressupor que os escritores, os artistas, os homens de ciência do Brasil não podem fazer senão o que já se fez em Portugal. Essa desconfiança tenho-a encontrado frequentemente e só à força de insistir, só metendo pelos olhos dentro dos portugueses as provas de que o Brasil tem hoje uma fisionomia própria, uma cultura original e autóctone, se conseguirá abrir os olhos ao grande número – e até a muitos da chamada elite.

Está-se desenvolvendo atualmente no Brasil um período literário tão brilhante, tão rico em personalidades de relevo, que a sua irradiação não pode deixar de se fazer sentir entre nós. Mas tal irradiação mantém-se ainda, por assim dizer, na base secreta, tendo atingido tão somente uma reduzida parte do público. Não falando senão das regiões de produção literária que melhor conheço, não receio afirmar que o romance, a novela, a poesia, a crítica e o ensaio nos oferecem hoje um panorama que surpreenderá aqueles que se abalancem à sua descoberta.

Mas quantos são os que têm a boa vontade necessária para ir ao encontro do que bruxeleia ao longe, entre brumas espessas, quantos são os que se decidem a ir procurar por sua própria iniciativa as regiões inexploradas? Ora, por não podermos esperar que cada leitor busque às cegas num mundo que para ele é um caos já que lhe falta o fio condutor é que urge trazer ao público esta literatura. Lembremo-nos de que nada valem as frases empoladas e os discursos altissonantes. Palavras já temos ouvido, demais – precisamos de atos. Unam-se aqueles que se devotaram a esta causa e procurem por um esforço organizado, opor-se à onda da indiferença. Não se deve esquecer que a maioria dos homens carece de iniciativa e que lhe falta a capacidade de procura; aos que a possuem e a ela aliam o dom de comunicar as suas descobertas, compete auxiliá-la abrir-lhe os olhos, arrastá-la até junto da árvore e baixar os ramos cobertos de frutos até o alcance da mão.

Não nos interessa uma aproximação luso-brasileira que se esgote em palavras e promessas. Carece-se, sim, de um efetivo contato. Tudo, porém, será inútil caso se persista em confiar esta missão a pessoas e coletividades que ignoram o que lhes cumpre realizar e que, a sabê-lo, careceriam da possibilidade de o levar a cabo. Insista-se sempre nisto: o que importa é o conhecimento direto da producção brasileira pelos portugueses e vice-versa, suprimindo a interferência de "entidades e personalidades representativas" que sempre se prontificam a realizar mil objetivos – e não passam daí como é natural, pois empreendimentos desta ordem não se fazem com espírito burocrático, mas com amor. Em Portugal há várias dúzias de "intelectuais" sempre prontos a *dizer que sim* a todos os convites, logo que lhes ponham o nome, retrato e dois adjetivos nos jornais; não é com estes que se poderá contar, mas com os que se sabe que se interessam de fato por essa causa e que já deram provas efetivas disso. Criem os grandes órgãos da imprensa, seções confiadas a pessoas de fato competentes nas quais se aborde o estudo da cultura brasileira e se siga atentamente a sua evolução: faça-se com que nelas colaborem ativamente os próprios brasileiros. Tenham os nossos livreiros mais discernimento em suas encomendas, nos que eficazmente os auxiliariam as indicações fornecidas por estas seções. Crie-se um organismo particular, perfeitamente desinteressado, composto por autores, críticos e jornalistas de ambos os países que se incumbam de orientar sob todos os pontos de vista a expansão das respectivas culturas – e ver-se á se as coisas não tomam outro rumo, e se dentro em pouco não haverá grandes modificações no sentido de uma ampla comunhão luso-brasileira.

SOCIEDADE PAULISTA DE ESCRITORES

Congresso Internacional de Escritores

e

Encontros Intelectuais

Realizados em S. Paulo, sob o patrocínio da Unesco e da Comissão do IV Centenário da Cidade de São Paulo.

EDITÔRA **ANHEMBI** LIMITADA
SÃO PAULO
1957

ANAIS DO
SEGUNDO
CONGRESSO
BRASILEIRO
DE CRÍTICA
E HISTÓRIA
LITERÁRIA

Assis, 24 – 30 de julho de 1961

FACULDADE DE FILOSOFIA, CIÊNCIAS E LETRAS DE ASSIS 1963

CRÍTICA
E
HISTÓRIA
LITERÁRIA

ANAIS
DO I CONGRESSO
DE CRÍTICA E HISTÓRIA LITERÁRIA

Realizado no Recife sob
os auspícios da sua Universidade
de 7 a 14 de agôsto de 1960

EDIÇÕES TEMPO BRASILEIRO
Rio de Janeiro ● 1964

Comunicações a congressos

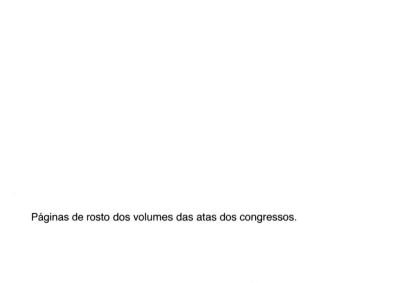

Páginas de rosto dos volumes das atas dos congressos.

Congresso Internacional de Escritores e Encontros Intelectuais

Fernando Pessoa: o insincero verídico[1]

Os segredos invioláveis são aqueles que mais nos seduzem. E quando suprimos pela imaginação – ou pela mera fantasia – a impossibilidade de resposta que pedíramos à razão, quer a humana fraqueza que procuremos fazer passar como obra desta os frutos daquela. A biografia dos poetas tem posto à prova, pelos séculos fora, esta cruel e irredutível impossibilidade que se opõe a todas as tentativas para forçar as portas do silêncio que se fecham para lá dos versos que os poetas nos deixaram. Com ou sem ambições científicas, a verdade procurada nos desvãos duma existência nunca nos conduziu senão a um limiar para além do qual se

---

1 Comunicação ao Congresso Internacional de Escritores, Sociedade Paulista de Escritores, 1954; reproduzida nos *Estudos sobre a poesia de Fernando Pessoa* (Rio de Janeiro: Agir, 1958, p.106-37). (N. O.)

erguem ilusórias portas. Quando julgamos saber quem foi o homem que escreveu os versos, resta-nos sempre, inexplicado, o segredo que os possa fundir novamente com a vida de que eles brotaram. E penso até que, quanto mais fatos conseguimos reaver, tanto mais claramente julgamos ter deslindado a teia da existência do poeta, tanto mais inviável se revela o esforço para tornar inteligível a passagem da existência para o ser que é, na sua raiz, o essencial problema da criação poética.

Ao escrever no seu magnífico panfleto "Who killed Cock Robin"[2] que, na poesia, "os deuses conversam com os deuses", Osbert Sitwell está, sem tentar explicar nada, mais próximo da verdade do que quantos procuram nas pegadas do poeta o reverso desta realidade diferente que é a realidade poética. Aceitar tal reversibilidade como coisa impossível, e que a vida do poeta não é, em relação à sua obra, senão o húmus que a fertiliza, admitir sem subterfúgios o inexplicável, eis uma atitude sem dúvida mais fecunda, embora não se preste a fogos de artifício.

O crítico que aceita o inexplicável não se condena ao silêncio. Obriga-se apenas a fugir de um paralelismo que no fundo nada explica. Nada impede sequer este crítico inimigo das deduções biografísticas de ir longe nas suas hipóteses – o que ele não se esquecerá, porém, é quanto tem de ilusório os dados biográficos dos poetas, quando se lida com eles à luz desse causalismo pseudocientífico. Determinadas circunstâncias criam determinadas possibilidades – mas ainda não apareceu quem fosse capaz de provar que mudando as circunstâncias, o "fundo" do poema relacionado com elas não fosse o mesmo. Que sabemos nós dessas circunstâncias, sob o ponto de vista da ação delas sobre o poeta? Sabemos apenas que se deram. Os acontecimentos da vida do poeta podem ser significativos – e podem não o ser. Em que medida é essa vida a "sua" vida, em um compromisso em que ele se deixa viver, na impossibilidade de lhe impor realmente a sua personalidade? Não é, aliás, evidente, em tantos casos, que a poesia funciona também como a realização daquilo que não pode acontecer, como a imagem da vida que o poeta não foi

---

2   London, 1921. [Do inglês: "Quem matou Cock Robin". – N. E.]

capaz de transformar em atos, e que permanece nele como virtualidade irrealizada?

Sabemos da vida de Fernando Pessoa menos, muito menos do que a respeito de muitos outros poetas, e bem mais distantes no tempo. A proximidade não nos é de auxílio nenhum, pelo menos em relação a fatos que pudessem ter influência determinante na sua obra, isto é, fatos da sua vida íntima, se é lícito designá-los como "fatos". Porque, por exemplo, o fato de se deverem à sua longa estadia na África do Sul certas orientações de sua obra é uma coisa, e outra bem diferente o sentido de sua obra. Tais condições externas não dizem senão essas coisas evidentemente úteis, mas exteriores, que todavia tanto sucedem aos poetas como a qualquer outra pessoa. Eis o que nunca se deve perder de vista. Se para certo tipo de críticos, pobreza de dados biográficos constitui grave óbice à compreensão. De Fernando Pessoa, de outro, do meu, pelo menos, surge como uma vantagem; haverá por ventura quem considere útil à interpretação da sua obra que a vida dos poetas nos forneça muitos acontecimentos, amores, aventuras, viagens, crises, perseguições, drama, ciúmes – crimes, quem sabe! – julgando que por ser muita a riqueza de sucessos seria proporcional a intensidade de luz que iluminaria o significado daquela. Ora, quer-me parecer que, quanto mais pobre for a biografia do poeta, menos risco se corre de ver em cada fato a explicação de cada verso.

Não: a vida de Fernando Pessoa é na verdade a vida ideal do poeta; Pessoa é, como homem, a imagem da imobilidade. Ninguém quis ser menos aparente; toda a sua vida se envolve, não direi, porque detesto romantizar, de mistério, mas de discreto pudor, de amor ao silêncio e à contemplação. "Fui como ervas, e não me arrancaram", escreveu um dia Álvaro de Campos[3] e isto soa aos meus ouvidos como o epitáfio que entendia merecer; vida recolhida, que não pode deixar de nos fazer pensar numa vocação monástica, ela é evidentemente a de um contemplativo, se a considerarmos do ponto de vista do homem do mundo – pois que, do ponto de vista literário, é, pelo menos sua fase mais importante, a mais

---

3   *Obras completas*, v.2, p.258.

ativa, intervencionista e dinâmica do seu tempo. O que de modo algum resulta paradoxal. Simplesmente Pessoa delegou, passe a expressão, toda a sua capacidade de vida numa obra; foi como os alicerces em que essa obra se assentava; apagou-se como homem, para se deixar ser outro e outros, através dela. E se com respeito à difusão desta ele se mostrou tão discreto como na vida, isso só quer dizer que bem sabia a inutilidade de, até muito tarde, fazer por ela mais do que escrevê-la.

Este introito tem apenas como objetivo esclarecer o meu ponto de vista acerca do lugar que devemos dar à biografia do poeta em relação à interpretação da sua obra. Não tendo nenhuma teoria a propor, importa-me apenas acentuar que entendo não haver nenhuma que nos ensine a penetrar no íntimo do poeta; e, além disso, que não só a vida não explica a obra, como não há para esta explicação, no sentido que a assimilaria a qualquer problema científico. Espero que me seja perdoada a insistência sobre este ponto, pois, ao que vejo, soa ainda entre nós a grande novidade. Ora o certo é encontrar-se esta maneira de ver tão espalhada que, sem prejuízo das profundas divergências que há entre o psicólogo C.G. Jung e os poetas T.S. Eliot e William Carlos Williams, quis o acaso que se me deparasse, com breve intervalo, textos de todos eles convergindo no mesmo sentido já acima exposto.

Diz Eliot:

> Há muitas pessoas que apreciam a expressão da emoção sincera na poesia e um número menor capaz de apreciar a excelência técnica. Mas muito poucas sabem reconhecer a expressão da emoção "significativa", emoção que vive no poema, e não na biografia do poeta. A emoção da arte é impessoal.[4]

Pelo seu lado, o grande psicólogo C.G. Jung afirma, ao criticar a famosa tese de Freud que dá a neurose como explicação da arte:

---

4   "Tradition and individual talent" in *Selected Essays*, p.22, e também na recente seleção publicada pela Penguin Books: *Selected Prose*, p.30.

CONGRESSO INTERNACIONAL DE ESCRITORES...　　　COMUNICAÇÕES...　　　109

Quando a escola de Freud mantém a tese de que o artista é um Narciso, isto é, uma personalidade limitada autoerótica-infantilmente, é possível que formule um juízo válido para o artista como pessoa, mas absolutamente inaceitável pelo que se refere ao artista como artista. Porque o artista como tal não é autoerótico nem heteroerótico, nem erótico seja em que sentido for, mas sim "objetivo", "impessoal", no mais alto grau, e até inumano, pois que é, como artista, a sua obra e não um homem. Todo homem criador é uma dualidade ou uma síntese de qualidades paradoxais. Por um lado é um processo humano-pessoal; por outro, um processo impessoal, criador.[5]

A seu turno, o poeta norte-americano William Carlos Williams não diz outra coisa, nesta breve síntese: "O que importa na obra de arte não é aquilo que o poeta 'diz', mas aquilo que faz".[6]

É a meu ver inegável que a tendência comum revelada nestas diversas citações (e quem conhece os respectivos autores e as suas diferenças pode avaliar bem como o seu acordo sobre este ponto é significativo) nos leva para bem mais fecundos rumos do que outra qualquer hipótese, pois que eleva a interpretação da poesia a um plano no qual, havendo embora riscos, se está pelo menos livre de toda a falsa psicologia e de toda a falsa ciência que, de Saint-Beuve a Freud, amarrando o poeta à sua poesia, parecia convidar-nos não ver nesta senão um motivo para procurarmos outra coisa...

A nossa crítica ainda não superou a atitude do espírito limitada pelas identidades aparentes, que nos levam a situar a poesia na mesma região que os fenômenos físicos ou os biológicos, conforme os casos. Aludindo à expressão usada por William Carlos Williams, quer-nos parecer que ela sintetiza perfeitamente o essencial nesta matéria, pois que, ao marcar a diferença entre o que o poeta "diz" e aquilo que "faz", nos lembra que,

---

5　No ensaio "Psicologia y poesia" publicado no volume coletivo *Filosofia de la Ciência Literária*.

6　Cit. por Randall Jarrell, no prefácio dos *Selected Poems* de W.C. Williams – coincidência, ou quase coincidência, digna de nota: em *The Use of Poetry and The Use of Criticism*, T.S. Eliot cita a seguinte opinião do crítico inglês I. A. Richards: "O que importa não é nunca aquilo que um poema diz, mas aquilo que ele é". (N. O.)

diga ele o que disser, não é nisso que está a poesia, mas no que, para além do "dizer", é a própria poesia.

Poderia rebuscar citações de outros autores, abundando no mesmo sentido. Mas sou um péssimo organizador de ficheiros; e, aliás, estas vieram a ter comigo, quase ao mesmo tempo, e prefiro limitar-me a esta oferta do acaso. Mas não as incluo aqui tanto para validar com autoridade o meu ponto de vista, como para mostrar quanto está dentro da atitude contemporânea perante este problema a ideia de que não se pode estabelecer uma derivação causal válida e fecunda do poeta para a sua obra e, portanto, obter uma explicação derivando-a de um meio externo, seja este a vida do próprio poeta, seja ainda o "meio", ou quaisquer outras "condições". Isto não significa que a poesia seja propriamente inexplicável, isto é, que se trata de um "valor" de outra esfera, sem ter nada a ver com as categorias da explicação.

Todas as teorias causalistas homem-obra tomam apenas em conta o que o poeta diz, pois caso contrário não se explicaria sequer que tivessem sido formuladas. É demasiado fácil supor a estupidez dos seus autores; pelo contrário, só se compreende o seu erro – como o erro em geral – valorizando a inteligência de quem o tenha cometido; o erro (e não a asneira, note-se bem) pode ser uma aproximação da verdade. Se Saint-Beuve errou ao supor que só podíamos conhecer a obra através do conhecimento do homem, o seu erro é, todavia, um progresso em relação à crítica que não a encarava senão como mais ou menos perfeita aplicação das regras necessárias para se "repetir" a perfeição alcançada pelos clássicos. Como é por sua vez um progresso sobre o erro de Saint-Beuve, essoutro de Taine, alargando à raça, o meio e ao momento as condições "objetivas" da explicação.[7] Como a especificação da importância do fator econômico e, duma maneira geral, a integração da literatura na história, são progressos cujo erro implícito e inevitável é sempre – mas cada vez menos – deixar de fora aquilo que determina a arte e a literatura como tais. O fato é que qualquer destas teorias tanto poderia aplicar-se às gran-

---

7   Ver, sobre este ponto, a excelente exposição de Wilson Martins na sua tese *Les théories critiques dans l'histoire de la litterature française*, Curitiba, 1952.

des obras como às medíocres. Dando como óbvio serem as grandes obras as que tinham em vista, nem Saint-Beuve, nem Taine, nem Marx deram conta de que punham de fora a própria razão de ser de suas explicações. Para eles, a obra não podia deixar de ser o homem – mas só estabeleciam a filiação daquela neste devido a qualquer coisa que nelas não era o homem, embora este problema lhes tivesse passado despercebido – pelo que as suas explicações da arte resultam válidas na medida em que... a arte não é considerada como tal.

Acrescentarei ainda que à última teoria referida ficamos devendo mais do que a qualquer outra, pois que, levando ao absurdo a ideia de determinação do homem pela sociedade, nos permitiu ver o beco sem saída a que conduzia essa evolução da crítica pseudo-objetiva, ajudando-nos, malgrado seu, a encarar finalmente a obra de arte como uma realidade a considerar num plano específico.

II

A poesia de Fernando Pessoa oferece, como a nenhum outro poeta português, estímulos à reflexão estética; direi mesmo que oferece estímulos demais, dando como resultado desdenharem-se os seus caracteres específicos em favor de curiosidades mais ou menos policiais sobre a gênese dos heterônimos e outras que tais; mas deixemos aos eruditos o que não pode deixar de tomar foros de erudição, e atentemos antes no que é, no que significa para nós a sua poesia; e como o conhecimento da poesia é, na sua raiz, uma relação pessoal entre ela e cada um de nós, seja-me permitido perguntar a mim próprio como e, se a resposta é possível, porque se nos impôs desde o primeiro contato com os seus versos essa "música que lhe é própria", para usar as suas próprias palavras. Pois não foi com tanto efeito do que diziam esses versos como da voz que a dizia que recebi essa impressão que não se desvaneceria mais, e só iria ganhando mais corpo, digamos assim, à medida que o meu conhecimento da sua obra se alargava.

Este "Como e por que" depende de um "quando". Esse "quando" situa-se nos meus 17 anos. Foi a *Presença* que mo revelou e a primeira poesia de Pessoa que li foi sem dúvida a "Marinha", que saiu no n.5:

Ditosos a quem acena
Um lenço de despedida!
São felizes... tem pena...
Eu sofro sem pena a vida.

Doo-me até onde penso,
E a dor é já de pensar,
Órfão de um sonho suspenso
Pela maré a vazar...

E sobe até mim, já farto
De improfícuas agonias,
No cais de onde nunca parto,
A maresia dos dias.

O que tenho a dizer agora requer um esclarecimento, pois que o meu nome tem sido associado à publicação da *Presença* duma forma que deixa supor ter eu sido desde sempre um de seus diretores. A verdade é ter eu tomado conhecimento dela na qualidade de assinante, e estando ainda muito longe de pensar em ser seu colaborador e muito menos diretor. Não digo isto para me dar um atestado de juventude, mas pelo motivo que já se verá através da *Presença* não tive apenas a revelação de Pessoa, mas a da poesia, que não fizera até então feito vibrar em mim nenhuma corda profunda. E isto significa que descobri, praticamente ao mesmo tempo, a geração do *Orpheu* e a primeira geração da *Presença*, isto é, por um lado, sobretudo Pessoa e Sá-Carneiro, e, por outro, José Régio, Antonio de Navarro, Fausto José, Francisco Ramalho, Branquinho da Fonseca; que foi através dela que se fez essa identificação íntima, indefinível e indestrutível, que nos marca para a vida inteira – coisa que até aí não

CONGRESSO INTERNACIONAL DE ESCRITORES...   COMUNICAÇÕES...   113

acontecera mesmo com os maiores poetas do passado que, sem entusiasmo, fora lendo. Agora, pela primeira vez, a poesia me falava como se fosse já uma coisa "minha", como se não fizesse mais do que abrir uma porta que estava à espera dela... – mas pela qual só ela podia entrar. T.S. Eliot fornece-me, ainda aqui, uma justificação desta aparente injustiça para com os nossos grandes poetas, de Camões a Antero, diz ele:

> A melhor poesia contemporânea pode provocar em nós um estado de excitação (*a feeling of excitement*) e um sentimento de plenitude diferente de qualquer sentimento que possa provocar mesmo a poesia superior de uma época passada.

Ora por que despertavam estes poetas em mim qualquer coisa que permanecera indiferente, mesmo perante poetas que depois poderia amar tanto como eles, por exemplo, Gomes Leal, ou Antonio Nobre, ou Cesário? – Para não falar em Junqueiro e Eugênio de Castro, que nunca saíram zona de indiferença? Por que se dera esta viragem na sensibilidade adolescente que eu era? A resposta está, para o caso de Pessoa, visto ser esse que está em causa, nos versos que já li, e nos que vieram a lume nos números seguintes: *Três Odes* de Ricardo Reis, logo no número seguinte, das quais recordarei apenas a terceira, uma das mais belas:

Quanta tristeza e amargura afoga
Em confusão a estreita vida! Quanto
Infortúnio mesquinho
Nos oprime supremo!
Feliz ou o bruto que nos verdes campos
Pasce, para si mesmo anônimo, e entra
Na morte como em casa;
Ou o sábio que perdido
Na Ciência, a fútil vida austera eleva
Além da nossa, como o fumo que ergue
Braços que se desfazem
A um céu inexistente.

E era já, no n.10, esse admirável *Qualquer Música* era no n.16 (já em fins de 1928), o talvez ainda mais belo *Depois da Feira*:

Vão vagos pela estrada,
Cantando sem razão
A última esperança dada
A última ilusão.
Não significam nada.
Mimos e bobos são.

Vão juntos e diversos
Sob um luar de ver,
Em que sonhos imersos
Nem saberão dizer,
E cantam aqueles versos
Que lembram sem querer.

Pagens de um morto mito
Tão líricos! Tão sós!
Não tem na voz um grito,
Mal tem a própria voz;
E ignora-os o infinito
Que nos ignora a nós.

Eis fora de dúvida – e esquecendo voluntariamente uma prosa de Álvaro de Campos, também desses primeiros números à qual já me irei referir – os versos que me revelaram "definitivamente" Fernando Pessoa. É provável que, logo em seguida, eu tivesse tido conhecimento dos textos já publicados, e então quase esquecidos, como as duas grandes odes, a *Triunfal* e a *Marítima* publicadas 17 anos antes, e os textos da *Athena*, ainda recentes, os da *Contemporânea*. Mas o que importa é este momento privilegiado, que não se repete esta como que suspensão do tempo.

Respondi ao "como": falta responder ao "por que": e é quase impossível! Porque se eu pudesse responder cabalmente, se qualquer um de nós

CONGRESSO INTERNACIONAL DE ESCRITORES... COMUNICAÇÕES... 115

pudesse responder cabalmente, teríamos decifrado o enigma da poesia, o segredo último que se mantém sempre inviolável. Tentarei – como tantas vezes se tem tentado, ciente de que nada há nesta matéria que possa ir além das aproximações. Pois bem: o que havia fundamentalmente nestes poemas que li que eu não pudesse ter encontrado em qualquer poeta das gerações anteriores? Recordem-se este versos:

Doo-me até onde penso,
E a dor é já de pensar.
....

não significam nada.
Mimos e bobos são.
....

E ignora-os o infinito
Que nos ignora a nós.
....

... como o fumo que ergue
Braços que se desfazem
A um céu inexistente.

Pretendo destacar, com estas citações truncadas, aquilo que, embora com forçada impropriedade, chamarei um "elemento intelectual", isto é, a expressão poética dum estalo de consciência; ou com um pouco mais de precisão: a expressão intelectual duma emoção, a troca dos vocabulários da emoção e da inteligência, uma nova linguagem, que já não era a da razão, nem a do sentimento, que aludia a um plano até aí ignorado pela nossa poesia, e – coisa de primacial importância – a voz mais musical que jamais nela se fizera ouvir. Desta voz musical é que já não se pode fazer a demonstração por meio de citações truncadas, porque é o próprio todo de cada poema que a revela, e para a evocar lembrarei outro destes primeiros poemas, uma *Ode* de Ricardo Reis, de todas elas a que mais indelevelmente me impressionou:

Já sobre a fronte vã se me acinzenta
O cabelo do jovem que perdi.
Meus olhos brilham menos.
Já não tem jus a beijos minha boca,
Se me ainda amas, por amor não me ames;
Trairas-me comigo.

Mas não se tratava apenas duma nova linguagem, e duma musicalidade nova para a nossa poesia: tratava-se ao mesmo tempo de seu conteúdo (vá lá a pouco simpática palavra!) desconhecida; lembrando-me do que André Suares escreveu sobre Baudelaire, direi que também a poesia de Pessoa me aparecia como aquela que, pela primeira vez, não descrevia, não contava, não impunha, não pintava, não tentava convencer. Ou por outras palavras, não me surgia pesada daqueles elementos que em toda a do passado eu encontrava a mais (sem ter consciência disso, claro está), e que me escondiam a poesia. É possível, senão fatal, que outros vindos depois de mim já tenham achado na poesia de Pessoa esses elementos a mais, porque já não eram contemporâneos dela – lembre-se a citação de Eliot sobre a nossa preferência pelos contemporâneos. Mas para mim ela identifica-se com a própria poesia, e assim eu, que até então encontrara entre mim e ela como que um véu, uma distância, me sentia agora mergulhado nela, nessa identificação que é a raiz da comunicação poética.

Quer dizer isso que Pessoa – e não só ele, como Sá-Carneiro e Régio, e os outros da geração deste – pertenciam ao mundo que já era o meu antes de os conhecer; que a sua voz tinha um eco à espera dentro de mim; não se tratava de opiniões, não se tratava de qualquer identidade de emoções, mas apenas disto: uma raiz comum, uma raiz mais funda que todas as expressões de convívio imediato, social e intelectual. Uma raiz que estava simultaneamente no tempo e fora dele, que não podia deixar de ter o seu lugar no espaço, mas que era inapreensível, e impossível de ser dita: e por ela não poder ser "dita" é que os poetas "fazem" os poemas – porque quanto os poetas digam é sempre menos do que o poema, e nunca é por isso que eles nos podem tocar profundamente.

Uma voz, uma música, uma linguagem novas, é tudo? Não, mas tudo o mais não o poderia definir. Qualquer dos poemas que li, e são dos mais belos poemas breves de Fernando Pessoa, não seria um belo poema se lhe faltasse essa voz, essa música e essa linguagem novas. Mas é tempo de atentar em algo que está à margem delas, mas todavia tão ligado, que não é lícito separá-lo. Refiro-me àquilo que, tendo de me arriscar a uma passageira confusão, designarei como a "sinceridade" do poeta para consigo próprio.

Damos geralmente à sinceridade um sentido confessional, de cada um mostrar tal qual é... na sua existência imediata, na vida familiar e social. Mas a sinceridade para consigo próprio não se pode referir a estes planos. E assim, afirmando que a sinceridade do poeta para consigo próprio é condição essencial da impessoal verdade da poesia, não quero referir-me a qualquer confissão que ele possa fazer, mas à possibilidade de exprimir algo que, parafraseando Claudel, direi ser "algo que é nele mais ele que ele próprio"; esta sinceridade é aquela que permite ao poeta, não autobiografar-se, mas reconhecer-se, para lá de quaisquer incidentes, fatos, acontecimentos; é aquela que lhe permite desfolhar as pétalas do insignificativo até pôr a nu o cálice secreto do significativo – do impessoal. O poeta que fica amarrado aos incidentes, ao local, àquilo que à primeira vista é apenas "ele próprio", é precisamente o que não alcançará uma expressão verídica que, sem deixar de o revelar, é mais alguma coisa – devemos mesmo dizer: é outra coisa.

Tem sido muito, direi mesmo, tem sido demasiado citados os famosos versos em que Fernando Pessoa nos deixou uma das suas mais claras declarações estéticas; refiro-me à "Autopsicografia". Reza assim a primeira quadra:

O poeta é um fingidor
Finge tão completamente
Que chega a fingir que é dor
A dor que deveras sente.

Os professores e críticos apressados não perderam a oportunidade de nos dizer: "Veem como ele é um adepto da estética clássica?" – sem dar conta sequer, de que o quarto verso fala "na dor que deveras sente". Fernando Pessoa deixou-nos, não há dúvida, várias declarações equívocas. Mas esta está longe de o ser. "Fingir a dor que deveras sente", não quer dizer mentir, por mais voltas que se lhe deem; quer dizer, sim, que com a dor o poeta faz outra coisa, que a dor fingida, na poesia, exige uma dor real; o que ele não diz é que ela seja uma só – e aqui está o ponto essencial. Por isso ele sugerira um dia prudência ao crítico que se apressara a tirar ilações psicológicas das suas poesias dizendo-lhe que "O sino da minha aldeia", invocado numa delas era... "o da Igreja dos Mártires, ali no Chiado". Mas ainda aqui, as palavras têm mais que um valor, e é mau apegarmo-nos ao sentido literal, porque um poeta pode transpor qualquer coisa vivida, ou sentida sem ser vivida, para um plano totalmente diferente, logo que lhe seja possível recriar neste a atmosfera verdadeira daquilo que sentiu. Está ainda inédita, creio, uma admirável lírica, que por isso mesmo a escolho de preferência a qualquer outra, pois inúmeros outros poemas podiam servir para o mesmo fim:

Se já não torna a eterna primavera
Que em sonhos conheci,
O que é que o exausto coração espera
Do que não tem em si?

Se não há mais florir de árvores feitas
Só de alguém as sonhar,
Que coisas quer o coração perfeitas,
Quando, e em que lugar?

Não: contentemo-nos com ter a aragem
Que, porque existe, vem
Passar a mão sobre o alto da folhagem,
E assim nos faz um bem.

Pergunto: onde está a sinceridade do poeta falando da "eterna primavera", das "árvores feitas só de alguém as sonhar", onde viu ele a aragem "passar a mão sobre o alto da folhagem" etc.? Que tem a ver qualquer destas imagens com a sinceridade? Diremos então que ele não podia sentir nada disto? Não, diremos apenas que por sentir algo pode criar estas imagens, qualquer que tenha sido o momento, a circunstância que as possa ter feito nascer. Mas acrescentaremos que, para as poder criar, precisava sem dúvida ter sentido profundamente, e que nele tinha de haver uma verdade ganha nunca saberemos como, que não é experiência apenas, mas que não existe sem experiência. Qual experiência? Não sem dúvida, a de ter vivido tudo aquilo de que possa falar, mas a de ter dentro de si o lugar, digamos assim, onde todas as experiências podiam caber – mas que o poeta não precisa de realizar para elas serem verídicas.

Embora a utilização das reflexões dum poeta sejam de uso perigoso, quando se pretende abonar com elas a sua poesia, citarei aqui, de um desses primeiros números da *Presença*, duas que não deixa de ser curioso aproximar da "Autopsicografia": diz numa delas "toda a emoção verdadeira é mentira na inteligência, pois não se dá nela. Toda a emoção verdadeira tem portanto uma expressão falsa. Exprimir-se é dizer o que se não sente". E a outra, bem conhecida, mas sempre de lembrar: "Fingir é conhecer-se". O mais curioso é que, ou estas reflexões deviam ser assinadas por Fernando Pessoa, ou a "Autopsicografia" por Álvaro de Campos. Mas isto é um pormenor. O que interessa aqui, é verificar que Pessoa, quer em seu próprio nome, quer no do "espontâneo" Álvaro de Campos, nos diz que entre o sentir e o exprimir há uma solução de continuidade, mas ao mesmo tempo afirma que o poeta sente. E, portanto, "fingir é conhecer-se", porque só fingindo se pode dizer a verdade, só fingindo a dor o poeta pode exprimir a dor verdadeira.

Ser sincero é, portanto, o que Fernando Pessoa nunca poderá declarar-se, por não lhe interessar, primeiro, e segundo por coerência, que a manteve sempre quanto a este ponto. Declarar-se sincero, seria o mesmo que confessar-se mentiroso. Cabe a nós não tomar demasiado à letra as suas declarações – que o seu espírito analítico tantas vezes reduziu a paradoxos que eram outros tantos becos sem saída, pelo excesso de dar às palavras um valor absoluto que elas não têm – e reconhecer que este poeta, sempre pronto a declarar a impossibilidade de exprimir a emoção, nos deixou uma obra em que ela palpita por todos os lados, e sob todas as assinaturas que usou.

III

Tem-se reparado pouco, entre nós, se é que se tem reparado, no fato de a linguagem dos poetas não ser senão a linguagem de sua própria época, e não uma espécie de dialeto por eles inventado, e cuja evolução, a tê-la, se situaria à margem da maneira como se exprime o comum dos homens. Os nossos sábios da matéria, se os há, parecem não ter dado ainda conta de quanto as famosas antíteses, romantismo contra classicismo, naturalismo contra romantismo, simbolismo contra naturalismo, e finalmente modernismo contra simbolismo, são, por uma parte essencial, um problema de regeneração da linguagem do escritor, e resultam de ser necessário quebrar o encanto das formas estereotipadas que deixaram de corresponder à expressão viva dos homens: vocabulário, sintaxe que, sendo resíduos duma época anterior, constituem a raiz do academicismo, o qual não é senão a mumificação de um momento da expressão literária, que um dia foi viva, mas que, perdendo o sabor, a musicalidade e o valor expressivo próprios, se tornou incaracterístico formulário. Sabemos hoje que a linguagem é uma coisa viva, que as palavras nascem, crescem e morrem, e assim também as suas combinações; mas os nossos especialistas da ciência literária continuam a pensar que, quando a uma fase literária, outra se sucede, se trata apenas da vitória das ideias de uns contra as de outros, de fórmulas contra fórmulas, de escolas contra escolas, como se a expressão viva dos homens nada tivesse com isso.

Com a geração do *Orpheu*, esta necessidade de renovação iria ganhar mais importância do que nunca em qualquer dos momentos similares do passado; efetivamente, mais do que o naturalismo, o modernismo realiza uma revalorização sem precedentes da linguagem poética, o que, aliás, não admira, pois que estava certo incidir a ação criadora do naturalis-

CONGRESSO INTERNACIONAL DE ESCRITORES...   COMUNICAÇÕES...

mo sobre a prosa. O fato é que a revolução que na prosa se deve a Eça de Queiroz, só veio a ser realizada na poesia por Fernando Pessoa, embora a tivessem iniciado Gomes Leal, Cesário Verde e Antonio Nobre.

Com efeito, só então se dá conta de não ser a poesia um discurso governado pelas mesmas leis que regem qualquer das utilizações práticas da linguagem, isto é, não serem as palavras meros sinais, na boca do poeta, não ser sua função representar apenas o desenvolvimento de ideias. O falso simbolismo de um Eugênio de Castro não fizera senão agravar o abismo, e o seu brincar com as palavras, os seus malabarismos com aliterações, assonâncias e palavras raras, tinham feito surgir apenas mais um palacete de novo-riquismo numa língua que já de si facilitava demasiado os jogos bizantinos, pelo peso das suas tradições fradescas. Só Cesário e Nobre, cada um na sua direção, tinham dado a essa linguagem poética que lhes chegara pobre de musicalidade, por um lado, hieraticamente retórica, por outro, ébria de efusões melodramáticas, um poder expressivo que os torna, juntamente com Camilo Pessanha, os evidentes precursores da chamada "revolução modernista".

Música e rigor, eis os signos sob os quais podemos sintetizar a contribuição fundamental de Fernando Pessoa para o enriquecimento da nossa técnica poética. É claro que não me posso alongar aqui sobre os equívocos que ainda duram, e representar a revolução do *Orpheu* como uma função destrutiva. É que era demasiado fácil supor que a revogação do código penal dos cânones poéticos tradicionais implicasse pura e simplesmente... a anarquia. Só à atrevida ignorância é lícito supor que as coisas se passam com tal simplismo. E os cegos não podiam ver que a adoção de formas até então ignoradas como se julgou – só implicava que a métrica tradicional deixasse de ser um colete de forças, mas não que fosse afetada na sua raiz. Não há melhor exemplo do que a poesia do próprio Fernando Pessoa, por um lado integrado na métrica tradicional em quase toda a sua poesia ortônima e na de Ricardo Reis e quase sempre a dispensando nas poesias assinadas por Alberto Caeiro e Álvaro de Campos.

Mas, ortônima ou heterônima, toda a sua poesia tem como índice comum ter sido o maior passo dado neste século para a reabilitação da voz como raiz da poesia. Não se leva isto a cabo sem correr o risco de se ser acusado de corromper a língua e a poesia; por reabilitar a filosofia, fazendo-a voltar ao falar de todos os homens, foi Sócrates acusado de os corromper; reconheçamos que Fernando Pessoa teve sorte e se livrou da cicuta. Nem tampouco foi necessário expulsá-lo da cidade, porque ele próprio se colocou à margem dela, consciente de que, no seu tempo, o lugar do poeta só podia ser de oposição. E não o digo apenas em relação ao ponto de vista estrito da linguagem, mas pensando noutros aspectos da sua personalidade, em que já é tempo de falar.

É evidente ser a ironia uma arma perigosa. Graças a ela, Fernando Pessoa continuou a fazer inimigos depois de morto, e a capacidade de irritar da sua obra, dos manifestos, dos artigos circunstanciais, até de parte de sua poesia, porque parece prometer-nos ainda uma ampla colheita de reações tão vivas como se ele ainda estivesse entre nós. E, ultimamente, assistimos a uma forma peculiar de reação que põe precisamente em causa essa atividade de oposição a que me referi. Fizeram-se, de fato, recentemente, várias tentativas para negar significado à sua obra, sob a alegação de ela não ser construtiva. Acusaram-no de não nos dar uma concepção do mundo, e – expressão textual usada por um desses críticos – de ter posto a vida "com as tripas todas à mostra". Este involuntário elogio não corresponde infelizmente à verdade, pois nesse caso teria sido Pessoa o mais genial escritor de todos os tempos. Mas é certo: a obra de Pessoa não é uma obra construtiva – em nenhum dos sentidos extremistas que pode tomar esta expressão. A obra de Fernando Pessoa é realmente uma obra negativa. Não serve de modelo para se aprender nada, nem a governar, nem a ser governado. Serve exatamente para o contrário, como muito bem o diz o título sob que Jorge de Sena nos promete um livro acerca dele: "Fernando Pessoa, indisciplinador de almas".

Mas não é por mero acaso que a obra de Pessoa carece de espírito "construtivo" nesse tal sentido. Dada a época em que surge, não podia ser ao mesmo tempo a obra de um grande poeta e contribuir para a "reedificação" do homem num sentido positivo. Olhada sob este aspecto – e, diga-se de passagem, não ser ele necessário para a sua compreensão – aparece-nos como uma crítica do idealismo, o qual, quer sob a forma combativa de Junqueiro, quer sob a implícita de Eugênio de Castro, sem esquecer a sua expressão metafísica em Pascoaes, constitui o fundamento moral, filosófico e estético da poesia favorecida pelo gosto do público no momento em que surge a geração de *Orpheu*; mas o fato de constituir uma crítica no idealismo, não implica que fosse a afirmação de uma posição positiva contrária, como já veremos.

Fernando Pessoa não é apenas o intelectual desiludido; verificando a derrocada do mundo à sua volta, se limita a voltar-lhe as costas. A desilusão toma em Pessoa uma forma que nada tem de passiva, como todos sabemos; não penso apenas nos manifestos, a começar pelo fundamental *Ultimatum*, mas mais ainda numa grande parte de sua obra poética, e até na própria estrutura dela, pois os heterônimos podem ser encarados como a execução dum daqueles princípios proclamados na parte final do *Ultimatum* como programa para a geração futura: "Nenhum artista deverá ter só uma personalidade. Deverá ter várias, organizando cada uma pela reunião concretizada de estados de alma semelhantes, dissipando assim a ficção grosseira de que é uno e indivisível". Decisão voluntária, ou aproveitamento, como suponho, duma disposição que o acompanhava desde pequeno para a "dramatização", isto é, para figurar em personagens vários eus, tudo são manifestações de atividade, e não de passiva aceitação da realidade.

Mas não encontramos na obra de Pessoa, como os críticos que o condenam por ser "negativo" desejariam que tivesse sido, o combate contra uma ideologia a favor de outra. E não deixa de ser curioso vir esta crítica de adeptos dum critério histórico e não metafísico, pois que, se fossem metafísicos, podiam acreditar na disponibilidade do poeta para ser, a seu bel-prazer, construtivo ou destrutivo; não o sendo, sucede que deveriam ser esses críticos os primeiros a reconhecer que, dadas a época e as condições históricas em que surge a geração de *Orpheu*, seria de todo impossível que o sentido da obra de Pessoa não fosse negativo, destrutivo, ou como se queira dizer – e acho ser indiferente, pois a única interpretação realmente válida da sua obra, como tentei mostrar, deve ser feita à margem das categorias do construtivo e do destrutivo, que não têm sentido em relação à poesia, e por isso mesmo ressalvei, ao abordar este ponto de vista, tratar-se de um problema à margem.

E mesmo que aceitássemos tal critério, admitindo que a poesia possa ser afirmação ou negação, se nos depararia, para além desse vácuo em que se agitam as sensações em liberdade, para além dessa ausência do sentido que despovoa o universo de qualquer valor que o justifique e lhe dê direção, uma região em que o real não se desfaz numa sucessão de aparências que a seu turno se negam umas às outras. Dou a palavra ao crítico que melhor falou desse aspecto da obra de Fernando Pessoa, Mar Talegre, o qual, no seu livro *Três poetas europeus*, nos diz:

> Em toda a poesia de Pessoa palpita um anseio essencial, doloroso, imenso, de desvendar o mistério da vida. Isso lhe dá uma unidade profunda: aqui não há repartições por heterônimos, nada muda nem divide a substância desta preocupação essencial, porque ela está na natureza profunda do seu ser. É a vasta interrogação que solta, em cada instante, dos seus passos pelo mundo, do seu encontro com as coisas, com os acontecimentos reais, os quais escondem, para além da sua aparência casual, um sistema de mistérios que são a denúncia dum mundo radioso e calmo. E este mundo – do qual veio o poeta para cumprir neste a missão que de lá trouxe e as instruções que ainda de lá recebe – que a sua poesia procura exprimir uma eloquência e uma coragem que insistem em querer dizer o inexprimível. Em querer dizer os grandes mistérios que habitam o limiar do seu ser, perdido entre os sonhos que não foram ("quem me dirá quem sou?"), em dizer os sutis segredos que se escondem à sua angústia, querer poder beijar o gesto sem beijar as mãos e descendo pelos desvãos do sonho poder encontrar este gesto e prendê-lo, em querer dizer a grande mágoa de todas as coisas serem bocados e aquela fome de viver as coisas que, já durante a sua duração, sofre a pena do momento em que tiverem acabado.

Não concordando embora com a generalização de Mar Talegre, a sua exposição parece-me perfeitamente feliz para caracterizar aquilo que, sendo embora (pois admito que seja) um traço fundamental da sua personalidade, já não posso aceitar que esteja "em toda" a poesia de Fernando Pessoa. Podemos supor que esteja; mas eis precisamente o que não inte-

CONGRESSO INTERNACIONAL DE ESCRITORES...   COMUNICAÇÕES...   125

ressa, porque assim perderemos o contato com a sua expressão concreta para lhe substituirmos uma abstração. Na verdade a "fé" de Pessoa não é necessária para explicar uma grande parte da sua obra – nem sequer a *Mensagem*, cujo nacionalismo místico a situa muito próximo dos seus versos mais caracteristicamente ocultistas.

Destes, nenhum mais significativo do que os *35 Sonnets*. Eis dois bem significativos:

XXVIII

Espraia-se em espuma a onda verde
Sobre a areia molhada. Eu olho e cismo.
Não é isto o real, decerto! Algures
Se vê ser isto apenas aparência.
Céu, mar, esta vasta alegria externa,
Este peso e vida que sentimos,
Não é algo real, mas só um véu,
Real, só o que nisto não é isto,
Se nisto houver sentido, e se é vigília
Viver das coisas este sonho claro,
Como de mais valor terei sonhar
E mais real o mundo imaginário,
Mas sonho pavoroso, atroz insulto,
Este sono da gente, o universo.

(trad. Adolfo Casais Monteiro)

XXXV

Bem. Cumpri. Dói-me o coração. 'Stou triste.
Vácua estátua do luminoso azul.
O dia alheio é todo, alegre só
De não ser eu (a minha dor supõe),
É nesta hora, em que falhei em tudo,

Lamento só ter algo lamentado
Pois, ao fado comum, o que é falhar?
Hoje ou ontem, o Fado é sempre fado.
Nada importa que seja ou que não seja
Visto em nada a vontade ter poder.
Ao mundo descuidados nos rendamos,
Cônscios de que, se o não fizermos, era
Dos astros já seu curso, ao presidirem
Ao nosso nascimento e ao nosso sangue.

(trad. de Jorge de Sena e A. Casais Monteiro)

Pus entre aspas, atrás, a palavra "fé". Não penso, com efeito, que se possa falar numa fé de Pessoa no ocultismo. Esta é a fundamental razão da minha discordância com o crítico citado. O ocultismo de Pessoa é, em meu entender, ainda uma construção racional – o que não o impediria de corresponder a "um anseio essencial, doloroso, imenso". A visão de Pessoa não é a de um iluminado, mas a dum racionalista – até por vezes dum positivista. E se ele encontrou no ocultismo o que parece ter sido um dos interesses fundamentais do seu espírito – até a percentagem de literatura ocultista em sua biblioteca o revela – quer-me parecer que isso se deve precisamente ao caráter de "construção racional" oferecido pelas vastas perspectivas da ciência do oculto, ilusoriamente racionais, não importa, porque não estou a considerar a sua validade, mas o interesse que elas podiam ter para um espírito como o de Pessoa, que não era um filósofo, mas um espírito lógico – e já atrás me referi à sua propensão para dar um valor absoluto às palavras, ou mais corretamente, às ideias "presas" às palavras, o que produz essa análise implacável que tão bem conhecemos de tantos de seus escritos em prosa – o *Banqueiro anarquista*, por exemplo, para não citar senão o mais significativo de todos eles.

Nisso está, sem dúvida, a debilidade do "pensamento" de Pessoa, porque essa técnica mental é esterilizante: as suas demonstrações, por mais brilhantes, não podem deixar de conduzir ao vazio, embora o seu "caminhar" tenha prodigioso interesse, tantas vezes – mas o fim desse caminho é um esqueleto de ideia que ao longo dele perdeu de todo a carne. Mas precisamente este desgaste analítico, destruindo o vivo, eliminando as sucessivas aparências, os sucessivos "véus", poupa sempre esse núcleo constituído pela "ciência do oculto". Por que resiste esse núcleo à erosão, por que, de todas as coisas, não é ele nunca negado?

Só uma explicação me parece possível: o seu caráter simbólico, e, precisamente, a sua falta de conteúdo. Esse mundo das essências, oculto e impenetrável, é o único para ele real – porque não existe. Pessoa não o pode destruir, porque o pôs fora do alcance da sua máquina mental de destruição; oculto, é por isso mesmo inatingível, única pureza, que subsiste por ser aquilo que a razão pode conceber sem modelos que o diminuam. Mas isto mesmo revela no mais íntimo reduto o drama de Pessoa: não poder ter fé, porque a não podia racionalizar; mas não poder tampouco aceitar a vida, por lhe ser vedado integrar-se nela, aceitá-la como real, em suma: existir.

Isto foi seu drama. Mas essa impossibilidade de crer e de viver, de tampouco poder tomar pé no "ser" como na "existência", sendo a raiz da sua poesia, nela própria se resolve, nela própria, absorvida, se transforma em algo real; na obra que nos deixou está essa emoção que ele não pode "dar a si nem à vida", e vibra com tanto mais calor, ganhou tanto maior veracidade quanto mais intensamente ele a recusou à vida – ou a vida a recusou a ele, dilema que nunca poderemos esclarecer.

Problemas da crítica de arte

A crítica e a arte moderna[8]

Todos admitimos haver problemas do romance, da poesia ou da pintura; mas sabemos existir um terreno sólido, à superfície do qual a discussão pode ser conduzida sem receio de que a terra nos fuja subi-

---

8 Comunicação apresentada ao Congresso Internacional de Escritores, São Paulo, 1954, publicada em *Uma tese algumas notas sobre arte moderna* e *Clareza e mistério da crítica*. (N. O.)

tamente debaixo dos pés. Sabemos que existe o romance, que existe a poesia, que existe a pintura. Ou melhor, sabemos que romance é romance, poesia é poesia, pintura é pintura, por muito que possamos divergir sobre a amplitude ou as características de cada um desses gêneros. Eis o que não sucede com a crítica, porque, além, dos problemas da crítica, há o problema da crítica.

Com efeito, continuamos sem saber o que ela seja. Já se tem perguntado se não será uma arte; pretendeu-se que fosse uma ciência; há quem a queira remeter para os domínios da filosofia; outros ainda consideram-na e praticam-na como se fosse um domínio da história da psicologia, da biografia. Ou quem sabe será um gênero que existe de *per si*? Estas dúvidas, estas contradições, em suma este caráter problemático, resultam duma ambiguidade que não me parece a caminho de ser solucionada. É certo que em todos os setores da vida do espírito surgem frequentemente zonas de ambiguidade. Há obras literárias que são também místicas, ou científicas ou religiosas. Há obras filosóficas que a literatura reclama. Isso não impede, porém, que tais obras se integrem perfeitamente num ou noutro plano, tendo o seu inteiro valor a um e outro título – a única dificuldade é saber o lugar das nossas estantes em que devemos colocar as obras de S. João de la Cruz ou de Montaigne.

Com a crítica, porém, é a sua própria função que está em jogo. A mística e a poesia, a música e a literatura, não são postas em questão pela dualidade de valor de S. João da Cruz, nem a filosofia e a literatura pelas dos "ensaios". Mas a crítica, que não se sabe o que seja, está permanentemente em crise, em dúvida sobre si própria. A sua única certeza será talvez que para ela ser possível é necessário existirem outros gêneros "antes" dela, e que, portanto se tem de lhe reconhecer pelo menos um caráter de dependência em relação a todas as outras manifestações intelectuais e artísticas que constituem seu o seu tema. Mas pergunta-se: existe ela dentro ou fora dessas atividades? De que espécie é a sua dependência? É um eco, um prolongamento, ou então exerce-se de fora, mantendo uma estrutura própria? Dá-lhe normas – ou limita-se a aceitá-las?

Esses problemas de que me limito a apontar alguns aspectos, dão-nos bem a ideia de que há realmente, antes de mais nada, *o* problema da crítica. E devo declarar que não tenho a presunção de o resolver. Nem sequer será necessário invocar a modéstia: basta alegar a evidente impossibilidade. E isto não porque pretenda esquivar dificuldades, mas porque o caráter desta exposição não lhe permitiria senão iluminar – se tanto posso ambicionar – os aspectos sob os quais esse problema me apareceu. Tenho, sem dúvida, um ponto de vista sobre a matéria. Se esse ponto de vista é pessoal creio ser coisa que não compete a mim afirmar ou negar. Está próximo de umas teorias, e afasta-se de outras. Mas não presumo ter uma teoria, coisa que, aliás, me pareceria demasiado inviável no estado atual da questão, como, aliás, se concluirá deste trabalho.

As nossas ideias são a própria história de nosso espírito; são a forma visível e apreensível duma figura que não chega nunca a encontrar o seu mármore. Por si, não são nada; valem o que valer essa obscura história através da qual se foram definindo, são pontos de apoio que, se os queremos tomar como absolutos, logo nos falham. Valem o que valer uma coerência íntima, uma continuidade, um progredir cujo fim está sempre longe do nosso alcance, e arrancadas do qual ficam reduzidas a uma luz fria que não ilumina nada à sua volta. As nossas ideias acham-se na realidade, a meio caminho, entre cada um e todos os homens, tanto como entre o passado e o futuro. Só se tornam claras, evidentes, e só tomam figura de ser, quando contempladas de diante para trás, como passado que já se cumpriu. Eis, em termos gerais, por que não posso acreditar na eficiência de uma teoria da crítica, a qual, para penetrar na complexa teia de arte do passado e do presente, tem de recorrer a formas de improvisação que um pensamento sistemático lhe proibiria.

As obras de arte, as religiões, os sistemas filosóficos tudo quanto constitui os altos cumes alcançados pela ânsia de comunicação, de salvação e de expressão do homem, não constitui um mundo à parte que possa existir isolado dos homens – e o homem não pode viver apenas nelas e delas. São marcos que, à margem das oscilações de gosto, das variações de opinião, valem como uma razão de ser, como uma justificação. Por elas e nelas o homem é redimido, e a condição humana parece-lhe, à sua luz, ganhar o sentido que a sua existência quotidiana não é muito própria para lhe deixar ver. Essas elevadas altitudes, esses grandes momentos que são as mais altas criações do espírito, para serem tornados presentes, precisam contudo de um intermediário que os traga à nossa proximidade e, além disso, de pontes que os liguem entre si. A interpretação é indispensável, para que a sua permanência constitua uma fonte de vida, e não uma eternidade desapegada do homem.

A aventura no desconhecido que é a arte continua a ser aventura por séculos afora, através da mediação constituída pelos reflexos dela sobre cada época. Esta atividade ancilar foi assumindo, evidentemente, a fisionomia que define cada uma dessas épocas. A sua definição como crítica é um resultado relativamente recente, e de comentário linear, da apologia à crítica, o caminho a percorrer foi longo; a sua existência como atividade autônoma liga-se a toda a evolução do pensamento moderno, e só começa ou a tornar-se possível quando a sociedade veio a reconhecer ao artista plenos direitos de cidadania.

Mas de que depende esta atividade? Onde está a sua raiz? Admitamos que haja acordo quanto ao seu objeto – ficaremos só por isso a saber o que ela seja, possa e deva ser? Em nome de que se realiza? O que a fundamenta? A história da crítica responde a estas interrogações. Mas responde, digamos assim, sem responder: porque cada época deu à crítica (mesmo quando ainda não estava batizada) a feição que lhe impunha a sua autoconsciência, e, tal como se julgava, assim praticou a crítica; moral metafísica e científica, sucessivamente, ainda hoje a podemos ver sob um desses aspectos, na medida em que a cultura é de fato, uma continuidade paralela de tradições. Normativa, de fundamento ético, sobretudo, para os clássicos, histórica para os iluministas, veio com o século XIX a procurar uma estruturação científica porque passou por todas as cambiantes entre o positivismo e o determinismo.

Se, portanto, a crítica se impôs como necessária, não há dúvida de que esta necessidade nunca obteve senão, digamos assim, uma satisfação de compromisso – e o seu estatuto permaneceu por estabelecer, nas suas sucessivas ilusões de lhe procurar raízes fora do seu próprio terreno. Esta afirmação supõe, contudo, que exista um terreno propriamente seu; mas por que não o conseguira ela encontrar? Porque isso não podia acontecer quando à própria arte essa especificidade não fora ainda reconhecida. A história da crítica apresenta-nos uma série de explicações que deixam sempre de fora o elemento essencial da arte; embora se vá fazendo a sucessiva eliminação dos elementos alheios, a sua identificação continua encoberta, embora se tivesse como óbvio o seu caráter específico. Todas as explicações acabavam sempre por dizer que ela era "outra coisa". É arte porque é moral, é arte porque é religião, é arte porque é metafísica etc. E se continuamos hoje incapazes de a explicar, não há dúvida de que conseguimos pelo menos a grande vitória de dizer: é arte porque é arte.

Poderá objetar-se talvez que isto não passa duma vitória de palavras; creio bem que não. Se reconhecemos que a arte é, essencialmente, ela própria, mesmo que não saibamos determinar em que consiste este "ser ela própria", já não corremos o risco de pensar que seja imitação da natureza, representação da realidade ou resultado do choque das forças econômicas e sociais. Somos obrigados, então, a procurar a explicação daquilo que a define essencialmente, pelo menos a não o fazer recorrendo a motivos que também explicam outras coisas. Tudo se resume dizendo que chegamos à conclusão de ser a arte uma esfera de valores específica.

Pode parecer que tal implique, entre outras negações, a duma possível função histórica da crítica. E creio bem que tal implicação se impõe. À crítica não compete exercer uma função histórica, porque esta deve ser reservada à história da arte. A crítica precisa da história da arte, mas não se pode identificar com ela sem perigo de vida. Não significa isto que fique com ela o presente, e a história com o passado; seria concluir erradamente pensar que só o presente lhe importe; mas é-nos hoje possível reconhecer que as obras de arte têm uma vida independente da sua função histórica, das condições em que foram produzidas e do seu significado segundo essas condições, que possuem outras dimensões, e que têm um valor próprio. Elas são o eterno presente.

E se as obras de arte são o eterno presente, que cumpre à crítica, senão definir, para cada época, para cada geração, a equação entre estas e as obras de arte? Porque elas não são um eterno presente alheio; são o eterno presente na medida em que continuam ligadas a nós por fios que à crítica cumpre tornar visíveis. Não lhe cabe seriar e pôr em ordem o passado, missão da história da arte. O historiador procura definir a fisionomia de cada época, reconstituir o acontecido; mas para a crítica a arte que foi criada no passado tem que ser encarada como se continuasse a acontecer, pois que lhe importa o seu lado vivo como arte, e não a sua significação para qualquer espécie de história. Se é evidente que se requer espírito crítico do historiador, não há, porém, dúvida de que a tal própria função seria equívoca se ele procurasse ignorar essa condição de "já cumprido" que define o seu objeto. E, se, pelo menos no que respeita à arte, esta distinção parece impor ao historiador que reconheça a arbitrariedade implícita na sua atividade, pois terá de supor "mortas" as obras que a crítica considera justificadamente vivas, isto não é motivo para se afligirem senão os espíritos realmente convictos de não ser toda a história uma evidente arbitrariedade.

Mas em tudo o que acabo de dizer não tive forçosamente em conta a outra face do problema. Se as grandes obras do passado são um eterno presente, como afirmo, resta formular agora a função da crítica em relação àquelas que são presente apenas, função que tem que supor a sua capacidade para reconhecer, precisamente, aquelas obras que um dia tomem lugar nesse eterno presente. E isto leva-nos ao próprio âmago do problema a tratar. Embora tais distinções sejam perigosas, não posso deixar de afirmar que estas duas faces não se distinguem apenas pelo seu objeto. Sem dúvida que não pretendo negar uma unidade que me parece implícita e evidente; mas a verdade é que, dentro de cada época, à evolução da arte correspondem fases diferentes da crítica. Eis o que a leva a pôr a questão da sua objetividade.

Só um crítico moderno poderia declarar, como faz, por exemplo, Claude-Edmonde Magny,[9] depois e enumerar os vãos esforços da crítica para a imparcialidade, "que não é tentando abstrair-se da condição humana" mas "aceitando-a plenamente", que o crítico pode escapar à arbitrariedade. A crítica viveu até os nossos dias o dilema de não se querer senão objetiva e de o reconhecer impossível. A mais patente lição que nos dá a sua história é precisamente que os mais famosos críticos se celebri-

---

9   *Les Sandales d'Empédocle.* Neuchatel: Editions de la Baconnière, 1945.

CONGRESSO INTERNACIONAL DE ESCRITORES... COMUNICAÇÕES... 133

zaram infaustamente pelos tremendos erros por eles cometidos ao julgar alguns dos seus contemporâneos que mais celebridade viriam a adquirir. Nada nos permite concluir que esses famosos críticos não merecessem esse título; os seus "erros" devem ser, portanto, encarados como o resultado duma confusão quanto ao que se deve esperar do crítico. Verificamos, sim, que o crítico não pode exercer igualmente as suas faculdades sobre qualquer obra, independentemente das relações de tempo e de geração que existem entre ele e ela. Se definíssemos o crítico como uma balança de precisão apta a pesar toda espécie de talentos, teríamos realmente de concluir pela inexistência da crítica, pois creio impossível apresentar-se um só crítico ao qual não se possam atribuir erros nos juízos sobre os seus contemporâneos; e se todos os críticos estão sujeitos a errar, isto, a não significar o caráter irreal da crítica, só pode significar que a sua função não consiste em não errar.

Ora quer-me de fato parecer que não pode competir à crítica não errar quanto aos valores individuais que é chamada a julgar. Precisamente porque tudo depende duma relação, e não dum absoluto. O crítico também pertence a uma geração. E isto significa que partilha com ela uma concepção do mundo, determinada formação, uma cultura orientada em certo sentido, diferentes reações à realidade que o rodeia; que, dentro de uma margem de oscilação, os seus juízos são os duma geração, e não os duma entidade abstrata. Em suma: o crítico não pode estar em Sirius. Estar em Sirius será evidentemente o ideal para que deve tender – mas é preferível que tenha plena consciência de se encontrar de fato na Terra. Vê, portanto, a arte em função duma certa formação; o seu espírito, o seu gosto, a sua cultura plasmaram-se num ambiente diferente da geração que o precedeu, como diferente será o daquela que virá depois; a sua perspectiva é, forçosamente, diversa da que teria o seu confrade de dez anos antes, da que terá o seu confrade de dez anos depois.

Se a relação entre cada um de nós e a obra de arte se desse por assim dizer no vácuo, poderíamos falar em objetividade; sendo as coisas como são, haverá, quer me parecer, mais razão para se falar em interpretação criadora. Posição subjetiva? Mas qual posição que não possa ser considerada subjetiva, desde que se admite ser a objetividade possível? O fato é que ambos os termos têm muito pouco de conteúdo real, e servem mais para promover equívocos do que para esclarecer problemas. Quando declaramos um juízo subjetivo, deveríamos querer dizer que ele não é universal; mas sabemos que a crítica nunca estabeleceu juízos universais; o que pretendemos realmente é indicar que não consideramos tal juízo aplicável à obra julgada, que, por exemplo, se deu mais valor ao acidental do que ao essencial, que o seu autor se deixou influenciar por condições alheias à obra etc. Mas o juízo também seria subjetivo se fosse inteiramente adequado ao seu objeto. Para que serve, pois, empregar termos que não significam realmente o que por eles pretendemos exprimir?

A verdade é que o espírito crítico depende, tal como a própria arte, de qualidades (chamemos-lhes assim) que não cabem dentro do conceito de razão que devemos à filosofia racionalista. O crítico é, de fato, um artista, é "também" um artista, e de certo modo um artista criador. A verdade é ser todo o nosso vocabulário impróprio para definir uma equação que não estava prevista pelos sistemas de que dependemos para toda a nossa terminologia: daí a dificuldade de se chegar a um estatuto da crítica que, ao ser formulado, não pareça integrá-la numa esfera de valores que lhe é alheia, ou que, na melhor das hipóteses, mantém apenas com ela relações de afinidade ou de proximidade. Daí resulta, sobretudo, a queda quase fatal, quando se pretende fugir ao vocabulário demasiado rígido do cartesianismo, do positivismo e do determinismo, no uso de expressões que podem fazer supor na crítica moderna uma perigosa inclinação para o... o subjetivismo.

De harmonia com isto, creio que se deve ver uma função essencial da crítica na ação que desempenhe sempre que surgem novas condições no campo da arte, nas "revoluções" impostas pela revisão dos valores geralmente aceites. Segundo a tradicional exigência de imparcialidade, não faria sentido que se visse como função da crítica apoiar e estimular "revoluções". Eu creio que, pelo contrário, não lhe pode caber mais nobre função, porque apoiar, estimular, encorajar os movimentos de renovação, e, portanto, combater todas as forças que reagem contra essa afirmação é uma atividade que exige, sendo bem entendida, muito mais lucidez e capacidade críticas do que trabalhar sobre elementos já definidos, como quando, depois de obtida a vitória da "revolução", se trata de a filiar no passado, isto é, de provar que revolução não é subversão, mas a forma necessária que assume o enriquecimento, o rejuvenescimento da arte.

O crítico que se empenha em formular as razões de ser dos novos valores não tem em mira negar os valores precedentemente afirmados; o que lhe compete é negar a permanência desses valores, como se eles fossem consubstanciais às criações passadas, pois são eles, e não as grandes obras, as barreiras que a crítica fiel à idade passada e, com ela, o público erguem contra a perspectiva de qualquer alteração. A esse crítico compete desfazer equívocos, desmantelar os falsos argumentos, mostrar que a arte não pode ser imobilidade, demonstrar que as forças excedentes não constituem uma explosão anárquica, mas uma renovação necessária e, portanto, indicar a sua direção, pondo diante dos olhos do público os elementos que facilitem a este vencer as dificuldades inevitáveis de uma nova quebra daquilo que se lhe afigurava definitivo e inalterável.

Nada disto o crítico poderia fazer senão entrando na luta "a favor de um dos lados", com aquela parcialidade (eis outra palavra equívoca) sem a qual se pode afirmar, com aquela paixão sem a qual nada se pode criar. E agora que proferi a palavra "paixão" é o momento de tentar caracterizar o significado que ela pode ter para uma função que, pela força da tradição, se nos afigura à primeira vista incompatível com ela. É que paixão não tem o significado de cegueira, nem de demência, mas indica precisamente aquela força comunicativa que se opõe ao "frio raciocínio". O "frio raciocínio" nunca poderia levar um crítico a tomar partido, porque o caracteriza precisamente aquela presunção de objetividade à qual se deve por uma grande parte a má fama de que goza a crítica por seus repetidos malogros, e a frequência com que prefere os autores de segunda ordem, quando não de terceira ordem, os quais precisamente não perturbam o frio raciocínio, por isso mesmo que perturbar não é virtude sua. E se a capacidade de perturbar é, pelo contrário, uma característica de arte viva, estaria condenada a crítica a nunca se dar conta do que é vivo?

Num estudo admirável sobre Rimbaud,[10] escreveu Henry Miller:

Embora a nossa época tenha produzido gigantes criadores, as suas obras jazem como pedras tumulares derrubadas entre os esplendores ainda intatos, ainda de pé, dos tempos antigos. Apesar de todo o seu poder, a sociedade não pode apoiar o artista se for insensível à visão do artista. Desde há muito que a nossa sociedade deixou de manifestar qualquer interesse pelo que o artista lhe dá. A voz que ninguém escuta acaba por se calar. A anarquia da sociedade, o artista responde pelo silêncio. Rimbaud foi o primeiro a fazer este gesto.

Não sei se Rimbaud terá sido o primeiro. Mas não pode restar dúvida de que a sua obra e depois o seu silêncio são um desses sinais que deixam ver a face do abismo aberto diante dos homens. O seu destino tornou-se exemplar. Como o de Van Gogh. A implicação entre a arte e a vida não fez senão tornar-se cada vez mais evidente. Tudo conduz à interrogação essencial: a arte é ou não todo o homem? Ou seja: está ela ou não realmente envolvida em todos os atos, implícita em todas as virtualidades do homem?

O homem viveu espiritualmente, longos séculos de paz e de confiança. Quando perdera uma fé, ganhara outra. Agora tinha chegado a hora de não haver paz, porque ele se vira forçado a negar sua natureza. Mas as perspectivas do nada, se me permitem esta expressão paradoxal, tinham-se aberto diante do artista antes que os filósofos as divisassem. O que se desmoronou foi, não uma coisa que se chamasse natureza, mas a imagem correspondente, de algo que existira fora e independentemente de nós, universalmente válida, terra firme a que o artista poderia referir sempre toda a sua obra.

Como, em geral, os problemas de cada arte têm sido encarados separadamente, talvez pareça menos certo para a literatura o que creio ser geralmente aceite quanto às artes plásticas. Poderá parecer que não as

---

10 *Rimbaud*. Trad. francesa de F. Roger-Cornaz (Mermod).

orienta um movimento único. Enquanto o que se passou com as artes plásticas assume um caráter de evidência, já a literatura se afigura decerto a muita gente não ter nada a ver com tal negação da natureza. Teríamos então "uma coisa" para umas artes, e "outras coisas" para outras, o moderno seria uma coisa na literatura e outra na pintura, por exemplo. Mas faria isto sentido? Apenas no caso de cada arte se poder definir como uma técnica – e parece-me que estamos cada vez mais longe de pensar qualquer coisa deste gênero. O fato é, porém, que nos achamos sempre na iminência de proceder como se o pensássemos. Veja-se como Jean-Paul Sartre, no seu por tantos aspectos admirável ensaio "Qu'est-ce que c'est la littérature?" [O que é a literatura?], ao reservar a "significação" para a prosa, desapossa de fato toda a arte de um poder que não pode deixar de lhe ser consubstancial. Diz ele: "As notas, as cores, os sons não são sinais, não se referem a nada que lhes seja exterior",[11] coisificação que, desligando a arte da expressão, lhe conferiria um caráter de "coisa em si" que lhe faria perder todo o sentido, relegando-a para uma gratuidade perfeitamente inexplicável – e indemonstrável.

Para encontrar o ponto de convergência em que se nos torne patente a identidade de todas as artes na revolução a que chamamos "arte moderna", temos de encarar a sua situação relativamente à época, aos interesses e às necessidades dos homens. Não que ela se encontre "aí"; mas só em tal relação podemos apreender de forma acessível e comunicável essa identificação de todas as artes. Não sei quem melhor o tenha feito do que Jean Cassou, nas páginas magistrais de *Situation de l'Art Moderne*[12] que põem em evidência o divórcio entre a arte e a sociedade que se deu no século XIX. Desde então, a arte parece afastar-se cada vez mais dum espírito de comunicação, parece desinteressar-se progressivamente da realidade, parece cada vez mais alheia aos desejos e aos interesses do comum dos homens. Assim parecerá, de fato, a quem tome estes desejos e estes interesses como norma do sentido da arte. Cassou mostra precisamente que se passou exatamente o contrário: a sociedade não se reconheceu na arte

---

11 *Situations I*; ver sobretudo p.59-84.

12 Sobretudo p.13-22.

que deixava de ter os mesmos modelos que ela, e para a qual a "imitação da natureza" continuava a ser o único critério condutor.

Mas o que é a "imitação da natureza" na poesia, no romance, na música? Ao contrário do que pode afigurar-se a quem considera superficialmente o assunto, é a mesma coisa. Quando a sociedade encarava a pintura como uma cópia, uma imitação da natureza, isto correspondia apenas, se quisermos usar um vocábulo correto, à ilusão de que a natureza tinha passado realmente para o quadro, quando a reação que existia afinal em cada espectador era a de "parecido com", "semelhante a", noções efetivas que fundamentavam as reações em geral inconscientes de todos quantos recusavam a arte moderna. Ora era exatamente por não ser "parecida com", "semelhante a", que a mesma sociedade recusava a poesia de Whitman ou de Baudelaire; a mesma sociedade que, pela mesma época, também não encontrava maneira de integrar no seu universo a pintura de Courbet e de Manet.

São, pois, as convenções que estão em jogo. A sociedade e a arte, na realidade, nunca tinham feito *bon ménage* [boa mescla]: as suas aparentes boas relações, a correspondência que se julgava existir entre ambas, talvez não fossem senão um mito, salvo momentos muito raros, como no Renascimento para as artes plásticas. Porque os fundamentos da desinteligência não surgiram realmente no século XX, pois existiam em potência desde que pesava sobre o homem a ameaça do quantitativo primar o qualitativo. Mas, salvo raras exceções, toda a arte consentira em ser tida, até o século XIX, como produto do luxo, aceitando jogar com as cartas que lhe dava a sociedade, e tirando dela o melhor partido; os homens não tinham ainda inventado a dignidade do artista criador; um artista sabia que tinha que agradar, e que tinha de pagar por esse preço a liberdade condicionada de, sob a aparência de servir a sociedade, servir a esse deus ainda sem nome, que era a sua liberdade.

Quando no século XIX, a arte pôs de parte todo o arsenal de convenções graças ao qual se mantivera essa compreensão do equívoco, a sociedade ficou sem possibilidade de reconhecer a arte como parte integrante do seu universo, como satisfação das suas necessidades de luxo. O que na arte era arte, se me permitem dizer assim, não passou a ser "outra coisa";

não acabou má arte, para começar outra; mas as convenções que até então eram comuns ao artista e ao público foram eliminadas, revelando-se o equívoco até aí existente. O público nunca fizera esforço nenhum para penetrar na arte; aceitava este fulgor com que ela iluminava as aparências familiares, esse reflexo dela nas coisas que não eram dela, como se ela própria fosse; quando esse reflexo deixou de lhe ser dado, a sociedade não deixou de reconhecer a arte, passou apenas a não ter aquilo que tomara como tal. Talvez aqui se deva concluir que as sociedades não possam viver senão de equívoco, e que todas as expressões superiores são incompatíveis com a sua própria existência. E por que não?

Por que não? Repito. Quais são as razões históricas que nos possam levar a pensar o contrário? Temos realmente alguma prova de que, a não ser porventura em certos raros momentos privilegiados, entre arte e a sociedade tenha havido realmente essa unidade, essa compenetração que parece ser tida em geral como fato óbvio? Penso realmente, e aqui não estou portanto de acordo com Cassou, que se houve "divórcio legal" no século XIX entre os caminhos da arte e os da sociedade, a separação efetiva já vinha de muito longe – quem sabe se desde sempre?

Isto não importa, todavia, fundamentalmente ao problema da arte moderna: pense-se o que se pensar quanto ao passado, não deixa de ser verdade que o abismo cavado a partir de meados do século passado tornou patentes, tenha-os ou não suscitado, os elementos de uma situação que exigiu da crítica uma revisão total de valores. Para todos os feitos, era como se uma nova visão tivesse de ser criada, capaz de focar novos objetos, insuscetíveis de serem focados pela antiga. Assim, sobre os problemas da arte moderna veio enxertar-se o problema da crítica moderna, e neste, quer-me parecer, exigindo uma quebra muito mais nítida com o passado, pois que, se, como já disse, de certo ponto de vista podemos dizer que a arte continuou a ser "a mesma", é bem certo que isto não encontra equivalência na crítica. Pois não fora esta o essencial instrumento da convenção, das sucessivas convenções, firmando ela própria toda a estética que encarava a arte precisamente do ponto de vista da sociedade, como se nela não existisse essa "outra coisa" que constituiu sempre o seu segredo, a sua salvação, a marca da sua eternidade?

A crítica do espírito historicista não mostrou mais capacidade do que a crítica "clássica" para entender e muito menos interpretar um acontecimento que tinha precisamente como feição essencial negar os fundamentos históricos como "razão" de qualquer momento da arte. A crítica histórica não podia mostrar-se mais dúctil do que a crítica de arquétipos. Como esta, não podia senão tomar qualquer fase precedente como módulo, já que o seu causalismo a impedia de admitir que a arte se determine a si própria. A negação do presente em nome do passado não podia deixar de ser a feição geral da crítica no momento em que a evolução da arte levava esta a interromper o seu curso regular por entre as margens do país do belo.

É, sem dúvida, legítima a dúvida de muitos espíritos bem intencionados, que se inclinam a admitir a arte moderna como uma fase que acabará a seu turno por ser integrada e absorvida na tradição. Creio haver nisto, pelo menos, uma parcela de verdade. Exatamente como cada época passada contribuiu com certos elementos para o enriquecimento e o alargamento da ideia de arte, assim também sucede já com, pelo menos, as mais antigas fases da arte moderna, particularmente com o impressionismo; mas há outro lado da questão: é que a arte moderna não se caracteriza fundamentalmente por ter trazido consigo mais um ou mais alguns elementos de enriquecimento da arte de todos os tempos; mais importante do que esse enriquecimento é o fato de se achar na sua raiz a desintegração das noções tidas até o nosso tempo como fundamentais, e da concepção do mundo em que toda a arte do Ocidente comungava até o advento da arte moderna.

Quer isto dizer que, embora a arte moderna possa ser admitida ao mesmo título que a arte dos séculos anteriores, já a crítica tem de buscar outras razões para a poder estudar. Em vez de uma tradição de formas, tem de encontrar uma tradição de essências, justamente porque, se buscarmos a "razão" daquelas, não encontraremos nenhuma que não seja exterior ao fenômeno arte em si; as formas são ainda elementos de arte, não são a arte. E se a crítica quer interpretar a arte moderna, que nega o valor das formas, que joga com elas, como o fará se não caminhar para além delas, para além de qualquer espécie de elementos, que se revelarão sempre a matéria e o não espírito, o barro, e não a mão que o molda?

CONGRESSO INTERNACIONAL DE ESCRITORES... COMUNICAÇÕES... 141

Picasso, Stravinsky, Joyce, Fernando Pessoa, Proust, Kafka para não citar senão nomes que são por si só "evidência", exemplificam claramente que o âmago da arte não estava em nenhum dos pontos, afinal de passagem, de onde se pretendera sempre derivá-la. Todas as formas, todos os estilos passaram a ser legítimos, pelo fato de nem as formas nem os estilos serem a raiz verdadeira da arte. E por isso mesmo me parece perfeitamente razoável e legítima a desorientação da sociedade perante a forma para ela mais imediatamente apreensível da crise, para outros aspectos da qual os seus olhos continuam cegos. A "sociedade" não pode conhecer a beleza; aceita formas e normas que lhe escondem o poder perturbador da arte. Mas quando este assumiu uma evidência que não permitia ilusões, a sociedade foi levada, com toda boa fé, a renegar a arte que julgara venerar, cobrindo de insultos aquilo que a seus olhos era apenas uma adulteração, uma mentira, uma caricatura dos valores que considerara seus, e de que subitamente se sentiu roubada. E quando vemos os governos soviético e português comungarem na repulsa pela arquitetura moderna, e as fotografias das construções de Moscou e de Lisboa se identificarem pela mesma falta de estilo, porque é o mesmo "estilo-cadáver" em ambos, estes pontos oficialmente tão distantes, vemos nisso a contraprova de que o "moderno" é de fato subversivo: para qualquer dos dois autoritarismos, a liberdade de chegar experimentalmente, pela audácia da invenção, pela liberdade da imaginação, a uma beleza que não tem a chancela da imobilidade, representa uma fenda a prometer desmoronamento no edifício da intangibilidade com que defendem a sua incapacidade de fazer face aos novos problemas do homem senão pela velha solução de os ignorar.

Há ainda na arte moderna muitas direções que talvez seja apressado interpretar como definitivas. Será apenas sob um dos seus aspectos que ele se nos oferece como uma crítica dos fundamentos da realidade? O seu combate à convenção cifrar-se-á no apear de um ídolo para acabar por lhe substituir por outro? Ou haverá de fato como que uma "crise permanente" que tenha divorciado duma vez para sempre a arte da possibilidade de se formar uma tradição, no sentido habitual da palavra? A todas estas perguntas me parece prematuro querer dar respostas. A inquietação patente em tantos aspectos da arte moderna evoca, precisamente, um sonho de tranquilidade. A violência, a crueza, o recurso a materiais "deliberadamente!" ofensivos do "bom gosto", todos os seus aspectos dilacerados, de extrema tensão, não representam um "ideal"; querem dizer precisamente que o homem esgotou a capacidade de ilusão; não significam que se compraz no sofrimento, mas que foi levado ao extremo limite da sua capacidade de sofrer. Tudo o que na arte moderna é "extremo" manifesta que não está mais disposta a colaborar na comédia do "melhor dos mundos possíveis".

Seja, porém, como for, o divórcio entre as duas partes parece-me uma característica da nossa época que não pode ser tida como acidente passageiro. Há um século existem duas artes: a que serve aos fins da sociedade e aquela que, sob a designação de "arte moderna", temos como a que exprime de fato o nosso tempo, não a sua decadência, como pretende a crítica que se intitula marxista mas, pelo contrário, aquela parte do homem que não se resigna ao mundo dos escravos, a aceitar a mentira como uma letra de crédito sobre uma verdade futura que não sabemos de que modo poderia ser amamentada pela mentira. Se é possível, mais do que na política, na arte os meios não justificam os fins.

Espero que as evidentes insuficiências desta tentativa me sejam perdoadas tendo-se em conta as dificuldades impostas pela necessidade de ter sempre em vista a máxima generalidade dos problemas abordados e de tentar formular unicamente pontos de vista igualmente válidos para todas as artes. Especificar o problema particular de cada uma, daria – para não mencionar a incapacidade do autor – uma inadmissível extensão da matéria. Esta tentativa constitui para mim, aliás, mais uma prova de que a crítica só alcança o seu objeto trabalhando no concreto. Antes que justamente me seja apontado o caráter excessivamente abstrato dessas páginas, eu próprio não posso deixar de o reconhecer, o que me confirma não haver eficiência da atitude crítica sempre que entre a arte e o crítico surge a barreira das generalizações. Deverei concluir que este trabalho não é crítica? Que, para tratar da crítica como uma entidade, e da arte como de uma generalidade, se é forçosamente levado para um desses campos próximos e afins, mas diferentes? Aqui fica a interrogação.

IV Colóquio Luso-Brasileiro

Modernismo português e brasileiro[1]

O Regionalismo, no sentido que havíamos definido (e melhor seria nunca se lhe atribuir outro, a fim de evitar naturais confusões), não pode conter quaisquer potencialidades renovadoras, e contrasta pois com o Modernismo, o qual, como acertadamente escreve Wilson Martins, "deseja ser a expressão de uma terra, mas também a expressão de um tempo, de um momento histórico".[2] Por isso é que, acrescentarei, o chamado romance nordestino, principal e mais significativa expressão desta fase do Modernismo, foi "social", "revolucionário". Nesse mesmo estudo, referindo-se às obras mais caracterizadamente "brasileiras" do Modernismo, desde a *Bagaceira* à poesia de Manuel Bandeira, diz ainda Wilson Martins que "são documentos humanos", mas são também o retrato de uma região, querem ser "documentos sociais". Aqui se situa

---

1 Suplemento Literário de *O Estado de S. Paulo*, 11 jan. 1960; reproduzido em *Figuras e Problemas da Literatura Brasileira Contemporânea*. O original conta com a seguinte advertência na abertura: "Voltamos hoje, para encerrá-lo, ao assunto dos nossos três últimos artigos, publicados neste Suplemento sob o título geral de 'Modernismo aquém e além-mar'". (N. O.)

2 "50 anos de literatura brasileira". In: *Panorama das Literaturas das Américas*, v.I, p.118.

a indecisa fronteira que marca uma passagem: a ambiguidade semântica fará do "social sociológico" um "social político". O social não será apenas o descritivo e o interpretativo, mas também o reinvindicativo. Embora o autor não esclareça qual entende ser a diferença que assume o termo "Regionalismo" quando aplicado às criações literárias da época modernista, é evidente que não confunde as duas acepções, ao contrário do que sucede com Afrânio Coutinho.

> Não tirando, contudo, conclusões implícitas nessa correta análise (p.120) que alguns escritores modernistas combatem inexplicavelmente certas entidades que, à primeira vista, deviam adorar, por representarem a primeira tendência (refere-se ao Regionalismo): o Jeca Tatu, criado, anos antes, por Monteiro Lobato; e Peri, de José de Alencar, e até o pau-brasil.

Ora, nada mais explicável, pelo contrário, pois que tais entidades representavam o "outro" Regionalismo. Não houve, pois, como ele afirma, síntese de contrários, pelo simples fato de não se contar as tendências regionalistas o Regionalismo à maneira de Afonso Arinos, de Valdomiro Silveira, de Monteiro Lobato ou de Simões Lopes – mas descoberta do Brasil integral, na sua realidade, nos seus problemas, ativamente descoberto, permita-se-me a expressão, e não documentariamente tombado; consciência da sua autenticidade, sem dúvida que reconhecida "através" de cada uma de suas regiões, revelada na expressão delas, pois que só no particular se pode dar o encontro com o universal, por sua expressão concreta.

Seria demasiado fácil negar estas conclusões, argumentando, por exemplo, com as tendências expressas no "Manifesto verde-amarelo", que tiveram como expoentes principais Cassiano Ricardo e Menotti del Picchia. O caráter restrito dessa tendência mostra bem, todavia, que não se encontravam ali as vigas mestras do Modernismo. Como sob tantos outros aspectos, o que sucede é nem todos os representantes deste poderem, a cada momento, ser tidos como sua integral expressão – e muitos deles não o representaram, sobretudo quando tentam explicá-lo. E é significativo serem precisamente Cassiano Ricardo e Menotti del Picchia os mais versáteis de todos os modernistas, os que tatearam em sucessivos rumos aparentemente contraditórios, tentando acertar ao mesmo tempo consigo mesmos e com o movimento geral.

Em Portugal não tivemos uma problemática desta ordem e, em primeiro lugar, como salta à vista, por não ter havido o risco de confundirem demagogia nacionalista com o Modernismo. Os campos achavam-se nitidamente extremados, desde o início: o Modernismo tomou em parte consciência de si ao reagir contra o saudosismo e o Regionalismo literário, tanto como ao reagir contra os epígonos do Naturalismo e do Parnasianismo. É oportuno citar algumas passagens dum texto pouco conhecido de Fernando Pessoa, sob a responsabilidade de Álvaro de Campos:

> Os sensacionistas (isto é, *os Modernistas*) portugueses são originais e interessantes porque, sendo estritamente portugueses, são cosmopolitas e universais. Uma literatura original, tipicamente portuguesa não o pode ser porque os portugueses típicos nunca são portugueses... Este não regionalismo temperamental é o seu inusitado poder. É essa indefinidade da alma que o define.[3]

Extraindo da expressão intencionalmente paradoxal o que neste texto há de mais significativo para o tema em questão, vemos como o Modernismo não podia ser "à moda do Minho", para usar o divertido termo, achado dum poeta nosso, ao definir sarcasticamente o típico regionalista-nacionalista Antonio Correia de Oliveira, que muito coerentemente o Estado Novo viria a sagrar poeta oficial do regime.

Com efeito, a finalidade que se impunha aos modernistas portugueses era combater qualquer concepção estreita, provinciana e passadista dos fins da literatura, ao mesmo tempo que era, para cada um, libertar-se – e aqui a identidade é total entre os dois modernismos – dos "mestres

---

3   *O Orpheu e a literatura portuguesa*, separata de *Tricórnio*, Lisboa, s.d.

do passado", para empregar a feliz expressão de Mário de Andrade em relação às figuras literárias que dominavam a cena literária brasileira no período de gestação do Modernismo, de Bilac a Vicente de Carvalho. O Modernismo português tinha de combater a tradição, da mesma forma que o brasileiro tinha de combater a ideia de que os ideais do passado podem ser inspiração para a literatura presente, da mesma forma que aos brasileiros se impunha repudiar o modelo português, fosse passado ou presente, este último tendo na mesma o valor do passado, como coisa caracterizadamente alheia, independente de ser boa ou má em si própria. E, neste sentido, as influências estrangeiras que suscitam a descoberta de novas possibilidades de expressão (que "suscitam", e não que as "dão", como a crítica passadista prefere supor) são as mesmas, para modernistas portugueses e brasileiros: Whitman, o futurismo italiano, Apollinaire etc. Os resultados são diferentes, apesar de o objetivo ser o mesmo, o que mais uma vez me permite fazer notar que o reconhecimento de afinidades não significa o encontro da mesma coisa em diversos lugares.

Compulsando o v. I da *História do Modernismo Brasileiro,* de Mário da Silva Brito, verifica-se não haver real diferença de idade entre o Modernismo português e o brasileiro; é assunto que podemos ter como definitivamente esclarecido de uma vez por todas. Se a Semana de Arte Moderna só vem a realizar-se em 1922, e se o *Orpheu* é de 1915, isto significa apenas que, em Portugal, as novas tendências cristalizaram mais cedo em movimento coletivo – mas talvez até tenham despertado individualmente mais tarde. Se acompanharmos a paciente rebusca de Mário da Silva Brito, vemos que 22 é, não um princípio, mas um símbolo, pois o acontecimento, em si, constituiu o remate de vários anos de luta pela libertação das formas literárias. E se preferíssemos ter como marco inicial um livro, e não apenas o que sabemos de obras em gestação e campanhas jornalísticas, poderíamos datar o aparecimento do modernismo de 1916, já que nesse ano se publica *Casos e Impressões*, de Adelino de Magalhães, autor ao qual já seria tempo de reconhecer o lugar pioneiro que indiscutivelmente teve. E não deixa de ser curioso notar – o que creio nunca ter sido feito – as suas extraordinárias afinidades com Mário de Sá-Carneiro, que exigiriam um estudo comparativo das respectivas obras. Mas é bem compreensível que isso tenha passado desapercebido, em Portugal, por aí ser o autor de *Tumulto da Vida* praticamente desconhecido, e no Brasil por a obra de Mário de Sá-Carneiro ser ainda pouco menos que ignorada, sobretudo a prosa.

Onde não parece haver nada realmente significativo é no fato de a revista símbolo do modernismo português, o *Orpheu*, ostentar no seu primeiro número o nome de Ronald de Carvalho como um dos diretores. Não queiramos tirar dos fatos mais do que eles realmente contêm, como é o caso de Soares Amora, em cuja *História da Literatura Brasileira* se pode ler, à p.148, que "em 1915, no Rio, Luiz de Montalvor, português, e Ronald de Carvalho idealizaram a revista *Orfeu*, revista luso-brasileira, de espírito nitidamente modernista". Que o *Orpheu* não resultou naquilo que o espírito francamente simbolista de um e de outro poderiam ter idealizado, e que se revela no puro estilo decadentista em que Luiz de Montalvor redigiu a apresentação que abre o n.1 verifica-se ao comparar este texto com o conjunto dos dois números publicados – e, se isso não bastasse, haveria para o comprovar o fato de ambos serem substituídos, no n.2, por Fernando Pessoa e Mário de Sá-Carneiro. Na verdade, o *Orpheu* não teria sido modernista a ter sido realizado por Ronald de Carvalho e Luiz de Montalvor.

Isto é, porém, mais que secundário. O que importa são realmente os fatos nos quais se exprimem tendências reais. Teria sido uma bela coincidência, se fosse possível, o "espírito" do *Orpheu* ter surgido do entendimento luso-brasileiro. Sendo isto culturalmente impossível, não deixará, porém, de ser curioso para os espíritos que apreciam as coincidências ter o acaso feito batizar no Rio de Janeiro a revista que iria dar o nome a uma geração, pois como "a do *Orpheu*" ela é correntemente designada. E a referida impossibilidade de modo algum diminui o valor dos dois poetas, nem sequer o papel que vieram a ter no Modernismo. Mas, tal como é, por seus textos significativos, o *Orpheu* situa-se para além da posição meramente diletante que era a do brasileiro e do português que primeiro sonharam uma revista com o nome de *Orpheu*.

Um aspecto que oferece motivos reais de comparação é o do cosmopolitismo. Diga-se desde já que, a meu ver, a crítica brasileira nem sempre tem sido justa para com a "fase paulista" do movimento, de tanto insistir no seu cosmopolitismo. Há nisto, talvez, um reflexo daquela demagogia que toma por vezes o lugar da crítica, quando se acham simultaneamente em causa valores literários e questões de nacionalidade. Compreensíveis embora não podem aceitar-se como exatas as tentativas para considerar menos brasileira aquela fase do Modernismo, na qual são mais visíveis (e mais honradamente confessadas, diga-se também) as influências estrangeiras. Se, como tudo indica, foram o futurismo – mais como sugestão de soluções do que como doutrina, note-se bem – e as experiências do verso livre que suscitaram o Modernismo português e brasileiro, não devemos transformar aquilo que foi um fenômeno universal em caso de cosmopolitismo. Na realidade, não houve imitação de autores nem a aceitação de princípios importados; o que se deu foi o germinar duma ideia no momento necessário. Saber de onde o vento trouxe a semente é de interesse puramente anedótico, porque, em literatura, a terra conta mais do que a semente na definição dos caracteres da planta.

Basta atentar aos resultados tão diversos de tais sementes, no Brasil e em Portugal, para não restarem dúvidas a este respeito. A "matéria humana", isto é, os homens e a sua condição, os problemas sociais, políticos, econômicos, raciais etc., a premência e as características da experiência da vida, eram profundamente diferentes nos dois países, e o Modernismo o mostrou, pela profunda diferença entre a produção literária modernista em Portugal e no Brasil. Como disse de início, as duas literaturas achavam-se em momentos diferentes, eram de idades diferentes. E como também já ficou dito, coube ao escritor modernista brasileiro realizar um ato de participação na vida do País: a consciencialização da existência deste como cultura e civilização específicas. Ora, neste plano, o modernista português achava-se em situação totalmente oposta, pois que lhe era até necessário combater a hipertrofia da consciência nacional, que precisamente se consubstanciava a seus olhos naquele nacionalismo "à moda do Minho", ou do Alentejo, ou da Beira. E, sobretudo, tinha que se opor ao historicismo, à concepção de uma escola literária – não esqueçamos que em 1914 começa a publicar-se a *Nação Portuguesa* e no ano seguinte é fundado o Integralismo Lusitano – inteiramente voltado para os valores e a "lição" do passado, como únicos capazes de "regenerar" o país.

O Modernismo português não tinha atrás de si um país a caminho da maioridade, e com a vitalidade humana que isso implica. Pelo contrário, estava voltado a reivindicar a afirmação do homem excepcional, a mergulhar nas profundidades, pois não tinha a atração da diversidade da vida à sua volta. E, se isto insinua uma maior profundidade do Modernismo português, atrever-me-ei a afirmar que sim, pois os seus representantes tinham que ganhar em acuidade de visão interior o que não podia exprimir-se em comunicação com a vida: faltando-lhes um mundo exterior inteiro a descobrir, restava-lhes "inventar" um mundo interior. Aquele termo de "desvairismo" com o qual, se não estou em erro, Mário de Andrade rotulava a sua poesia, sugere certeiramente a múltipla riqueza duma descoberta, e a alegria do avanço em direção ao futuro. O Modernismo brasileiro é um fenômeno bandeirante, na feliz expressão de Wilson Martins. As nossas bandeiras foram quase só para o interior de nós mesmos. Àquela definição de Fernando Pessoa, atrás citada, caracterizando o português pela ausência de caracteres típicos, faltou referir que esta é diretamente proporcional à nossa capacidade de intro-universalização, se me é permitido forjar um horrendo neologismo – isto é, à capacidade de aprofundar o universal em cada um, com o sacrifício da situação no lugar e na hora. Porque isto mesmo define a poesia de Pessoa, e assim ele o pode ver como traço característico que não será porventura dos portugueses, mas é sem dúvida da vida portuguesa em que a sua obra se inscreveu.

E por igual motivo, uma grande poetisa como Cecília Meireles tocou primeiro os leitores portugueses – quando já preparados por nossa experiência modernista – do que os brasileiros, muitos dos quais não sabem ainda hoje como situar a sua obra na evolução do Modernismo. O que se deve, talvez, a não terem meditado as páginas admiráveis de Machado de Assis, em "O instinto da nacionalidade",[4] quando considera errônea a atitude de quem "só reconhece espírito nacional nas obras que tratam de assunto local, doutrina que, a ser exata, limitaria muito os cabedais da

---

4 *Obra completa*, Ed. Aguilar, v.III, p.817.

nossa literatura". É que o caminho para o interior se revela como exceção, e se torna, portanto, mais difícil reconhecer, nas suas expressões, o caráter nacional, sobretudo num período em que predomina o caminho inverso, de expansão do indivíduo até o coração da realidade quotidiana, e a exaltação desta como manifestação de amor da vida.

Porque se trata de caracteres dominantes, mas não exclusivos, e por não se ter isso em conta é que vemos frequentemente o Modernismo reduzido a definições nas quais ficam de fora elementos que, por menos visíveis e frequentes, nem por isso deixam de lhe ser essenciais. Coisa que será igualmente verificável quanto ao Modernismo português. Como de um e de outro reduziremos indevidamente as proporções e o alcance ao dar-se excessivo relevo ao que "veio de fora" ou então do que "é só nosso", quando a lição a tirar é que os modernismos brasileiro e português realizam simultaneamente um movimento de integração pela cultura ingressando num momento universal, e a integração pelo aprofundamento do humano no indivíduo, quer (no caso brasileiro) sobretudo pela descoberta da vida em expansão, como sociedade em movimento, quer (no caso português) sobretudo pela visão em profundidade do homem, pela experiência interior. Em ambos os casos, univocamente: um esforço de libertação do autenticamente humano, pela superação das fórmulas, uma conquista de território humano para a criação literária, uma aproximação entre a literatura e a vida, embora expressão em polos opostos, por força da situação diversa em que a experiência brasileira e a portuguesa se realizam, ao ter lugar na grande revolução literária do nosso século.

I Congresso de Crítica e História Literária[1]

O real e o ideal na concepção da literatura

> *La situation de la critique, comme seule de la littérature est essentiellement celle d'un mixte, d'un de ces intermediares qui, chez Platon, permettent le progrès de l'âme quand celle ci est encore engagée dans la matière. Elle n'a sa place que dans les regions moyennes de la vie spirituelle – mais ce n'est pas là un rôle médiocre, si l'on songe que cette fonction est celle même que Platon a donné à l'Amour.*[2]
> Claude Edmond Magny

A história das ideias poderia ser feita através das palavras que mais vezes se pronunciam e escrevem em cada época. Não dizemos, é claro,

---

1 Apresentado como tese ao I Congresso de Crítica e História Literária, Recife, 1960 – lida pelo autor na sessão de 9 de agosto; inserida no volume *Clareza e mistério da crítica* (Rio de Janeiro: Expressão e Cultura, 1961, p.11-30). (N. O.)

2 Do francês: "A situação da crítica, como da literatura, é essencialmente um misto, algo intermediário que, conforme Platão, permite o progresso da alma quando ela está ainda envolta na matéria. Ela só tem lugar nas camadas médias da vida espiritual – mas ela não tem um papel medíocre, se imaginarmos que essa função é a mesma que Platão deu ao amor". (N. E.)

daquelas palavras que são a moeda de troca da nossa vida cotidiana, mas dessas outras em que se depositam as nossas preocupações e interesses fundamentais. São as palavras-chave que nos desvendam igualmente as dúvidas e as certezas do tempo que representam. Para o nosso, não há talvez palavra mais significativa do que *homem*. Por muito vago que seja o seu sentido, não há dúvida de que o seu uso e abuso significa ter o homem concreto (com minúscula, cada um e todos nós) uma presença no mundo das ideias equivalente à que pertenceu outrora a conceitos como Deus, o Ser, a Vida, a Ideia etc. Depois do homem religioso ou metafísico, isto é, do homem considerado em função de uma essência que lhe é exterior, achamo-nos, digamos assim, perante os problemas do homem-homem.

Esta procura do homem não é de hoje, evidentemente. Vem tomando vulto, pelo menos, desde o Renascimento, e não seria difícil encontrar bem mais longínquos sinais que a prenunciam. E não seria sequer exagero considerar, quer-nos parecer, toda a evolução da literatura como o gráfico desta dramática perseguição, em que pouco e pouco o homem vai tomando o lugar dos deuses. Mas nem sequer dentro desta Era do homem-homem o seu conceito é sempre o mesmo: no século passado falava-se mais em Humanidade (com maiúscula) do que simplesmente no homem. Não se tinha chegado ainda ao momento culminante dessa evolução, quando a convergência das forças em ação no mundo moderno levaria ao seu ponto mais agudo o drama do homem responsável perante si próprio.

O homem à procura de uma unidade, o homem em luta contra os mitos que o escondem de si próprio, o homem em busca de uma medida comum consigo mesmo, eis sem dúvida a raiz da qual se ramificam as grandes divergências da consciência contemporânea, tal como as conhecemos através da literatura. E assim, vimos esta, no primeiro quartel do século atual, procurar garantias de autenticidade que a teriam levado, segundo muitos pensaram e pensam ainda, à destruição da própria noção de literatura, destruição (admitamos o termo) através da qual se procurava precisamente eliminar tudo aquilo que não exprimisse direta e integralmente o mais íntimo do homem, a fim de alcançar os seus mais obscuros recessos.

Mas, ao mesmo tempo que esta, uma evolução de outra ordem se processava, radicada numa concepção do homem como ser fundamentalmente social, que deu origem a uma literatura para a qual mais importante do que conhecer o homem seria transformá-lo, e mais importante do que a consciência, as formas da existência do homem. E é a oposição, mas também a interpenetração destas duas tendências, o que constitui o problema central da literatura do nosso tempo. Quer se excluam, quer procurem fundir-se, estas duas atitudes-limite são a própria vitalidade, tanto da criação literária como da reflexão sobre ela. Nas tentativas pra fazer doutrina à base de uma ou outra, tem tido origem as mais graves divergências a respeito da função da literatura.

A reflexão sobre os problemas da literatura não pode ser uma via marginal, e não tem sentido se pretendemos ignorar a sua interpenetração com os restantes problemas do homem. É como problemas do homem que temos de os considerar. Esta característica fundamental assinala precisamente a maneira diferente como eles se impõem hoje à nossa reflexão. Mas este progresso não se realizou, ou melhor, não está sendo realizado (pois seria ingenuidade vê-lo como aquisição definitiva) sem frequentes quedas da confusão dos problemas uns com os outros. Ver claramente quais são os problemas reais, eliminar os falsos problemas seria uma vitória, da qual ainda estamos bem longe. Mas as condições em que se chegou à consciência daquilo que os problemas têm de comum não foi de molde a facilitar o reconhecimento de que, não obstante essa fundamental interpenetração, os problemas estéticos reclamam uma solução específica, não se podendo esperar resolvê-los pela simples aplicação do método estabelecido para problemas de outra espécie.

Durante o século XIX o acesso das massas à cultura fez-se (o que talvez fosse inevitável) através de uma concepção da ciência cujo ingênuo otimismo fizera esquecer todos os desvãos, todos os labirínticos recessos que o homem tem dentro de si. O determinismo, a ilusão de o homem ser uma máquina desmontável, embora complicada, a crença de que tudo podia ser resolvido graças a uma ciência onisciente, foram responsáveis por uma ideia da cultura e da educação que, sob a ilusão de se democratizar o saber, resultou afinal na ilusão de terem sido apeados todos os ídolos, de se terem dissipado todos os fantasmas, e de em todos os planos do conhecimento humano já não haver senão equações claras e imediatamente solúveis.

Com efeito, a vulgarização (nunca um termo exprimiu tão consequentemente o que há de errado na boa intenção que exprime) foi concebida como democratização dos conhecimentos e não da capacidade ou do exercício da reflexão, isto é, foi esquecido que o que constitui a formação cultural não é a soma dos conhecimentos, mas a capacidade de os digerir e transformar. Se essa formação implica evidentemente uma vasta aquisição de conhecimento, de informação, é preciso que ela não venha apenas a preencher um vazio, mas que possa ser o alimento graças ao qual o espírito funciona, dando-lhe sentido, exercendo a sua capacidade de julgar, comparar, estabelecer relações. A triste verdade é que a vulgarização serve unicamente para dispor o espírito à aceitação cega e indiscriminada. Era, porém, insisto, inevitável que assim acontecesse. A desvalorização das chamadas *ciências do espírito*, e a excessiva e concomitante absolutização da ciência (*se Deus existe, a Ciência o descobrirá* – famosa asserção de um sábio que representa à perfeição o que a Ciência significa para a mentalidade determinista). Reservando-se às ciências da matéria toda a confiança que se negava às do espírito, essa excessiva valorização dumas e excessiva desvalorização das outras foram causa de um divórcio trágico que terá porventura como última consequência passarem a existir dois tipos de humanidade, seguindo o seu desenvolvimento em direções divergentes. Não era realmente a ciência o instrumento que esse culto estava a forjar, mas a técnica, pois realmente à segunda apenas se reverenciava ao desvalorizar tudo aquilo que se entendia excluído ou eliminado pelo progresso científico.

E foi assim que o século XX veio encontrar uma dissociação de valores que tornava suspeitas quaisquer atitudes que não se enquadrassem nesse culto do progresso, medido tão só pelos triunfos no domínio do homem sobre a natureza exterior, suspeita a *qualidade*, quando tudo aparecia como podendo ser medido e resolvido como *quantidade*. Então, começou realmente a haver duas literaturas, uma humanitarista, pretendendo assimilar os métodos da ciência, pretendendo colaborar na edificação do homem, enquanto outra seguia ainda a linha de desenvolvimento que ignorava ou até desprezava o progresso, que continuava a ter a literatura como uma expressão à parte do destino comum dos homens.

Ora, a inevitável reação contra a deificação da ciência não podia deixar de ser tida como atitude reacionária, pois se tinham identificado como antiprogressista todas as formas de atividade do espírito que não alinhavam sob a bandeira da ciência determinista. E como o valor em literatura não podia ser tido como caráter autônomo, mas como o espelho, neste domínio, dos rumos do progresso científico, era aquele avalizado pelo conceito em que fossem tidas as ideias que transmitia. Assim Zola e o naturalismo foram os modelos de um setor de opinião que aceitou como ideal da literatura a cópia fiel da aparência, a *explicação*, por um ou outro dogma da ciência mecanicista, de todos os fenômenos humanos.

Neste ponto, temos que aludir à estranha atuação do marxismo. Com efeito, todas as tendências da literatura de inspiração social seguem um rumo inteiramente alheio à influência que sobre elas se poderia supor exercida por Marx e Engels. Sofrem, na realidade, a influência de Taine e de Zola, isto é, do determinismo e não do materialismo histórico. Se ainda em 1930 e tantos André Breton podia argumentar contra os representantes oficiais do marxismo na França citando a famosa frase de Engels, em que este critica um autor por ter deixado demasiado à vista as suas intenções sociais, isto é, se ainda em 1930 este ponto de vista não era doutrina marxista oficial, pode calcular-se o que não aconteceria cinquenta ou quarenta anos antes. Mais uma vez devemos dizer que, há cinquenta ou quarenta anos isso não era de estranhar, exatamente porque eram praticamente ignorados os textos de Marx e Engels sobre o assunto. Só muito mais tarde, em pleno século XX, um Antonio Gramsci, um Lukács, e até certo ponto um Henri Lefebvre, nos dariam uma interpretação da arte e da literatura do ponto de vista marxista, isenta das influências que, no outro século, não permitiram ir mais longe do que está consubstanciado na conhecida definição popularizada por Plekhanov: "A arte é um reflexo da vida social" – frase na qual não há um átomo sequer de marxismo.

Contudo, estes teóricos modernos que citamos não representam de forma alguma, mesmo hoje, um ponto de vista generalizado. É assim que o *realismo socialista*, que constitui hoje esse ponto de vista generalizado, não nos oferece, quer se trate de obras literárias quer de crítica, integradas no seu espírito, nada que esteja de acordo com o que sabemos acerca dos pontos de vista de Marx e Engels sobre tal matéria.

A verdade é que todos os movimentos literários de índice social, incluindo o socialista, são de caráter quase exclusivamente político, digamos assim, isto é, são dominados pela preocupação de enquadrar a literatura entre os meios de luta com vista à transformação da sociedade. Não houve, portanto, até hoje, pode-se dizer, um choque real entre o marxismo e qualquer uma das doutrinas e atitudes suposta ou realmente adversas àquele. O debate tem sido, afinal, entre militantes, aceitando pela força das coisas uma posição oficial, e adversários que, em geral, tampouco sabem que não têm pela frente representantes do materialismo dialético. Não se registrou um choque entre uma doutrina da literatura pura (chamemos-lhe assim) e uma doutrina marxista propriamente dita, mas só entre os adeptos daquela e os de uma aplicação direta à literatura de normas que não têm de modo algum em conta os princípios básicos da doutrina.

Para mais, surgiu há trinta e sete anos um elemento que teve e terá influência predominante em qualquer aspecto do marxismo; referimo-nos à União Soviética, cujo aparecimento criou um problema para o qual, se não estamos em erro, Marx não deixou solução. Aludimos à existência paralela dum movimento intelectual soviético, isto é, dum país que se propunha realizar o socialismo, abolindo as classes, a concorrência, estabelecendo a ditadura do proletariado, e de movimentos intelectuais marxistas ou afins em países cujo regime continuava a ser capitalista.

Era talvez inevitável que, conforme aconteceu, a União Soviética tomasse a direção destes movimentos para além de suas fronteiras. Os intelectuais marxistas dos países burgueses ficaram assim à espera de palavras de ordem que só podiam ser dadas no sentido de fazer alinhar pelo da União Soviética o espírito segundo o qual se orientariam. Para que este pudesse ser mais do que a simples utilização política dos intelectuais, seria necessário que dentro de cada país aqueles movimentos tivessem gozado da autonomia que deveria implicar a sua profissão de fé marxista, pois não seria dialeticamente defensável que as concepções estéticas elaboradas num país socialista pudessem ser as mesmas da literatura marxista nos países burgueses.

Pois deixarão os intelectuais marxistas de ser burgueses, em países burgueses? E isto por mais séria que seja a sua adesão à doutrina marxista. Dizemos mesmo: quanto mais séria for a sua adesão, mais contraditória se tornará a sua atitude, pois quanto mais à letra procurarem acompanhar os seus camaradas da União Soviética, mais falsa se tornará a sua posição como escritores, vivendo os problemas duma sociedade que continua a ter uma base inteiramente diversa. A literatura é uma forma de experiência humana, seja qual for a sua tendência. E a experiência do autor soviético não pode evidentemente ter nada de semelhante à experiência do escritor burguês, seja ele marxista ou não.

Deixemos, porém, de parte aquilo que *deveria ser*, e atentemos quais são as condições reais da grande querela estética do nosso tempo. Esta não se dá entre os que consideram a arte baseada em e justificada por valores eternos, e aqueles que a consideram sujeita a e determinada por uma ou outra forma de condicionalismo social. Uma oposição entre aqueles que têm como certo haver uma inspiração supratemporal, e aqueles que têm como não menos certa a total dependência do escritor relativamente às condições imediatas da sua vida, da sua classe e do seu tempo, não constitui, de fato, uma querela real e é demasiado simples reduzi-la a esses termos.

Se a teoria do *belo ideal*, dos valores eternos, peca por metafísica, a do condicionamento da arte pelas infraestruturas por dar como óbvia uma *passagem* cujo processo não foi ainda esclarecido, pois não é fácil supor como poderia a *natureza* dos fatos econômicos passar a ser a *natureza* dos fatos estéticos, o que implicaria em provar-se a possibilidade duma ação de causa-efeito na passagem de um plano a outro.

Não há dúvida de que os planos econômico, social e político pertencem à mesma esfera de fenômenos, concorde-se ou não com Marx, não é difícil admitir a sua determinação mútua; todos esses três planos se referem aos fenômenos de evolução das sociedades humanas e têm, inclusive, em comum *morrerem* quando as sociedades morrem, para lhes restar apenas um lugar na história. Ora, como se poderá supor que o mesmo sucede com os fenômenos estéticos? Pode haver leis políticas, sociais, econômicas que permaneçam válidas através dos tempos, mas esta permanência da lei é duma ordem totalmente diversa da permanência dos valores estéticos; uma obra que continua a ser bela pelos séculos afora possui uma realidade *concreta*, uma evidência, uma presença específica.

A estética clássica só encontrou para essa capacidade de a literatura permanecer viva a explicação de que ela receberia essa existência de um ser, de uma forma eterna, seu modelo, e de fato uma estética idealista não podia recorrer a outra explicação de tal fenômeno, pela impossibilidade de reconhecer que a autêntica obra de arte tem raiz terrena, e de que só podem existir valores permanentes quando uma circunstância os torna possíveis, quando se dá a transfusão de sangue necessária para que uma obra fique a viver pelos séculos afora. A obra de arte não desce da eternidade para a terra; pelo contrário, sobe da terra para a eternidade.

Mas sobre o sentido em que se deva conceber este solo de que a sua raiz se alimenta é que não vemos chegar-se a acordo entre os vários setores que têm, todavia, em comum admitirem essa raiz humana da arte e da literatura. O marxismo, nas suas aplicações correntes à literatura, não passou ainda da atitude determinista e não dialética de Plekhanov, cuja obra *A arte e a vida social*, durante muito tempo, fez lei em tal matéria, permitindo precisamente a suposição de que os fenômenos econômicos determinam pura e simplesmente os fenômenos estéticos. Mas mesmo hoje vemos um Henri Lefebvre começar a sua *Contribuição à estética* com a declaração de que, "no plano da teoria, pode-se ter como resolvido o problema da orientação" – e esta orientação é o neorrealismo. E de onde provém, segundo ele, essa solução? Consoante suas próprias palavras, das "novas realidades" (a vida e a luta dos povos, a vida e a ação da classe que anima e dirige os povos etc.), novas realidades que, diz ainda Lefebvre, se "inserem a seu turno na luta criadora por novas realidades". Temos, pois, que, mesmo com as suas responsabilidades de filósofo, não hesitou em admitir que a orientação da literatura e da arte se acha estabelecida por uma doutrina que previamente resolveu os seus problemas, mesmo antes deles existirem, e achamo-nos portanto, mais uma vez, perante uma atitude idêntica à dos filósofos sistemáticos do idealismo que, nesse mesmo livro, Lefebvre condena, ao dizer que, "como estetas" se pronunciavam "sobre uma atividade à qual permaneciam exteriores e alheios".

Dá-se como indiscutível ter o *realismo socialista* nascido "sobre as ruínas da arte burguesa", depois do esgotamento da *arte burguesa*. Mas o que é *arte burguesa*? Homero, Virgílio, Dante, Rabelais, Milton, Shakespeare, Balzac, Tolstoi? Lefebvre não a define e, contudo, bem sabemos, por muitas de suas páginas que está longe de desvalorizar as grandes criações da literatura do passado. Porque este problema da morte da *arte burguesa* não põe em questão unicamente a sua coexistência atual com o *realismo socialista*, mas, sobretudo, a sobrevivência das grandes obras do passado.

Realmente, Lefebvre não poderia de modo algum passar certidão de óbito às grandes obras do passado, sem provar primeiro que Marx estava em erro ao confessar, referindo-se à arte grega, "A dificuldade [...] de compreender que ela possa ainda fornecer-nos satisfações estéticas" (ob. cit. p.66), e ao admitir, segundo os próprios termos de Lefebvre,[3] que o fato de certas obras se desligarem de seu conteúdo histórico não é incompatível com a concepção histórica e materialista do desenvolvimento humano" (idem, p.72). E não há dúvida ser o problema da identificação da obra de arte com a época que representa um dos mais difíceis que se oferecem à estética, marxista ou não. Será mesmo, para esta última, aquele que terá mais dificuldade em resolver, como Lefebvre tem o escrúpulo de admitir.

As obras não só se "desligam do seu conteúdo histórico", como está ainda de fato por explicar qual seja a espécie de relações que mantêm com este. Enquanto a evolução das sociedades transforma as condições de vida do homem, a da literatura não altera o seu valor; Homero não está *atrasado* em relação ao Shakespeare, nem Shakespeare em relação ao Balzac. Há entre eles uma contemporaneidade que até hoje nenhuma teoria estética conseguiu explicar satisfatoriamente – e é um título de

---

3   "Ainsi, d'aprés Marx, le fait que certaines oeuvres se détachent de leur contexte historique n'est pas incompatible avec la conception historique et matérialiste du developpement humain. Au contraire."

glória para Marx ter reconhecido a dificuldade em aplicar à arte e à literatura a teoria da formação das superestruturas. A verdade é que a pura e simples aplicação à arte e à literatura desta última só poderia resultar se elas fossem redutíveis a fenômenos históricos – e isto só teria sentido se, morta a sociedade que lhes deu origem, elas também morressem, ficando reduzidas à mera condição de documentos sobre essa época.

Ora, a literatura tem o seu lugar na história, mas ao mesmo tempo, e sobretudo, tem um valor *presente*. O *sentido* da catedral de Chartres não se impõe menos a um marxista do que a um católico, a beleza sem igual da sua arquitetura existe independentemente das circunstâncias históricas que a fizeram erguer-se na planície da Beauce, numa Idade Média cujos problemas sociais e políticos nada tem a ver com os nossos... E não são essas circunstâncias a causa da profunda emoção que nos toma quando pela primeira vez ela nos surge por entre a ondulação das colinas douradas. Mas o que vem a ser este *estar fora da história*?

É que, na realidade, a literatura é essencialmente *ambígua*, se nos consentem esta expressão. Ao filósofo, ela aparece, evidentemente, como coisa que recai sob o seu pelouro. E ele pensa poder aplicar-lhe todos os conceitos, que deduz, conforme o filósofo de que se trata, ou da teologia, ou da metafísica, ou da moral, ou da psicologia, ou da sociologia. A estética, não há dúvida, foi durante século a cesta de papéis da filosofia.

Se ela assim foge por entre os dedos dos filósofos é porque a pretenderam sempre determinar por seu conceito, e tomá-la a ela própria como um conceito, porque todos pensaram sempre no *belo* que é conceito, e não na arte, que é fenômeno, coisa real, objetiva, e que não só existe sob uma multiplicidade de formas como é, em cada momento, una e múltipla.

Mas ela não pode ser, ao mesmo tempo, uma e indivisível. Não é *a mesma* na história das sociedades e na sua própria história. Eis o que, a ser possível provar-se, poderia desfazer muitas confusas ideias sobre ela. Mas como o provar? A dificuldade está, em primeiro lugar, no fato de, não sendo indivisível, estar todavia inteira quando a considerarmos sob cada um dos seus pontos de vista que ela consente, quer a reconheçamos como *verdade de si própria* ou como *verdade de outra coisa*, como tendo um valor em si, ou um valor dependente daquilo que exprime. Mas como os homens, desde os mais sábios aos mais simples, parecem cada vez mais longe de Montaigne e cada vez mais dados ao catecismo (seja ele qual for, de qualquer religião ou ideologia), torna-se de dia para dia mais improvável que tal relativismo possa ser compreendido.

É assim que, tanto a atitude chamada de *arte pela arte*, como a da chamada *arte social*, podem ser igualmente a verdade sobre a arte, pontos de vista que estarão certos conforme as circunstâncias, as épocas e os homens. E não nos parece ousado afirmar ainda ser uma característica das obras geniais valerem, ao mesmo tempo, a um e outro título, conforme a luz que incide sobre elas ilumine umas ou outras das suas facetas. Assim Lenine e Charles Du Bos podem estar ambos certos nas suas apreciações, idênticas no apreço, diferentes no ponto de vista sobre Tolstoi e sua *Guerra e paz*, da mesma forma que Marx e Ernst Robert Curtius nas suas não menos diferentes apreciações mas igual admiração relativamente a Balzac.

Mas o problema não se limita a este plano, não bastaria reconhecer a ambiguidade quanto à sua apreensão, isto é, a ambiguidade na reação do leitor ou do crítico, a ambiguidade dos pontos de vista sobre ela. O que se torna mais importante reconhecer é o fato de residir essa ambiguidade na sua própria essência, quer dizer, uma obra de arte é ao mesmo título autêntica em relação a diferentes circunstâncias, ao homem de determinada época, que de algum modo exprime (seja qual for o sentido em que se admita este caráter representativo), e em relação a um valor inteiramente alheio a quaisquer circunstâncias e a qualquer situação histórica. Os heróis de Stendhal têm uma autenticidade de típicos representantes duma certa época, ao mesmo tempo que estão impregnados daquela verdade genérica que faz de Julien ou Fabrice uma expressão válida em qualquer época duma verdade humana que transcende a sua localização histórica. Mas como reconheceríamos a sua autenticidade, se ela só pudesse ser auferida por um critério histórico?

E pela mesma razão, como poderíamos distinguir as grandes obras das medíocres? A verdadeira obra de arte da falsificação? Existem uma e outra no mesmo plano? Valem a mesma coisa? Nem um Plekhanov, com as suas fórmulas tão simplistas, o teria jamais admitido! Ora, se não existem no mesmo plano, de onde provém este *valor* que distingue a autêntica da pseudo-obra de arte?

Na verdade, todas as filosofias do passado só souberam oferecer derivativos em vez de solução para este problema. Como diz Lefebvre,

> pelo simples fato de os filósofos terem, de certo modo, possuído o monopólio da estética, era de esperar uma série de malogros. À exceção de Platão e Diderot, esses filósofos não eram artistas: como estetas, pronunciaram-se sobre uma atividade à qual permaneciam exteriores e até alheios.

Não é difícil comprovar, realmente, quanto é falho de valor real tudo o que os filósofos escreveram sobre estética – simplesmente porque era a aplicação a este campo de conceitos próprios de outro. Mais ainda se atentarmos bem, veremos que os filósofos, durante séculos e séculos, não falaram de arte, mas do belo. Não é nada injusto dizer-se que de todas as confusões ainda hoje reinantes são responsáveis em primeira mão os filósofos por terem esquecido, ou ignorado, que a arte não está "no pensamento como ideia", para usar a expressão do platônico Camões, mas é um objeto real, uma coisa, um fenômeno, que possui vários meios de existência – exatamente quatro, segundo Etienne Souriau: física, fenomenal, cousal (ou reíca para usar o calão filosófico) e transcendente – e que esta condição lhe devia dar, aos olhos do filósofo, uma situação diferente daquela que ocupa nos seus sistemas metafísicos, a qual se resume, de fato, em não lhe dar nenhuma espécie de *existência*.

Falando do belo, os filósofos falavam realmente de algo que estaria na natureza ou nas obras de arte mas, que tampouco seria aquela ou estas. Quer dizer que *situar* a obra de arte no tempo foi problema que totalmente ignoraram, no sentido de não pensarem que isso fosse da sua competência. A estética foi assim, digamos, uma maneira de falar de outra coisa, uma reflexão sobre conceitos sem qualquer conteúdo estético – até ao momento em que Diderot, não obstante ter falhado nas suas tentativas para elaborar uma teoria estética, deu, contudo, um passo enorme ao estabelecer a relação entre a obra de arte e o real.

I CONGRESSO DE CRÍTICA E HISTÓRIA LITERÁRIA   COMUNICAÇÕES...   163

Mas, precisamente Diderot não era um *filósofo*, no sentido por assim dizer profissional do termo; esse homem extraordinário, que se enfronhou em todos os problemas, e que foi o mais extraordinário *animador* do seu século, possuía um espantoso sentido da *coisa viva*. O seu enciclopedismo tem menos interesse para nós do que os profundos pontos de vista com que iluminou tantos recessos do espírito e das suas obras, a curiosidade insaciável que tantos caminhos lhe fez abrir. Ora, por não ser um filósofo, lhe foi possível não "misturar abusivamente a arte com o conhecimento" – conforme o citado Lefebvre diz justamente ter feito Platão.

Compreender profundamente a arte é uma atitude de humildade e de amor, adversa à rigidez e ao orgulho que precisa haver no arquiteto de sistemas. Compreender profundamente a arte implica receptividade ao calor humano que permanece vivo nas grandes obras de arte, e nada mais contrário ao espírito geométrico, que permite pôr de parte, de cada coisa, aquilo que a individualiza, para só lhe reconhecer a parte que ela teria em comum com todas as outras coisas. Ora, que fica da arte, se procedemos com ela como se se tratasse de um conceito, abstraindo seu caráter específico? Fica precisamente o que não é arte; ao contrário do que sucederia se uma obra de arte fosse uma ideia, fica o resíduo, em vez da essência. Porque a essência da obra de arte não é conceitual, mas *ao mesmo tempo* conceitual e real. E ainda não surgiu o filósofo que fosse capaz de, reconhecendo essa dualidade, integrar a arte no seu sistema sem lhe tirar *metade* da sua essência.

O fato é que com todas as tentativas de explicação do fenômeno estético, o problema do valor, de um valor que só a ele pertence, continuou a ser escamoteado com a maior inocência. Para idealistas ou materialistas, foi sempre óbvio haver verdadeira e falsa arte. Mas desde que se cogitou da existência de um problema estético, todos se preocuparam em investigar a origem da obra de arte, ou, mais exatamente, em conhecer os motivos que permitem o seu aparecimento. Como se, dados todos os elementos de que ela seria *feita*, o Espírito Santo descesse e a divina graça os transformasse em obra de arte.

Porque é exatamente da passagem dos elementos para *outra coisa* que em vão pediremos uma explicação tanto a idealistas como a materialistas. Por que é que os mesmos elementos (psicológicos, materiais ou espirituais) dão em alguns casos a obra-prima, e resultam em outros na obra falhada? Por que é que uma obra de arte é uma obra de arte e não outra coisa? É com toda a razão que Jean Fréville, comentando os pontos de vista estéticos de Plekhanov e Belinski, escreve que

> é necessário pôr a claro a significação propriamente estética de uma obra, de uma forma de arte, procurar qual a razão por que elas conservam um sentido e um valor estéticos depois de ter desaparecido a infraestrutura econômica e social sobre a qual se assentavam. A concepção idealista, que se refere à perenidade do belo, apenas esquiva a dificuldade, separando a arte do homem e da história, ignorando a realidade social.[4]

Tem Jean Fréville toda a razão, na crítica ao idealismo. Já não podemos dizer o mesmo quando ele supõe que bastaria estabelecer a sua integração na história para resolver o problema. E muito menos razão tem ao dizer ainda: "Graças ao método marxista pode explicar-se esta *sobrevivência* estética, separando o caduco do duradouro, que é incorporado pela humanidade na sua marcha em frente".[5] É ser mais marxista que Marx. Este, conforme vimos, não era tão otimista como seu moderno adepto. É claro que um marxista *deve* supor que o seu método não possa deixar de resolver o problema; mas a sobrevivência da arte continua a ser um problema agudo do marxismo, o que, conforme também vimos, o próprio Lefebvre reconhece, embora em outras passagens do seu livro procure fazer-nos crer, sem dar uma solução filosoficamente válida, que o problema não existe, lançando nuvens de fumo que não é todavia difícil desfazer, como quando acusa Lukács de "ter ficado no plano de uma época ultrapassada" exatamente porque este se empenhou realmente em dar uma solução marxista ao problema da ambiguidade da obra de arte.

---

4   "Plekhanov et le problème de l'art". In: G. Plekhanov, *L'art et la vie sociale*, trad. francesa, p.83-4.
5   Idem, p.86.

Não há dúvida: não nos satisfaziam as hipóteses idealistas nem as materialistas, nem a suposição de existir um belo perene do qual a arte participe, nem a de resultar a sua sobrevivência de ser o espelho da vida social da respectiva época. Umas e outras esquivam o problema fundamental, apesar de este ter sido tratado tão abundantemente, em séculos de reflexão estética. Simplesmente, tratado como problema de uma ou outra arte, parece não ter sido suficientemente meditado por todos os *metafísicos* do ideal ou do real, todos eles parecendo esquecer a importância da forma.

Bem sabemos que esta palavra é um manancial de confusões, pois umas vezes significa uma coisa e outras o seu contrário. Já Sérgio Milliet objetou, e com quanta razão, ao emprego que fizemos da dita palavra, no sentido de *continente* "dado o seu emprego na terminologia estética como um desses elementos abstratos (únicos concretos, na realidade), que constituem a própria essência da arte" dizia ele. Tem razão, daquele ponto de vista. Mas sentimo-nos obrigados a explicar – contra nós e contra todos quantos andamos às voltas com tais problemas – que nenhuma das acepções é satisfatória, pois que uma e outra nos embarcam numa abstratização, a que não há maneira de fugir, é certo, mas abstratização todavia, e que a própria duplicidade da palavra até certo ponto explica, se olharmos a sua história.

Talvez Alain nos possa ser de algum auxílio. Diz ele, nesses admiráveis *Propos sur l'esthétique*, pequenino volume que pesa mais do que muito ponderoso tratado: "talvez se devesse considerar as outras artes, e principalmente aquelas que estão muito próximas dum mister, para se compreender que é o conteúdo ou a matéria que faz a forma bela, pela própria resistência que lhe opõe. A forma não é bela". O que poderíamos tentar dizer por outras palavras: não existe forma sem matéria (ou continente sem conteúdo, para usar outro vocabulário). Mas se a forma *em si* não é bela, exatamente porque não existe sem a matéria, se é esta que a faz, tampouco a matéria existe, pois só supomos a sua existência visto a conhecermos através de uma forma. Mas, conhecemo-la? Não; supomo-la apenas, porque tudo isto é supor com base em distinções verbais, sem as quais não existiriam forma e matéria, ou continente e conteúdo...

Aliás, somos contra a palavra proferida por Sérgio Milliet, porque é feia. Forma e matéria são muito mais bonitas, o que nos parece ser uma razão bem digna de se ter em conta. E, como também não significa nada, por que não dizer antes desta forma? Bem sabemos: há o equívoco muito a propósito recordado por Sérgio Milliet. Equívoco que deixa porém de o ser, caso pensarmos que forma seja, como ele muito bem diz, concreta. Isto se tivermos em conta que erramos realmente ao usá-la, como o fizemos, para designar *aquilo que morre*, que passa, que tem apenas significação histórica.

Fica-nos o problema de achar uma designação; mas o leitor não tem culpa destes nossos problemas, pelo que voltamos à *verdadeira* forma. O caso é ser a linguagem sempre deficiente, isto é, nenhuma palavra definir em caráter absoluto um determinado sentido. Mas não podemos dispensar a sua impropriedade, porque é a única maneira de procurar a *propriedade*. Alain tinha, entre muitas outras raras virtudes, nada habituais aos filósofos, a de preferir a imprecisão reconhecida das palavras de toda a gente à suposta precisão das palavras que, por serem muito *científicas*, muito apropriadas a um único objeto, carecem de qualquer valor de sugestão, não carregam nenhum peso de experiência humana, têm a leveza dos balões cheios de vento – que as leva, realmente enquanto ficam sempre bem agarradas à terra que lhes deu o ser, com toda a sua ambiguidade junta.

Sim, forma e matéria são expressões deficientes, equívocas, perigosas, mas não há dúvida de que nos sugerem os limites entre os quais se desenrola este drama do conhecimento que se vem arrastando há séculos, e que nos aparece em todas as grandes oposições de escolas: clássico contra barroco, romântico contra realista, parnasiano contra simbolista etc. etc. O dilema que parece implícito na frase de Alain, "A forma não é bela" – pois, negando-se a existência da forma, parece não poder deixar de se negar a da matéria –, é todavia, ilusório, pois depende de supormos a forma e a matéria *coisas*, ou entidades, quando são, apenas, os termos com que a nossa ignorância veste uma suposição, em que congela uma simples presunção. Matéria e forma são, de fato, as duas *metades* em que julgamos poder partilhar, para nossa comodidade, para fugir à linguagem da imaginação, uma única realidade conhecida, que não é forma nem matéria, mas a obra de arte, a *Vitória de Samotrácia*, *Guernica*, *Hamlet*, *As flores do mal*.

Mas, na realidade, não podemos *trabalhar* sem estes conceitos, pelo menos provisoriamente, sujeitando-nos embora a não o fazer sem toda a espécie de especificações prévias. O problema da forma e da matéria existirá enquanto não o soubermos exprimir melhor. Mesmo para combater o idealismo e o materialismo, nas suas incursões nos domínios da estética, temos que aceitar as armas com que eles esgrimem. Exatamente como o psicólogo chama, até certo momento, *estímulo* a uma *coisa* que em dado momento passa a designar como *percepção,* sem nos poder dizer quando nem como se dá a estranha transmutação, nem sequer se há realmente qualquer *passagem* de uma a outra.

Vamos avançando lentamente, e pelos mais diversos caminhos afinando as nossas ideias nas arestas que a experiência opõe ao nosso desejo de a sistematizar, se o idealismo tem hoje para nós a deficiência fundamental de esquecer essas arestas, preferindo imaginar o mundo a conhecê-lo, a nossa vontade de nos agarrar com força a elas, de fazer corpo com a realidade, está longe ainda de ter dado os seus frutos, pois acabamos, após cada novo esforço de penetração, por nos contentar com leis em que julgamos tê-la de uma vez para sempre encadeada às nossas ideias, tomando-as pela própria essência do real.

Cada época tem seus mitos. A *desmitificação* é ainda um mito, pois o *realismo* não é um ponto de vista menos parcial do que o idealismo. Podemos mesmo dizer que o nosso tempo, ou melhor, certas tendências ideológicas do nosso tempo, puseram o real no lugar onde há menos de um século estava o ideal, sem conseguirem um sistema de interpretação de fato dialética do homem e da natureza, dentro do qual cada átomo da realidade estivesse contido sem prejuízo da sua integridade. E a função atribuída ao real na consciência coletiva é precisamente a mesma que o ideal desempenhou ao longo de tantos séculos.

Um fenômeno assim não se dá por acaso. Nem de repente. Quando os deuses começaram a morrer, nasceu a necessidade de se acreditar noutra evidência, e de a tornar, por assim dizer, palpável; e quando a evidência das entidades míticas começou a ser posta em dúvida, surgiu a necessidade de tirar os mitos da nossa própria carne. O homem não pode viver sem mitos – e de onde os tire é, no fundo, perfeitamente secundário, logo que eles possam exercer a função de divindades.

O homem acredita hoje no real, da mesma forma que acreditara outrora no ideal. Se outrora havia a ilusão de que a verdade era dada às coisas pelos seus arquétipos originais – *cópias* de um mesmo e supremo *negativo* – substitui-se-lhe hoje a fé segundo a qual as coisas *nos* dão a verdade, mas é no mesmo lugar que se realiza a operação de acreditar, o qual é, na mesma, o nosso tão caluniado *eu*.

O real, da mesma forma que o ideal, está cheio de alçapões; em primeiro lugar, o de se tomar *real* como sinônimo de visivelmente evidente, de se fazer da sua verdade um antídoto contra a *mentira* que haveria em nele se incluir tudo quanto não está imediatamente sob os nossos olhos. Ora, passar a olhar o mundo de outro ângulo não implica supor que alguma coisa deixou de existir. Se o mundo, as coisas e os homens deixaram de ser, aos nossos olhos, cópias de modelos ideais, reflexos de uma ordem estabelecida algures, não se conclui daí que tivessem passado a ser como que uma casca envolvendo um vácuo... A grande ilusão que o fato de se entender mal a ciência trouxe consigo foi supor ídolos todos os aspectos do real que ela não explicava; foi por isso, pedir provas físicas para tudo, e recusar categoria de realidade a tudo aquilo para que não se conseguia obtê-las.

Mas a vida interior dos homens não é menos real do que o comer e o ganhar o pão de cada dia. Não são ficções que o homem tem dentro da cabeça, do coração, ou onde quer que seja. Sobretudo, é dentro da sua própria cabeça que está o real, dela que recebe, em última análise, a sanção da sua existência. E se não achamos maneira de explicar satisfatoriamente como as ideias e os sentimentos nascem, crescem e morrem dentro de nós, por que haveríamos de dizer que eles se limitam a ser um reflexo que a realidade externa põe em nós?

A literatura que tanta coisa mostra é bem eloquente a este respeito; nenhum autor dos mais reputados pelo seu realismo esqueceu jamais que não há imagem válida da superfície se não se pressentir aquilo que está por baixo dela, e que é precisamente a autêntica, a misteriosa realidade, pois esse não ignora que o real tem sempre duas faces, inseparáveis. A questão está em saber se aquela que chamaremos *visível* será tão importante como a outra. Aqui começam outras querelas, pois que essa misteriosa realidade pode bem reconduzir – é ver o acontecido com o surrealismo – a uma reconstituição do idealismo, na medida em que a consideração exclusiva do oculto conduza à negação da outra face da realidade, tida como simples aparência.

Mas não são estes recuos sempre possíveis que permitem negar o mistério, o ignorado, o inapreensível, e confundi-lo com qualquer forma de mistificação. Não é possível obter uma expressão significativa, concreta, efetiva, do real, quando se dá como entendido que só contam as funções manifestadas na zona das relações elementares. Efetivamente, real e mistério, evidência e complexidade não são termos contraditórios. O conhecimento do autêntico real não pode ser alcançado através de um exclusivismo que acaba reduzindo, tanto a literatura como a crítica, ao total artifício, pois quando em tudo se pretende ver apenas interação de forças exteriores ao homem, supondo-o um meio *neutro* no qual elas agiriam como se este *ele* não existisse e não agisse, o único resultado a esperar será que tais exercícios abstratos se conservem alheios à literatura, e que a vida se recuse a neles se manifestar...

A literatura não pode ser alheia a nenhum dos dramas que afetam a existência das sociedades e dos indivíduos. Mas a sua autenticidade, a autenticidade sem a qual não nascem as grandes obras, implica que a sua participação seja o exercício de uma atividade autônoma. A discussão puramente teórica dos seus destinos não resolve nem esclarece nenhum problema da literatura. Ela faz parte da realidade enquanto não deixa de ser tida como literatura, ou seja, é ela a única medida de si própria, e aquilo que ela não *produzir* pelos seus próprios meios, não lhe poderá ser *injetado* sem perigo de vida. Reduzir a um determinado valor à escala de qualquer outro, tem como infalível resultado substituir uma coisa por outra – e não se entender nenhuma.

II Congresso de Crítica
e História Literária

A crítica sociológica[1]

Terá razão René Wellek quando afirma, na introdução à sua *História da crítica moderna*, que a "história da Crítica tem seu interesse próprio e exclusivo em si própria, e que não conserva inclusive nenhuma relação com a história da Literatura?" que "é apenas, um ramo da história das ideias, que se acha em relação muito difusa com a literatura coeva?" (tr. esp.I, p.17). Assim entre a teoria e a prática uma oposição fundamental tornaria admissível que acompanhar a evolução da Crítica fosse o pior caminho que se poderia escolher tendo em vista a elucidação dos problemas da Literatura.

A menos que dessa contradição se extraia a possível verdade de nunca ter a Crítica "chegado ao mesmo tempo que a Literatura", isto é, de haver, entre ambas, um permanente desnível, achando-se sempre a

---

1 Publicado em *Anais do Segundo Congresso de Crítica e História Literária*, 24-30 jul. 1961. Assis: Faculdade de Filosofia, Ciências e Letras, 1963, p.95-117. (N. O.)

Crítica em algum "ponto" por onde a Literatura já "passou", e portanto depois de esta ter dado lugar ao nascimento do que virá a ser o objeto daquela; fato do qual a Crítica nunca se dá conta, pretendendo julgar o presente em função e em termos do passado, como se a literatura tivesse ficado nele definida e imóvel, em vez de ser permanente criação de novos "dados" para novas possíveis definições.

Faltaria assim à Crítica o ato prévio à sua legitimidade e possibilidade efetiva, o qual seria a constituição duma fenomenologia da literatura, que lhe consentiria representar-se o objeto sobre o qual pretende exercer a sua atividade. Por falta disso, a vemos sempre tomar como seu objeto, isto é, como sendo a própria Literatura, aquilo que, nos tempos sucessivos, a elaboração da cultura lhe oferece como suposto elemento determinante de toda a criação.

Por Crítica Sociológica se entende um grupo de interpretações sistemáticas, cuja unidade é menos real do que à primeira vista parece. De fato, só por força do bom entendimento sobre as próprias razões do equívoco se deverá admitir sob tal designação coisas tão diferentes como a sociologia positivista e o marxismo. Mas a própria forma como se deu a evolução da crítica, nestes setores, deu origem a tal confusão, que teremos de esclarecer, e por isso se dá como admissível a unidade do tema aqui tratado.

A mais elementar caracterização da crítica sociológica, sob perspectiva histórica, mostra-a como um retrocesso, em vez de progresso, tanto relativamente à crítica psicológica como, até, as formas clássicas da crítica. Com efeito, ela começa por iludir, no seu empenho de provar o sentido essencialmente social da literatura, a necessidade que haveria em nos explicar como se daria a implícita transmutação do valor estético em valor social. Da mesma forma que a crítica clássica supõe provada a existência dum modelo, da mesma forma que a crítica psicológica supõe a fecundação da obra de arte por uma motivação preexistente no eu, assim também a crítica sociológica supõe um "antes" cuja relação com a obra criada deixa, porém, de estabelecer, sequer em termos de hipótese. Assim, tanto ela como as suas rivais se identificam na mesma ilusão idealista de antepor à análise concreta o axioma dum valor estético que nem descrevem nem situam, como se não fosse dele que dependesse a validade de qualquer teoria ou prática da crítica.

Embora nos pudéssemos dispensar de levar este inquérito até as primeiras expressões definidas duma motivação social da literatura, valerá como bom ponto de partida fixar o esquema básico do dogmatismo determinista tal como se nos aparece em Taine. E nada melhor para isso que as observações de Antonio Sérgio a tal respeito, que as fez a propósito do representante português do tainismo que foi Moniz Barreto:

> O pressuposto crítico fundamental do tainismo é o de que inteligir uma obra consiste em suma, não (como a nós nos parece), em surpreender o conjunto das relações entendíveis que fazem dela um objeto particular e único, individual e concreto, e em tecer um concreto cada vez mais concreto, pelo progressivo adensar desse intelectual ordume – mas sim em reduzi-la a três "concepções gerais" (que lhe são comuns com outras obras), e que vem a ser as seguintes: A "concepção geral" que se chama "raça"; a "concepção geral" que tem por nome "ambiente" (*le milieu*, em francês); a "concepção geral" que Taine chamou o "momento".

E depois de afirmar que o processo de Taine reduz os escritores a classes (lógicas), conclui Antonio Sérgio que a teoria de Taine se resume em

> consignar arbitrariamente uma certa classe com a totalidade dos caracteres que se dão a ver no escritor; e pensar que o inteligir é classificar as obras (ou os autores das obras), forçando-os a entrar numa dada classe – ou sob a jurisdição duma fórmula, de antemão decretada como lei geral.[2]

Como veremos em seguida, não é outra a fundamentação das diversas expressões da crítica sociológica, mesmo quando alegam motivações

---

2 Prefácio à *Prosa doutrinal de autores portugueses*, Lisboa, s.d.

diferentes das que elevaram Taine àquele "esvaziamento" da obra; só à custa da supressão do que mais profundamente a distingue, conseguindo integrá-las no esquema por ele proposto; condição nunca evidentemente confessada, mas sempre necessária para se poder reduzir a "explicação" da literatura a um sistema do qual não faz concretamente parte.

Parece-me inútil ir buscar mais longe as possíveis origens da crítica sociológica, sem dúvida que ela começa apontando com o iluminismo, se não quisermos ir procurar o princípio dos princípios em Aristóteles... Isso já seria, porém, fazer a história das ideias que as tornaram possíveis e não a da teoria e da crítica sociológicas. Aliás, como escreve Roger Bastide, não é de estranhar que as "primeiras tentativas de estética sociológica tenham sido infrutíferas, visto que a sociologia propriamente dita não existia ainda" (Bastide, 1948, p.22). E segundo o autor, só teria passado a existir com o positivismo. Mas ainda aqui nos achamos perante o otimismo dum positivista; na realidade, uma crítica sociológica "propriamente dita", no sentido que a concebe Bastide, verifica-se, pelo menos quanto à crítica (pois da estética não temos de cuidar aqui) não ser outra coisa senão a identificação positivismo-determinismo, e não ir mais longe do que a tentativa de estabelecer de que maneira a arte depende da forma de produção da respectiva época (idem, p.37).[3]

Com efeito, tentar estabelecer como "causa" dos fenômenos estéticos normas da produção não diverge, fundamentalmente, de a ver nos fatores biológicos ou nos sociais – e até na patologia. Em qualquer dos casos, trata-se de antepor à criação estética um fenômeno determinado dela, e de a integrar em uma ou outra esfera de fenômenos reais ou supostamente conhecidos. A objeção fundamental é tão válida contra Taine como contra Bielinski, contra Comte como contra Spencer. Por outro lado, não se distingue de fato da crítica alheia às implicações sociais da arte, embora o caso se complique, quanto à sociologia pelo maior risco de supressão total do elemento estético em favor do *primum móbile*

---

3 Para caracterização do problema em questão, mais pormenorizadamente do que é possível aqui, ver o nosso trabalho "Real e Ideal na Concepção da Literatura", *Clareza e mistério da crítica*, Editora Fundo de Cultura, 1961, p.11.

[primeiro movimento] social. Com efeito, na crítica de tipo psicológico, por exemplo, o próprio "meio" sobre o qual se exerce a investigação preferencial favorece, ainda que parcialmente, apenas, a inclusão de alguma espécie de conceituação estética: a ligação é estabelecida, natural e coerentemente (não se discute se eficazmente, é claro) entre meios afins, pois a personalidade do autor, os valores psicológicos encontrados, são elementos concretos da criação estética, acham-se, digamos assim, na imediata proximidade do seu núcleo gerador, havendo assim, pelo menos, menor probabilidade de o crítico eliminar totalmente "a" obra em causa, elaborando uma pura e simples ficção de supostas explicações. A procura da "significação social" duma obra conduz, sem dificuldade, ao total alheamento quanto à sua qualidade essencial de literatura, coisa que não acontecerá com a psicológica (por exemplo: se as personagens de Dostoievski têm interesse psicológico aos olhos de Nietzsche, é por qualquer coisa que se acha implícita na excelência estética dos seus romances, e que de modo algum seria válida sem esta – pois que as obras medíocres são, psicologicamente, "vazias").

Por outro lado, a simples hipótese da sua viabilidade encontra de início o obstáculo originado em reservas mentais quase inevitáveis, pois se subentende que a crítica "sociológica" não poderá deixar de ser um capítulo da crítica social, exercendo-se por intermédio da literatura. Quer dizer, a utilização da crítica literária como instrumento de ação política. E, na verdade, os aspectos mais comuns dela só podem favorecer tais desconfianças.

Ora, reduzida à mera função de crítica social, não deixou dúvidas a respeito de sua incapacidade em corresponder às mais elementares exigências de dignidade da crítica. Seja qual for a modalidade sob que nos surja, limita-se à exemplificação do que, nesta ou naquela obra, se supõe beneficiar ou prejudicar determinada concepção social, ou seja, do que é politicamente "útil" ou "condenável". Embora (e isto mereceria uma análise objetiva por parte da sociologia da cultura) se pense quase exclusivamente em tal deformação da crítica em relação ao setor esquerdista, sobretudo o de matriz socialista, não devemos nem podemos esquecer a larga utilização do mesmo método pelos extremistas do conservantismo,

desde a "incriminação" do romantismo como "eivado" de revolucionarismo "dissolvente", ou de imoralismo "decadente" (lembre-se, para exemplo, dos livros de Pierre Lasserre e de Mário Praz sobre o romantismo)
até as tentativas (para dar um exemplo mais chegado a nós) de aliciar
como prócer da reação antirrepublicana um Eça de Queiroz, quando não,
toda a geração de 1870. E isto, tal qual o foi a supervalorização de um
Junqueiro ou de um Anatole France como "progressistas", é na mesma
crítica social disfarçada de crítica literária, quando não era propaganda
política sob o rótulo de "retificação" de valores.

É todavia de notar que não existe, como para a crítica sociológica
esquerdista, uma teorização reacionária. Limitando-nos a registrar o fato,
também digno de interpretação no plano da sociologia da cultura, fixemos tão só o seu aspecto positivo, e que interessa ao nosso tema. É que,
sob a linha incoerente, meramente oportunista do ataque à sociedade
burguesa feito sob a capa da crítica, existe um esforço não só respeitável
como válido, embora invalidado pelas condições sob as quais se desenvolveu. As restrições que pesaram (e pesam) sobre ele não podem fazer
-nos esquecer o elemento positivo que constitui a ambição de integrar a
criação literária na atividade humana concreta, de explicar como tal e,
assim, integrá-la nas formas de apropriação da realidade pela consciência do homem. Quando um Guyau ou um Tchernichevski (embora cada
qual na modalidade "possível" a cada um e nas suas linhas divergentes)
aspiram à identificação da arte com a vida, e até quando um Plekhanov
afirma com perigoso simplismo que a arte é o reflexo da sociedade, há
nuns e noutros mais alguma coisa além da redução da criação estética a
mais um campo de batalha social; há, e não se pode deixar de levar em
conta, um voto de dignificação da literatura, que só falha pela inadequação dos instrumentos do conhecimento com os quais se pretendeu alcançar o fim visado; instrumentos cuja grosseria nos faz pensar em alguém
que quisesse cortar cabelo com um machado para derrubar árvores...

O fato é que a crítica sociológica só teoricamente se desenvolveu de
acordo com as correntes que, no século XIX, surgindo da confluência
do enciclopedismo e do iluminismo, do socialismo utópico, do positivismo, do determinismo científico e, por outro lado, do hegelianismo e

das primeiras interpretações do marxismo, procuraram, pior ou melhor, estabelecer o lugar da literatura "como" fenômeno social. Na realidade as características dessa crítica vieram-lhe muito mais da literatura paralela a tais correntes do que de quaisquer bases filosóficas; e a obra de Zola teve muito mais importância na formulação dela do que as doutrinas e os princípios sociais propriamente ditos.

Com efeito, nada era mais fácil a esta crítica que ter razão, ao afirmar o primado, o social, pois lhe bastava apontar a literatura social, em particular a naturalista, para encontrar as provas de seu acerto. Com uma literatura que se presumia experimental e científica, a crítica tinha *beau jeu* [uma boa ocasião] em presumir o mesmo acerca dela mesma. Quer dizer, esta crítica era um reflexo da própria criação literária, limitava-se, portanto, a uma descrição, em vez de ser uma explicação da literatura. Não recebia validade senão duma tendência literária, falsa validade, portanto, já que restrita à determinada fase da evolução da literatura. Se um Stendhal e um Balzac foram preteridos pelo consenso geral, em favor de Zola como Baudelaire em favor de mil poetastros, não temos de ver aí senão a lógica consequência das limitações duma crítica que se mutilara para qualquer possibilidade de conseguir um critério universal, por ausência de valores estéticos ou sequer formas em que pudesse fundamentar-se. Quando em Portugal crítica e público põem Junqueiro acima de qualquer um, pelo significado social de sua obra, e ignoram um poeta que, como Cesário Verde, fez de fato poesia social sem prejuízo da alta qualidade dela, exemplificam a mesma confusão entre o social como assunto e o social como integrante na criação estética, confusão sem a qual não se explicariam as contradições duma época que parecia desdenhar aquilo que teoricamente, se empenhava em proclamar. E não há dúvida que, aqui, assistimos àquela assimilação dos meios e dos fins que permanecerá na base de todos os equívocos com que nos aparece marcada quase toda a crítica sociológica.

Porque uma crítica sociológica deveria obedecer, antes de mais nada, à exigência de uma tentativa que fosse para determinar a natureza da literatura. Sendo afinal, uma prática para a qual foi improvisada uma teoria, embora pelas suas intenções seja determinista, cientista, materialista, revela-se afinal como mais uma encarnação do idealismo, ao qual supostamente se contrapõe. Nem de tal se livra a crítica sociológica da fase mais próxima de nós, que, neste século, se propôs, já não um programa vagamente apoiado em tendências contraditórias, como vimos, mas diretamente e só no marxismo. Então supõe-se que

> a estética deixa de ser um sistema arbitrário, uma teoria abstrata tendo em vista definir o sentimento, a ideia e as regras do belo. Torna-se uma ciência concreta que se apoia deliberadamente na história para explicar o desenvolvimento de todas as artes, uma ciência que deve conduzir os escritores e os artistas a tomar plena consciência de seu papel social.[4]

Como veremos adiante, grande será a ilusão do leitor que espere ver confirmadas estas promessas nos textos de Plekhanov. Estes, como tantos outros, justificam plenamente a observação feita por David Daiches pelo que toca à Inglaterra:

> É talvez surpreendente que, apesar do grande interesse pelo pensamento marxista que caracterizou a década de 1930, nenhuma crítica marxista de valor permanente tenha surgido na Inglaterra, se bem que a crítica sociológica num sentido mais lato – em que se examinam as formas como os fatores sociais e econômicos afetam a imaginação literária – tenha gozado de certa popularidade.[5]

O que é válido também para todos os outros países do Ocidente, nos quais, de fato, foi a essa "crítica sociológica de sentido mais lato" que se resumiu a crítica sociológica – mesmo quando feita em nome do marxista. É essa tendência, esse tipo de interpretação, que ainda hoje predomina por toda a parte, com raras exceções, representando a "esquerda literária".

---

4   Jean Fréville. In: "Plekhanov et les problèmes de l'art". Introdução da tradução francesa *De l'art et la vie sociale*, de G. Plekhanov. Éditions Sociales, Paris. Designaremos daqui em diante por Fréville as citações dessa introdução, e por Plekhanov as do próprio texto deste último, do livro em questão.

5   "A evolução do gosto no conceito de crítica literária na Inglaterra", *Comércio do Porto*, Suplemento Literário, 12 maio 1959.

Se escolhemos o livro de Plekhanov foi pela óbvia razão de ser um texto consagrado como cartilha oficializada, pela qual leram todos quanto alinharam na ala extremista da crítica literária.

Notemos desde logo o aparente paradoxo das desculpas com que Jean Freville se sente obrigado a declarar que Plekhanov "não teve oportunidade para passar ao segundo ato, e abordar o campo propriamente estético" (Freville, p.84). Poderíamos supor que talvez Plekhanov tivesse dedicado apenas reduzida parte de sua atividade de escritor à teoria e à crítica literária, ora muito pelo contrário, as duzentas e tantas páginas da antologia que é o livro citado representam pequena parte de uma extensa obra, volumes inteiros da qual são consagrados à teoria e à crítica literárias. Quer dizer que na realidade é Fréville quem assim dizendo se justifica, e pretende justificar Plekhanov, por este ter esquecido que não se pode dispensar o estudo do problema propriamente estético para fundamentar uma autêntica teoria sociológica da literatura. E, tanto isto é verdade que, no mesmo estudo, Fréville afirma ser

> necessário pôr a claro a significação propriamente estética de uma obra, de uma forma de arte, procurar qual a razão por que elas conservam um sentido e um valor depois de desaparecida a infraestrutura econômica e social sobre a qual se assentavam. (Fréville, p.48)

Isto que é quase palavra por palavra, no que se refere à contradição entre o valor estético e as condições socioeconômicas, uma célebre passagem de Marx a propósito da arte grega, mostra que Fréville se dá conta perfeitamente do que falta em Plekhanov (como ao dizer, um pouco adiante, ser este essencialmente um sociólogo). O que, evidentemente, não o impede de, em outras passagens, se lhe referir como se ele tivesse, de fato, realizado a síntese do sociólogo e do esteta.

Eis alguns textos de Plekhanov que bastam para documentar a sua posição perante o problema em vista: "as produções artísticas são fenômenos ou fatos nascidos das relações sociais" (cit. por Fréville, p.45):

A obra literária é sempre expressão do seu tempo. O seu conteúdo e a sua forma são determinados pelos gostos, os hábitos e as tendências desse tempo. Quanto maior é o escritor, mais forte e mais clara é essa dependência que se subordina o caráter de sua obra ao caráter do tempo ou, por outras palavras, menos se encontre nas suas obras esse resíduo que se poderia chamar pessoal. (Plekhanov, p.259)

E não nos perdoaríamos a omissão da escala por ele estabelecida desde a produção até as ideologias, a qual dispensa maior número de transcrições.

Se nos propuséssemos exprimir resumidamente a concepção de Marx e Engels sobre a redução da célebre infraestrutura e da não menos célebre superestrutura, teríamos isto:

Estado das forças produtoras.
Relações econômicas condicionadas por essas forças.
Regime social e político edificado sobre essa base econômica.
Psicologia do homem social em parte diretamente determinada pela economia, em parte pelo regime social e político sobre ela edificado.
Ideologias diversas refletindo essa psicologia. (Plekhanov, 1950, p.70-1)

Assim, sendo a literatura uma das ideologias diversas, está demonstrado que a literatura é o reflexo da sociedade...

Plekhanov, não obstante considerar que a afirmação de Taine segundo a qual "A obra de arte é determinada por um conjunto que é o estado geral do espírito e dos costumes do meio" conduz a uma tautologia e, não obstante condenar o naturalismo, não se dá todavia conta de que substituir a fisiologia ou a patologia pelas relações sociais apenas substitui um deus *ex-machina* por outro, sem, em momento algum da sua obra, nos ter mostrado como o tão evidente causalismo determinista da sua "passagem" possa ser tido como expressão das ideias de Marx e Engels.

Mas nem Plekhanov está de acordo com Plekhanov. Incapaz de exprimir, ao visar uma conceitualização de suas ideias, o lugar das contradições, e até negando-as expressamente, não deixa, porém, de as reconhecer quando se acha perante certos casos concretos, como por exemplo ao escrever que, se porventura "todos os românticos, os parnasianos e os primeiros realistas franceses se tivessem reconciliado com o meio burguês que os rodeava", e "tivessem posto a sua musa ao serviço (deste)", "teriam descido muito" e "as suas obras teriam sido menos fortes muito menos verdadeiras, muito menos atraentes" (Plekhanov, p.109). Mas perguntaremos: então estes escritores não refletiam essa mesma sociedade? Há, portanto, uma contradição entre literatura e sociedade?

Ora isto, que vemos demonstrar em passagens como a que acabamos de transcrever, é precisamente o que está ausente de suas considerações teóricas. Haveria, pois, interesse, sem dúvida, em pôr de parte o Plekhanov sistemático, e estudar a obra estritamente crítica. Para isso, porém, falta-nos em língua acessível o conjunto da sua obra que nos permitirá quem sabe esquecer que se lhe deve, entre tantas outras coisas, essa fórmula lamentável à sombra da qual tantos crimes contra a crítica têm sido cometidos "A literatura e a arte são o espelho da vida social" (Plekhanov, p.265).

No prefácio à edição italiana de seu livro *O marxismo e a crítica literária*, escreve G. Lukács que

> somente desde 1930 se estabelece entre os marxistas a certeza de que entre os escritos, apontamentos e cartas dos clássicos do marxismo se encontram expostos os princípios de uma estética que assenta no materialismo dialético e histórico e constitui parte importante desta doutrina. (Lukács, 1953, p.9)

Desde 1930, ou seja: desde de que Lukács iniciou uma obra a todos os títulos notável, tendo em vista formular uma interpretação realmente marxista da literatura... Porque esta é, na verdade, o único testemunho válido duma teoria e duma crítica, não só de inspiração marxista, mas atendendo a exigência de não confundir literatura e fatores sociais, ou antes, em não afirmar a dependência daquele em relação a estes, mas sim a interdependência respectiva, num plano do qual até então tinham evitado quantos manifestarem idênticas ambições.

Pode parece estranho que só desde 1922 (o prefácio citado é de 1952) se tenha recorrido realmente aos escritos de Marx e de Engels com o propósito de neles encontrar a base de uma estética. Mas o que já atrás dissemos sobre os diversos aspectos da crítica sociológica mostrou que outra coisa não poderia ter acontecido, o que se justifica, além disso, pelo fato de Marx e Engels se acharem além, filosoficamente falando, dos teóricos socialistas seus contemporâneos, como dos que imediatamente se lhes seguiram, de modo que desde o início as "interpretações" (que levaram um dia Marx a dizer que não era marxista) deram origem a diversas correntes que lhes mutilaram as ideias, no que se denuncia a incapacidade de compreender a doutrina em toda a sua complexidade. Pelo que diz propriamente respeito à estética e à crítica literárias, não é para estranhar que a situação ainda fosse menos favorável a uma interpretação séria. Note-se que, logo no prefácio em questão, Lukács também lembra que Franz Mehring considerava a polêmica entre Marx, Engels e Lassalle a respeito de Shakespeare e de Schiller como "mera questão de gosto individual". Todos os pronunciamentos de Marx e Engels são, pode-se dizer, acidentais ou incidentais. Em momento nenhum tiveram o propósito de "fazer doutrina"; isto não diminui porém, de modo algum, a importância do que deixaram escrito sobre obras literárias ou ideias estéticas, bastando lembrar as opiniões de Marx sobre Balzac, que são crítica da melhor – e marxista.

As circunstâncias deram à obra de Lukács uma posição ao mesmo tempo proeminente e difícil dentro dos quadros partidários. Como é do conhecimento público, num período que, sem risco de grande erro, podemos delimitar pelos anos de 1930 e 1956, todos os problemas foram baralhados por via da doutrina oficial conhecida pelo nome de jdanovismo, que é a versão estética do stalinismo, exatamente definida por Guillermo de la Torre ao dizer que nunca ninguém entendeu o que fosse. Assim, aqueles marxistas que tentaram encontrar uma expressão menos estreita, sem romper todavia com as normas impostas, acabaram sempre por eludir problemas cruciais, como sucedeu ao Lefebvre da *Contribuição à estética*, que recentemente confessaria no seu livro *La somme et le reste* [A soma e o resto] que a referida *contribution* foge ao problema fundamental, que põe expressamente mas não resolve: de que resulta a universalidade da arte? (universalidade que a ideologia pseudomarxista do "reflexo" torna ininteligível, e que é rejeitada pela maior parte dos marxistas [os quais] adotam em geral o relativismo de Plekhanov, que parte do fato de a *Vênus de Milo* "não ser bela para um hotentote" – II, p.537).

Na ausência duma doutrina que fosse, ao menos, apreensível, suscetível de ser analisada, o jdanovismo limitou-se a impor noções vagas e muito concretas excomunhões. Nada tem a ver com qualquer posição crítica, marxista ou não. Por isso mesmo, Lukács nem sempre teve a possibilidade de exprimir as suas ideias, e exprimi-las valeu-lhe sérios riscos, por mais de uma vez. Fora da União Soviética o mimetismo dos partidos comunistas impôs, mesmo nos países burgueses, um espírito policial, que da mesma forma anulou a significação que poderia ter, sob outras condições, mesmo uma reflexão sectária sobre problemas estéticos.

A surpresa de quem aborda trabalhos de Lukács sobre teoria e crítica literárias é encontrar uma linguagem inteiramente diversa da que exemplificamos com os textos de Plekhanov. Pela primeira vez, em toda a história do marxismo, Lukács aborda a literatura como literatura. Assim, em *O marxismo e crítica literária,* escreve

> Somente a sociologia vulgar, que vê como seu único objetivo a descoberta do chamado "equivalente social" de cada escritor e de cada estilo crê que qualquer problema esteja resolvido e eliminado com a indicação de sua gênese. Esse método significa na prática a tentativa de rebaixar todo o desenvolvimento artístico da humanidade ao nível da burguesia decadente. Homero e Shakespeare são "produtos" tal como Joyce ou dos Passos; o objetivo da crítica literária consiste sempre na descoberta do equivalente social em Homero ou Joyce. Marx pôs o problema de forma bem diferente. (idem, p.287)

E Lukács transcreve em seguida a célebre passagem na qual o autor do *Capital* reconhece a dificuldade de explicar por que continuamos a receber prazer estético da arte e da épica gregas, quando deveriam achar-se tão mortas como a época que representam; frase que mostra claramente o absurdo de supormos que Marx consideraria a arte e a literatura como "reflexos" da respectiva conjuntura histórica.

Embora a expressão do pensamento de Lukács tenha sido, como por mais de uma vez ele próprio declara, "disfarçada" durante a era stalinista, seria infantil deduzir daí que deveríamos considerá-lo sequer um heterodoxo ao marxismo. Mas o dogmatismo atingiu tais extremos na União Soviética, durante o período em que a palavra Stalin era infalível (e a de Jdanov em seu nome), que a afirmação mais inconfundivelmente marxista soava como heresia já que toda a teoria da literatura stalinista se pode resumir, sem caricatura, na assimilação da literatura à propaganda política – e consequentemente a crítica.

É evidente que Lukács não defende a "liberdade" da arte. Pelo contrário, afirma que a arte reflete a realidade histórico-social; mas vejamos como entende esta relação:

> Seria todavia errôneo tornar rígido este cânone fundamental da estética marxista, interpretando-o no sentido de que o conteúdo seria o único elemento decisivo da obra de arte, e de os problemas da forma ao passarem de simples consequências sem importância [...] Naturalmente a forma estética possui [...] a sua peculiaridade própria. O que se poderia formular sinteticamente assim: uma forma estética é sempre a forma de determinado conteúdo. (idem, p.12)

Julgamos conveniente lembrar que a debilidade essencial dos esforços anteriores a Lukács para achar os fundamentos duma crítica literária marxista se tinha revelado precisamente na incapacidade de considerar a relação entre a infra e a superestrutura senão como elementar relação causal. Em oposição a isto, escreve Lukács:

> A dialética nega que existam em qualquer parte do mundo relações de causa e efeito puramente unívocas, igualmente reconhece nos atos mais simples de uma complexa ação e reação de causas e efeitos [...]. Quem veja na ideologia o produto mecânico e passivo do processo econômico que constitui a sua base, nunca poderá compreender a sua

essência e a de seu desenvolvimento, não representará o marxismo, mas uma caricatura dele. (idem, p.26-7)

Poderíamos acumular páginas e páginas de transcrições revelando, a respeito de todos os problemas essenciais da crítica, visão identicamente adversa àquele determinismo nestas passagens condenado. Procurarei limitá-las aos temas que nos importam diretamente, anotando apenas como assuntos aos quais dedicou estudos de excepcional importância, a teoria dos gêneros literários, o problema da verdade e a coerência dos caracteres romanescos; a distinção entre o essencial e o acidental; o problema da essência na obra de arte; o primado do homem como objeto da criação estética. Fixaremos apenas alguns pontos essenciais para estabelecer o progresso do pensamento de Lukács em relação aos seus antecessores – e ao esclarecimento de algumas deficiências que saltam à vista.

Registre-se, antes de mais nada, a preocupação de Lukács em mostrar que Marx e Engels (e ele próprio, portanto), não pretenderam extrair do nada uma teoria nova, mas

> "herdaram toda a soma de valores reais elaborados pela evolução pluri-milenária da humanidade". Mas só o marxismo eliminou desta herança "os desvios idealistas e mecanicistas (reconduzindo os valores reais) às suas verdadeiras causas (e incluindo-os) no sistema das leis conhecidas com exatidão, da evolução social". E assim "no campo da estética e da teoria e da estética literárias", "o marxismo eleva à esfera da clareza conceitual aqueles princípios fundamentais da atividade criadora que vivem há séculos nos sistemas dos melhores pensadores e nas obras dos maiores artistas e escritores". (idem, p.39-40)

E assim, afirma que a teoria do reflexo não é novidade introduzida pelo marxismo. Este dá-lhe, porém, características definidas ao estabelecer que não se trata de refletir a superfície (daí a crítica ao naturalismo, que constitui motivo sempre recorrente na crítica de Lukács), mas sim tornar sensível a essência (idem, p.44). Daí, a seu turno, o papel fundamental que tem na estética Lukácsiana o realismo, tido por ele como única concepção válida da criação literária. É aqui, porventura, que se encontra o ponto fraco da sua teoria da literatura. A polêmica contra o que ele designa como "antirrealismo", "vanguarda literária", "literatura de decadência" (designação essa que se aplica genericamente a toda estética e crítica burguesas), gira em torno dessa concepção do realismo. Enquanto para a "estética burguesa" o realismo é apenas um estilo entre muitos, para o marxismo constitui o problema fundamental da literatura, visto o marxismo conceber a literatura e a arte como formas de refletir a realidade objetiva. (idem, p.14-5)

Em que sentido o realismo figura na teoria da literatura de Lukács, eis o que a passagem seguinte, supomos, deixa perfeitamente claro:

> Realismo significa reconhecimento do fato que a criação não se fundamenta numa média abstrata, como supõe o materialismo, nem sobre um princípio individual que dissolve a si próprio e se desvanece no nada, uma expressão exasperada daquilo que é único e não se repete. A categoria central, o critério fundamental da concepção literária realista é o tipo, isto é, aquela síntese que, tanto pelo que se refere aos caracteres como às situações, une organicamente o genérico e o individual, [...] mas pelo fato de nele confluírem e se fundirem todos os momentos determinantes, humana e socialmente essenciais, dum período histórico, pelo fato de representar tais momentos no seu máximo desenvolvimento, na plena realização das suas possibilidades imanentes, numa extrema representação dos extremos, que concretiza tanto os vértices como os limites da expressão contemporânea do homem e da época.[6]

Como se vê, Lukács não só assume posições diametralmente opostas às da literatura oficial soviética, como também em relação a todas as interpretações independentes, anteriores ou contemporâneas, mas acha imprescindível conceder direito de cidade a conceitos que figuram, habi-

---

6   *Ensaios sobre o realismo*, tradução italiana, p.17.

tualmente, nas polêmicas entre marxistas e antimarxistas, como cabedal destes últimos. Assim, não só aceita o conceito de individualidade dado como elemento indispensável à estruturação do tipo, como afirma a "conexão orgânica e indivisível entre o homem privado e o indivíduo social, participante da vida pública" (idem, p.20), mas, além disso e sobretudo, reconhece (aliás apoiando-se justificadamente em Marx e Engels) que, "até certo ponto", nos grandes e sérios realistas (como Balzac) a concepção do mundo e a atitude política por eles assumida é indiferente pelo que diz respeito ao valor da obra. E acrescenta

> Porque tendo em vista o autoconhecimento do presente e a história o que tem decisiva importância é a imagem do mundo que a obra nos oferece, ao passo que resulta inteiramente secundário que ela esteja ou não de acordo com as opiniões do autor. (idem, p.23)

Ponto de vista que nada tem de acidental na sua obra, inclusive vamos encontrar novamente expresso nos estudos sobre o realismo crítico, que datam de 1955 (os ensaios sobre o realismo que estávamos citando datam de 1946), estudos do livro *Significação atual do realismo crítico* (livro publicado em alemão três anos antes).

Mesmo por estas transcrições forçosamente restritas se pode verificar inequivocamente a solidez, a densidade e a profundidade dos trabalhos de Lukács, sendo fora de dúvida que, pela primeira vez, em escritos dum representante qualificado do marxismo, é realmente de literatura que se trata. Em contraste, porém, é constrangedor que sobre determinados problemas, os seus pontos de vista percam estas qualidades como no seu último e já referido volume sobre realismo crítico consagrado por uma grande parte ao paralelo entre os "realistas" e os "escritores decadentes", páginas em que, a respeito dos primeiros, o achamos demasiadamente apologético, e a respeito dos segundos, mais polemista e panfletário do que crítico, para não falarmos sequer de certas debilidades que, depois do XX Congresso, com a sua franca condenação do dogmatismo, já não podem ser tomadas como um disfarce para salvar a pele, mas como o direito de escrever e ser publicado. Mas quem o pode garantir?

II CONGRESSO DE CRÍTICA E HISTÓRIA LITERÁRIA   COMUNICAÇÕES...

A objeção principal não é, pois, o teórico da literatura que a suscita, mas o crítico. Poderia fazer-se uma antologia dos princípios da crítica marxista por ele formulados, na qual se encontraria muito de comum com certas tendências da crítica não sociológica moderna. Por exemplo, no seu último livro, encontramos claramente feita a distinção entre, por um lado, o "desígnio" expresso na "própria estrutura da obra" e as "intenções conscientes", e, por outro, "a ideia que (o autor) tem acerca de seus próprios escritos" (*Significação atual do realismo crítico*, p.29). Mas, não obstante as notáveis páginas – sobre os grandes realistas russos e franceses (nos *Ensaios sobre o realismo*), não obstante tantas e tão profundas análises de problemas teóricos, não obstante o grande valor crítico da sua caracterização do "realismo crítico" e do "realismo socialista"! – não obstante tudo isto, a concretização da sua teoria acerca da "literatura decadente" é fundamentalmente inválida pela própria escolha dos exemplos e, sobretudo, pela omissão de qualquer referência crítica a autores, que, bem o vemos, não saberia como integrar no realismo – mas não tem coragem de incluir entre os decadentes: Proust, por exemplo.

A sua ideia de vanguarda, e respectiva "demonstração", é pura fantasmagoria polêmica. Não só carece de seriedade histórica (pois com muito pouca dialética tanto lhe servem para exemplificar um John dos Passos, como um Henry Miller ou um Beckett, que não correspondem, obviamente, à mesma situação, nem sequer a iguais condições das forças sociais), mas, sobretudo, entre exemplos inadequados e atribuições sem base o vemos construir uma figura da tal "vanguarda" na qual não reconhecemos sequer uma caricatura de tendências da moderna literatura do Ocidente que possam ser legitimamente apresentadas como respeitando a ela em globo. Nos seus exemplos não encontramos nem uma só atitude, nem os mesmos valores estéticos. Sobretudo restaria saber como essa "vanguarda" se distinguiria da literatura representativa da sociedade burguesa, isto é, daquela que aceita os respectivos valores (por exemplo, romancistas como um Paços d'Arcos ou até um Erico Verissimo). A omissão dessa e a apresentação, com tais caracteres, de um Joyce e um Kafka, de um Faulkner ou um Beckett, constituem, em primeiro lugar, lamentável falha do crítico, pois lhe seria necessário justificar como um

Maurois e um Gide, um Maugham e um Joyce poderiam "equivaler-se", mesmo dentro dum critério exclusivamente sociológico – que não é o de Lukács.

Exemplifiquemos: segundo ele, os

> chefes de fila da vanguarda literária só têm em conta o homem, o indivíduo que existe em toda a eternidade, essencialmente solitário, desligado de qualquer relação humana e, *a fortiori*, social, ontologicamente independente. (idem, p.31)

E qual o texto que abona tal interpretação? Uma passagem da "confissão do romancista americano Thomas Wolff"... Ora, não nos tinha dito Lukács serem inteiramente secundárias as opiniões dos autores? Por que interrogou esta, em vez de interrogar "a imagem de mundo que a obra nos oferece"? Não estranhemos pois, que logo adiante, outro testemunho invocado para comprovar as suas teses sobre a vanguarda literária seja de... Heidegger! Ora, tratava-se de literatura e haveria, portanto, que fazer (segundo as próprias ideias de Lukács) a caracterização estética dos escritores condenados como expressão da decadência burguesa.

Ora, ao contrário do que se passa nesta emergência polêmica, todas as vezes que Lukács se ocupa dos grandes romancistas realistas os seus exemplos são tirados das próprias criações literárias, não das confissões, declarações etc. Tal contraste daria que pensar se não soubéssemos nós que, ao estabelecer o contraponto realismo *versus* antirrealismo, o objetivo de Lukács não era estudar as obras que representariam este, mas "demonstrar" que a "literatura burguesa" realiza "um nivelamento por baixo que reduz o mundo interior do homem a uma subjetividade abstrata", por via da qual "os caracteres da personalidade humana se dissociam" (idem, p.41), e que só o realismo nos apresenta o homem inteiro e concreto.

Da mesma forma, embora a sua distinção entre "realismo crítico" e "realismo socialista" nos pareça seriamente fundamentada, não se entendem como podem alternar na sua teoria (e no mesmo livro) afirmações de certeira e severa crítica com outras de evidente sentido propagandístico. É assim que na p.236 do livro que vimos citando se diz a propósito das "personagens inúteis" frequentes em muitos romances russos, ser isso consequência do stalinismo. E acrescenta:

> Se o escritor se considera um agitador, se se julga na obrigação de responder imediatamente, de maneira definitiva e tranquilizadora, ao complexo conjunto dos problemas postos pela atualidade, sob os aspectos intelectuais e políticos, tal exigência irá repercutir sobre a própria construção de toda a sua obra. Quer dizer, ele não partirá como um Balzac ou um Tolstoi de personagens concretos, tendo os seus destinos próprios para os elevar à categoria de tipos capazes de esclarecer todos os problemas de uma época.

E prossegue nessa excelente análise da incompatibilidade entre as razões da propaganda e as razões políticas. Mas na p.220 não hesita em atribuir ao realismo socialista uma "superioridade artística" que "resulta das condições históricas". Tal superioridade provém de a

> visão socialista do mundo, a perspectiva socialista dar ao escritor, muito mais completamente e muito mais profundamente que outra visão qualquer, um olhar suficientemente lúcido para refletir e representar a existência e a consciência sociais, os homens e as relações humanas, os problemas que se apresentam à vida humana e as soluções que comportam.

"Trata-se duma virtualidade" acrescenta, prudentemente. Mas duma virtualidade que o crítico, justamente severo para com as falsificações tendenciosas e abstratas, não pode admitir como "evidência", pois só se torna assim um crítico abstrato, "supondo" onde só lhe compete analisar – como faz páginas adiante. Contradição que mostra as dificuldades em que Lukács se vê quando o "realismo socialista" (isto é, o romance soviético contemporâneo) não lhe oferece um Balzac, nem um Tolstoi, mas lhe pede um pronunciamento favorável, que não o coloque numa posição secundária perante o "realismo crítico" (isto é, o romance realista que constitui uma expressão concreta e uma visão crítica da sociedade burguesa).

Assim, na medida em que se trata de um único gênero – o romance e dentro deste de um único setor – o realista –, a sua visão tem toda coerência e validade críticas (quer a aceitemos ou não, isto é outro problema). Parece-nos, pois, evidente que faltou a Lukács – mas nada não prova que não possa elaborá-la – uma visão global da literatura, uma formulação generalizada a qualquer forma de criação literária, que lhe permitisse encontrar fora dos limites do "realismo crítico" algo, na literatura do Ocidente, que "deve" existir entre aqueles e a "literatura decadente". A ausência de qualquer referência de fundo à poesia é, só por si, reveladora. Apenas podemos pensar que a deixou de a ter em conta, quanto ao nosso tempo (pois isso não sucede quando trata dos clássicos – veja-se o seu magnífico livro sobre Goethe), pela impossibilidade em que se achou de lhe aplicar o critério por demais esquemático com que julgou possível resolver, para o romance, a questão dos limites e oposições entre o "realismo" e o "antirrealismo".

Um aspecto fundamental e positivo da crítica sociológica consiste no fato de ela representar a necessidade de integração, na crítica em geral daqueles elementos sem os quais a literatura não tem sentido. Verificamos, sem dúvida, a carência das formulações que nos ofereceu até o presente, e a sua tradicional inaptidão para levar em conta o "valor estético", reconhecendo o seu caráter específico, único, irredutível. Vemos que, quando isso se dá, como é o caso de Lukács, fica restrita a determinadas zonas e não ganha validade universal. Mesmo tendo em conta a sua excepcional contribuição à crítica sociológica, tal como atualmente se acha formulada, não pode ser mais que um logro. Mas corresponde a uma necessidade e de certo modo dá, em princípio, alguma espécie de realidade ao esforço positivo para tirar a crítica do logro oposto, que conhecemos sob a espécie das concepções clássica e romântica da crítica, como das suas modernas expressões analíticas e formalistas.

Pretendendo integrar a literatura numa concepção da vida como consciência e objetivação, como pensamento e ação, a crítica sociológica, todavia, nos seus primeiros passos (pois não podemos dizer que tenha saído ainda desse estádio), viu-se inutilizada pela força irreprimível duma retificação dos seus conteúdos interpretados como relações mecânicas

II CONGRESSO DE CRÍTICA E HISTÓRIA LITERÁRIA   COMUNICAÇÕES...   191

em vez de numa dialética de valores humanos. Acorrentada a análises parciais, afinal subjetivas, ou relativistas, insuscetíveis de generalização e universalização, faltou-lhe a noção dum "social" inclusivo, capaz de conter a totalidade da experiência humana, em vez de a restringir ao condicionalismo doutrinário.

A confusão entre as interrogações sobre "o que é", "como surge" e "para que serve" a literatura, subjacente ao simplismo da inútil e abstrata afirmação dogmática "a arte é um fenômeno social", teve como resultado o baixo nível especulativo das respostas, a confrangedora pobreza filosófica das suas tentativas teóricas. A ideia duma crítica absoluta, de uma crítica monolítica, que para existir precisa de supor a univocidade da obra literária, suprime o seu objeto no próprio ato de formular os problemas, e formulando-os, omite a própria essência daquele, que é plural. Ora, todo progresso em qualquer ramo do conhecimento consiste na cada vez maior concretização do seu objeto. Pelo contrário, a crítica sociológica "supôs" um objeto, hipostasiou uma "literatura" em cujo conceito inseriu, sem o prévio conhecimento da literatura tal qual é, os próprios elementos que nela queria encontrar. Duma maneira geral, e nisto a exceção que a obra de Lukács constitui, abre as perspectivas dum novo caminho, pôs mais empenho em encontrar na literatura o reflexo aparente dos fatores socioeconômicos do que em investigar a transformação paralela destes naquela, para se começar por saber em que medida e de que maneira a literatura se insere na vida humana, isto é, na realidade da consciência e da experiência do homem.[7]

---

7   A comunicação de Casais foi republicada na *Revista Brasiliense*, São Paulo, (45): 38-51, jan.- fev. 1963, com a seguinte nota:

Ao redigir esta exposição a convite dos organizadores do II Congresso Brasileiro de Crítica e História Literária reunido em Assis, em julho de 1961, deparei entre outras dificuldades com a de obter documentação culturalmente útil – ou seja, sem caráter propagandístico, pró ou contra – a respeito da concepção soviética do realismo socialista. Contudo, a leitura, em recente número da revista *Literatura Soviética* (n.9, 1962), do artigo de B. Riuri "El realismo socialista y sus refutadores" permite-me pensar que ainda hoje na União Soviética o stalinismo está praticamente em vigor no campo da teoria literária e que eu nada poderia ter encontrado que tivesse substituído as lamentáveis "teorias" de Jdanov. Quero chamar atenção para o fato de o pensamento de Lukács estar recebendo cada vez maior atenção na Europa Ocidental, sobretudo por parte de marxistas independentes, o que se deve em grande parte à tradução para o francês da sua obra famosa – na década de 1920

REFERÊNCIAS BIBLIOGRÁFICAS

ANDRADE, M. *Aspectos da Literatura Brasileira*. São Paulo: Martins, [s.d.].
_____. *O empalhador de passarinho*. 2.ed. São Paulo: Martins, 1935.
ANJOS, C. *A criação literária*. Rio de Janeiro: Ministério de Educação e Cultura, 1956.
BASTIDE, R. *Arte y Sociedad*. Cidade do México: Fondo de Cultura Económica, 1948.
BELINSKY, V. G. *Seleted Philosophical Works*. Moscow: Foreign Language Publishing House, 1956.
BENSE, M. *Estética consideraciones metafísicas sobre lo bello*. Trad. Alberto Luis Bixio. Buenos Aires: Nueva Visión, 1957.
BONET, C. M. *La crítica literaria*. Buenos Aires: Nova, 1959.
BROOKS, C.; WIMSATT JR., W. K. *Literary Criticism a Short History*. New York: Alfred Knopf, 1957.
CAILLOIS, R. *Babel*: orgueil, confusion et ruine de la littérature. Paris: Gallimard, 1948.
CARLONI, J. C.; FILLOUX, J. C. *La Critique Littéraire*. Paris: Presses Universitaires de France, 1958.
CASSIRER, E. *The Philosophy of the Enlightment*. Boston: Beacon, 1955.
CHERNICHEVSKY, N. G. *Selected Philosophical Essays*. Moscow: Foreign Languages Publishing House, 1953.
DAICHES, D. *Critical Approaches to Literature*. London: Longmans, Greene, 1956.
DUFRENNE, M. *Phénoménologie de la experience esthétique*. Paris: Presses Universitaires de France, 1953. 2v.
ELIOT, T. S. *Selected Essays*. London: Faber and Faber, 1952.
_____. *On Poetry and Poets*. London: Faber and Faber, 1957.
FARRELL, J. T. *A Note on Literary Criticism*. New York: The Vanguard Press, 1936.
FOCILLON, H. *Vie des formes*. 3.ed. Paris: Presses Universitaires de France, 1957.
HAUSER, A. *The Social History of Art*. New York: Vintage Press, 1957-1958. 4v.

---

condenada e devidamente abjurada pelo autor – *História e consciência de classe*. Mas para o estudo da evolução do seu pensamento crítico e teórico em relação à literatura maior interesse virá a ter, suponho, o conhecimento de um de seus primeiros livros *Sobre o romance*, comentado magistralmente por Lucien Goldmann em recente número de *Les temps modernes*. Na altura em que escrevi estas páginas não tinha vindo ainda a lume o que me parece ser a mais válida contribuição no Ocidente para o conhecimento de ponto de vista responsável vindo dum país socialista. Refiro-me ao estudo do polonês Stefan Morawski, "Les peripateties du realisme socialiste", publicado no n.36 (out.–dez. 1961) de *Diogène*. Tencionando referir-me oportunamente e com o devido desenvolvimento a este trabalho notável, não quero deixar de transcrever esta passagem: "[…] foram os princípios da política cultural de Lênin que conduziram à definição do realismo socialista. A degenerescência desta teoria para uma forma administrativa foi, em compensação, condicionada pela época que se seguiu; e esta teoria sob a sua nova forma estava quase que inteiramente em contradição com as teses estéticas de Lênin". A "nova forma" à qual o autor se refere é, como o leitor sabe, a que lhe deu Jdanov.

HUNGERLAND, H. *Sugestões para a crítica de arte e outros ensaios*. Trad. Catharina Baratz Cannabrava. Rio de Janeiro: Ministério de Educação, 1959.

HYMAN, S. E. *The Armed Vision*: A Study in the Methods of Modern Literary Criticism. Ed. revisada e condensada pelo autor. New York: Vintage Books, 1956.

_____. *The Critical Performance*: An Anthology of American and British Literary Criticism of Our Century. New York: Vintage Books, 1956.

IMBERT, E. A. La critica literaria contemporanea. Buenos Aires: Ediciones Gure, 1957.

JUNG, C. G. On the relation of Analytical Psychology to Poetic Art. In: *Contributions to Analytical Psychology*. Trad. H. G. Baynes e C. F. Baynes. London: Routledge, 1928.

_____. Psicologia y Poesia. In: ERMATINGER, E. (Org.). *Filosofia de la Ciencia Literaria*. Cidade do México: Fondo de Cultura Económica, 1930.

LENIN, V. I. *Sur la littérature et l'art*: textes choisis precedes d'une étude par Jean Fréville. Paris: Éditions Sociales, [s.d.].

LEROY, M. *Histoire des idées sociales en France*. Paris: Gallimard, 1954. 3v.

LEFEBVRE, H. *Contribution à l'Esthétique*. Paris: Édtions Sociales, 1953.

_____. *Critique de la vie quotidienne*. Paris: L'Arche, 1958.

_____. *La somme et le reste*. Paris: La Nef de Paris, 1959. 2v.

_____. Le marxisme et la Pensée Française, *Les Temps Modernes*, jul.-ago. 1957a.

_____. Vers une romantisme revolutionnaire, *Nouvelle Revue Française*, 1957b.

LUKÁCS, G. *Contributi alla storia dell'estetica*. Milano: Feltrinelli, 1957.

_____. *Il marxismo e la critica letteraria*. Torino: Einaudi, 1953.

_____. *La signification présente du réalisme critique*. Paris: Gallimard, 1960.

_____. *Saggi sul Realismo*. Torino: Einaudi, 1950.

MAGNY, C. E. *Les Sandales d'Empédocle*: essais sur lês limites de la littérature. Neuchatel: Baconniére, 1945.

_____. *Histoire du Roman Français depuis 1918*. Paris: Seuil, 1950. v.1

MANNHEIM, K. *Ensayos de sociologia de la cultura*. Trad. Manuel Suarez. Madrid: Aguilar, 1957.

MARONE, G. *Dignidad de la crítica literaria italiana desde Vico hasta nuestros días*. Buenos Aires: Associación Dante Aligheri, 1960.

MARTINS, W. *Les théories critiques dans l'Histoire de la Littérature Française*. Curitiba, 1952.

MARX, K. Contribution à la critique de la économie politique. Paris: Éditions Sociales, [s.d.].

MARX, K.; ENGELS, F. *Sur la littérature et l'art*: textes choisis. Introdução de Maurice Thorez; estudo de Jean Fréville. Paris: Editions Sociales, [s.d.].

MONTEIRO, A. C. *O romance e seus problemas*. Lisboa: Casa Estudante do Brasil, 1950.

_____. *Clareza e mistério da crítica*. Rio de Janeiro: Fundo de Cultura, 1961.

ORTEGA Y GASSET, J. *La deshumanización del arte y otros ensayos*. Madrid, 1958.

ORTEGA Y GASSET, J. *Estética de la razón vital*. Organização e prólogo de José Edmundo Clemente. Buenos Aires: Ediciones la Reja, 1956.

PAULHAN, J. *Les fleurs de tarbes ou la terreur dans les lettres*. Paris: Gallimard, 1941.

PICON, G. *Introducción a una estética de la literatura*. Trad. Edgar Bayley. Buenos Aires: Nueva Visión, 1957.

PIMENTEL, O. Literatura e dialética. In: *Apontamentos de leitura*. São Paulo: Conselho Estadual de Cultura, 1959.

PLÉKHANOV, G. *L'art et vie sociale*: précédé de deux études par Jean Fréville. Paris: Éditions Sociales, [s.d.].

_____. *Les questions fondamentales du marxisme*. Paris: Ed. Sociales, 1950.

SARTRE, J.-P. *Critique de la raison dialectique*: théorie des ensembles pratiques. Paris: Gallimard, 1960. v.I.

_____. *Situations*. Paris: Gallimard, 1948.

TOLSTOY, L. *What is Art?*: And Essays on Art. Trad. Aylmer Maude. Oxford: University Press, [s.d.].

TORRE, G. *Problemática de la Literatura*. Buenos Aires: Losada, 1958.

TRILLING, L. *The Liberal Imagination*: Essays on Literature and Society. New York: Doubleday and Anchor, 1955.

WEIDLÉ, W. *Ensayo sobre el destino actual de las letras y las artes*. Trad. Carlos Maria Reyles. Buenos Aires: Emecé, s.d.

WELLEK, R. *Historia de crítica moderna (1750-1950)*: la segunda mitad del siglo XVIII. Madrid: Greidós, 1959.

WELLEK, R; WARREN, A. *Theory of Literature*. New York: Harcourt, Brace and Company, [s.d.].

Essência da poesia, criação poética – resposta à teorização concretista

A voz humana e a poesia[1]

A poesia é uma presença ameaçada a cada momento, e um sopro que a mais leve aragem é capaz de dispersar para nunca mais. Assim é a poesia na iminência de nascer: a poesia que é ainda nuvem imprecisa na mente do poeta, gesto suspenso antes sequer da folha em branco. Era talvez melhor que tivesse escrito: o desejo de poesia, a esperança de poesia, a necessidade de poesia. Eis o que é preciso salvar e permitir que se cumpra. Mas para isso é preciso não assassinar o poeta.

O poeta alimenta-se da realidade cotidiana – como qualquer não poeta. Mas enquanto neste último essa realidade passa, no poeta ela fica, e prolonga-se. Sob as formas mais contraditórias e mais absurdas. Prolonga-se e passa a ser outra realidade, uma realidade nova, com uma nova dimensão. No laboratório impenetrável, a vida propõe imagens da realidade que a realidade nunca teve. A vida inventa-se no poeta, e estende através dele tentáculos imprevisíveis para se fazer mais vida, e para tornar a realidade mais real. O que importa na poesia não é a forma, mas o que a forma pode guardar em si, que é feita para guardar em si. A forma não

---

1 Suplemento Literário de *O Estado de S. Paulo*, 14 set. 1957; recolhido em *A palavra essencial* (São Paulo: Nacional/Edusp, 1965). (N. O.)

é senão a condensação daquela nuvem imprecisa do primeiro parágrafo. Sem a nuvem não há forma, ou, por outras palavras, não existe a forma antes da nuvem, ou ainda: não existe a poesia antes do homem. Como o leitor já entendeu, estou escrevendo contra a poesia à qual, por um lamentável abuso, se chama concreta, e que é a última em data das maneiras que a história registra, para evitar a poesia em geral sob o aspecto de imitações da poesia, e agora como imitação da semântica e artes congêneres.

Mais propriamente: não estou realmente a falar contra a poesia concreta, mas unicamente a pensar que é deplorável que haja pessoas assustadas com os falsos problemas com que os poetas concretos procuram iludir um problema humano, fingindo que é um problema de palavras. Na realidade, não havia crise nenhuma a resolver. A crise em que a poesia estava é aquela mesma em que sempre esteve, e sempre estará: a de não haver poesia que chegue para todos os que pretendem encontrá-la nos seus próprios versos, e que continuam combinando as palavras segundo as receitas habituais. Desde sempre houve esta, aliás, respeitável ambição de se ser poeta por parte de muitos que apenas conseguem tirar mais uma cópia da última – ou da penúltima, ou da antepenúltima, porque há sempre uns de relógio mais atrasado – fórmula, que resultou do último encontro do homem com a poesia. E cada um destes encontros se torna fórmula porque assim o quer a humana condição. E, portanto, é necessário que nos libertemos da última fórmula, para que a poesia e o homem se encontrem novamente, e a sua virgindade se renove maravilhosamente.

Os poetas concretos quiseram fazer a receita antes de ter surgido tal novo encontro. Elaboraram a teoria do que ainda não existia. Quiseram fazer a gramática duma língua que ainda não tinha sido proferida pela boca incerta dos homens, que ainda não se tinha debatido nas angústias da formação. Foram os gramáticos mais gramáticos que jamais existiram sobre a terra, porque até aqui os gramáticos esperavam que a língua tivesse nascido para fingir serem eles que a tinham feito.

Os jogos sutis da poesia concreta esqueceram que a poesia existe porque existe a voz, a voz humana. Seu erro não consistiu em supor que a poesia é apenas feita de palavras, mas, sobretudo, em supor que a palavra é uma coisa, e que as ligações entre palavras são... ligações entre palavras. A poesia sem a voz humana é o mesmo que a vida sem coração batendo: não é.

A forma, em qualquer sentido que se lhe dê, quando se trata de poesia, só vale na medida em que fez dum pressentir, dum imaginar, que por si não são comunicáveis, um "objeto" que reproduz, ou melhor, que ressuscita, numa dimensão ao alcance dos outros, o que foi pressentido e imaginado num espírito (ou alma, ou sensibilidade, ou consciência, ou razão) individual. A forma é, pelo milagre da voz humana, a quebra das paredes dentro das quais cada um de nós está encerrado. A palavra, na poesia, é um pouco de voz humana fundida em bronze – mas é voz humana.

As por vezes bonitas combinações de palavras dos concretistas não têm maneira de comunicar nada porque pretendem quebrar o fio que liga a palavra à voz. Tira-lhes a inflexão, tira-lhes o ritmo, tira-lhes a música (no mais lato sentido que cada uma destas palavras possa ter). E tudo isto, segundo dizem, porque se tinham esgotado as possibilidades de expressão da poesia anterior ao concretismo. É como se, para resolvermos o problema da falta d'água, decidíssemos tomar banho em pedra, ou beber areia...

Desde o princípio da poesia, as suas crises e os seus desvios, as suas recusas e as suas falsificações resultaram sempre da repetição duma forma, que deixara de ter uma voz humana atrás de si. A voz que passavam a "fingir" deixara de ter vida, porque nada pulsava nela, nem nenhum coração, nem nenhum sexo, nem nenhuma raiva. E de cada vez, a voz humana restabeleceu o domínio da situação. E se a poesia acabar é porque os homens acabaram. Se é isso o que os concretistas querem dizer, se se demitem da humanidade, é uma responsabilidade que assumem por sua conta e risco. Se não têm nada mais para dizer, confessam que nada mais têm para dizer. Mas não digam que só pode haver poesia com um xadrez de palavras mortas. Digam então que há um xadrez de palavras mortas, que gostam de jogar xadrez, e que ninguém tem nada com isso. Então passaremos a não ter nada com isso, o que é precisamente o mais ardente desejo de muita gente, entre a qual peço licença para fazer a minha inscrição.

Poesia e literatura portuguesas

Tentativa de síntese da poesia portuguesa[1]

"A melhor poesia contemporânea faz-nos sentir uma excitação, satisfaz o nosso espírito duma forma que difere de qualquer sentimento provocado mesmo por poesia muito superior duma era passada", escreveu T.S. Eliot num dos seus ensaios mais famosos. E como Eliot não pode ser tido de forma alguma como um inimigo do passado e da tradição, tais palavras valem mais na sua boca do que valeriam na dum apologista do "moderno", da qual se teria como mais que natural que saísse uma distinção deste gênero.

Eliot não pretende, com efeito, diminuir a poesia do passado; mas reconhece – e há nesse reconhecimento um elemento de importância capital para a compreensão da poesia, antiga e moderna – a existência na poesia nossa contemporânea de um valor próprio, devido precisamente a ela ser contemporânea; valor que será, portanto, o resultado duma particular relação entre nós e aquilo que nos exprime como homens duma

---

1   *Revista do Livro*, Rio de Janeiro, (1/2): 35-41, jun. 1956. (N. O.)

certa época; valor, digamos assim, independente do "valor" intrínseco que cada obra possa ter – desse valor intrínseco à luz do qual julgamos a poesia do passado, com a qual não temos já essa particular relação… de consanguinidade.

Será um valor "subjetivo"? Seria fácil demais afirmá-lo. A palavra "subjetivo" é, realmente, o elemento mais subjetivo que podemos usar… Eliot parece admitir que qualquer coisa "morre" nas obras de arte, sem que isso vá diminuir o seu valor. Sem querer tirar da sua ideia mais do que ela contém, direi, à minha própria responsabilidade, que a frase de Eliot só pode ter sentido quando nos resignamos a admitir que há uma vida da obra literária, e que ela não permanece sempre a mesma. Critério que escandalizará o adepto da atitude idealista, que crê numa beleza eterna e absoluta – e não nos deixa outra alternativa; critério ao qual não me parece que devamos opor o duma pura relatividade, mas antes a compreensão do caráter vivo e, portanto, evolutivo, das obras, e sua forçosa relação com a própria evolução dos homens. Isto significará que o Homero dos gregos, o Homero dos clássicos quinhentistas e o Homero dos nossos dias não são "um só". E isto não devia ser escandaloso para quem leia, de Homero ou de qualquer grande escritor de outrora, as traduções feitas em diversas épocas.

Não me recordei da frase de Eliot senão porque as considerações que seguem, sobre a poesia portuguesa contemporânea, implicam um critério de contemporaneidade que exige explicação prévia; explicação que, precisamente, não está no texto de Eliot, mas cuja compreensão ele pode facilitar. O leitor não achará, espero, presunção de minha parte, se lhe declarar que já pensava o mesmo que Eliot quando vim a ler o seu ensaio "Tradition and individual talent", de onde extraí aquela citação. E vali-me dela porque pode ajudar algum leitor que, muito justificadamente, se fie mais de Eliot do que do autor destas linhas, a admitir os meus pontos de vista.

Eliot não diz, nem tinha que dizer, quais os limites da condição de contemporâneo. Ora, em literatura, fala-se muito em precursores de cada época, o que nos põe ante este problema: os precursores são contemporâneos nossos, ou daqueles em cuja época viveram? E eis o que só

TENTATIVA DE SÍNTESE DA POESIA PORTUGUESA   POESIA E LITERATURA...   205

podemos responder depois de ter optado por um ponto de vista entre os vários possíveis; posto de parte o mais elementar, que me parece ser o etimológico, temos que decidir se os precursores o são porque "adivinharam" a sensibilidade duma época por vir, ou se foi esta época que, quando veio, ganhou deles um certo espírito que tornou seu, e que nela tomou proporções de relevo.

A decisão é tudo, menos fácil. Rousseau já era romântico, ou foram os românticos que receberam de Rousseau certa forma típica de interpretar a natureza e encarar o homem e a vida? A única solução viável é, talvez, supor de preferência à uma ou outra das hipóteses, que tudo se liga, de geração em geração, e que não há, para época nenhuma, um código absoluto nem caracteres intransmissíveis. O precursor seria, portanto, aquele escritor que, entre os seus contemporâneos, apresenta as características mais vivas, mais suscetíveis de serem exploradas, e, portanto, de reviverem mais tarde como características fundamentais da época seguinte. Para o que – e é a razão deste longo exórdio – me parece haver uma prova (se é que em matéria de crítica se pode falar em provas...) no panorama da poesia portuguesa moderna, através das diversas gerações que nela podemos distinguir.

Não posso pôr em dúvida que a "minha" contemporaneidade começa com Fernando Pessoa e Mário de Sá-Carneiro. E, todavia, eles eram contemporâneos (à letra) daquele grupo de escritores com o qual não posso sentir a menor contemporaneidade: os "nacionalistas" Malheiro Dias e Correia de Oliveira, Afonso Lopes Vieira e Antero de Figueiredo, Alberto de Oliveira e Agostinho de Campos etc. etc. O seu tempo os ignorou, enquanto apreciava estes, e longos anos passaram, antes que a minha geração, alcançando a maioridade, os descobrisse, e fizesse deles os ídolos de sua juventude. É certo que o fato de nenhum destes autores poder emparelhar em valor com Fernando Pessoa, Mário de Sá-Carneiro ou Almada Negreiros poderia ser alegado para justificar a atração por estes exercida, e a indiferença ou, pelo menos, a reduzida atenção concedida aos outros pela minha geração – isto para os que nasceram, em média, nos dez primeiros anos deste século. Mas isso, se Eliot tem razão, poderia não ser motivo para desvalorizar a geração "nacionalista"; e realmente, não os sentíamos nossos contemporâneos.

Que lhes faltava talvez – valer-me-ei novamente de Eliot – essa "fidelidade ao meio em que vive", que dá como imprescindível ao poeta autêntico e superior. Observação que justifica assim: "É dos sons que ele ouviu que deve fazer a sua melodia a sua harmonia". O que toma em conta um elemento demasiadas vezes esquecido quando se trata de poetas, e que mais uma vez põe diante do nosso espírito o caráter particular da afinidade específica que sentimos com os poetas nossos contemporâneos. A linguagem comum identifica-nos com eles, as palavras, vivas na nossa expressão quotidiana, aproximam-nos deles, permitem uma intimidade impossível com o poeta que fala a linguagem de outra época.

Precisamente essa geração "nacionalista" remava contra a corrente do tempo; optara por um Portugal idílico, ou então fixava-se em qualquer época do passado, preferindo reviver a viver; e não foi sem motivo que se pretendeu fazer de Antonio Correia de Oliveira o "poeta do Estado Novo", pois que, cantando o passado, as aldeias adormecidas, os encantos da vida rural (vistos de fora), ele correspondia exatamente ao ideal estadonovista do "regresso à tradição". Era, portanto, natural que essa geração falasse muito pouco a linguagem do seu tempo, e que faltassem ao seu vocabulário "os sons que teriam ouvido"...

A busca da expressão do "moderno" é uma das aspirações que marcam profundamente a geração de Pessoa e Sá-Carneiro – a geração do *Orpheu* – e, cerca de dez anos mais tarde, a da *Presença*. Mas erro será – e foi-o de muitos, nem sempre por boa fé – não compreender tal fenômeno como necessidade, e ver nele, pelo contrário, uma escolha deliberada e polêmica, uma reação meramente negativa contra o passado. É, pelo contrário, indispensável compreender que está em jogo a consciência do presente como novo, mas essencial valor da poesia, desse momento em diante. Ao afirmar-se moderno, o poeta não pretende fazer concorrência ao noticiarista dos jornais, mas manifesta implicitamente que a sua estética revogou os princípios clássicos e românticos, platônicos ou aristotélicos; quer dizer, a poesia já não é para ele o talento de exprimir uma individualidade, uma originalidade, segundo normas de fatura válidas *ad aeternum*; ele sabe que à poesia importa agora exprimir uma troca entre o poeta e o mundo, uma interpenetração em que se exprima essa consciência do presente. A poesia moderna podia definir-se: aquela que surge após a morte dos deuses.

Se "modernismo" é expressão incompleta e suscetível de nos induzir em equívoco (sempre surge um rótulo, este acaba por ser tido como a própria definição ou síntese do movimento que designa), é, todavia, menos errada ou imprópria do que muitas outras, quando se entenda por que foi ela tão usada, e mesmo como bandeira. O seu sentido polêmico diz muito; e, além de outras coisas, significa que entre a 1ª e a 2ª guerras mundiais, a poesia se revalorizou como elemento de luta contra a realidade, como afirmação de vida num panorama de conformismo, como derradeiro reduto da liberdade e da dignidade humanas perante o crescente cerco de asfixia social.

Isto, que formulo em termos gerais, assume as mais diversas formas, e por isso mesmo procurei generalizar ao máximo, já que, nesta revalorização do homem pela literatura, se englobam, nos últimos quarenta anos (o *Orpheu* é de 1915), as tentativas aparentemente mais díspares e até, sob certo ponto de vista, antagônicas. Se a "revolução" de 1915, com sua agressão súbita, dá a ilusão de ser, acima de tudo, uma reivindicação anárquica de liberdade de "ação poética", já a renovação de 1927, com a *Presença* – até pelo fato de, com ela, a agressão se transformar em crítica – revela, mesmo aos olhos de quem não entenda completamente a sua ação, um objetivo declaradamente humanístico; e embora não se descortine nela um pensamento uno, é evidente que a sua valorização do humano tende para uma solução da crise do homem e da sociedade que não pode ser, como fora para a geração do *Orpheu*, a fuga à realidade.

O movimento para a "humanização" que se descortina na evolução da poesia nestes últimos quarenta anos está longe de ser evidente para toda a crítica portuguesa. Quantos não estão ainda a só vislumbrar nesse período uma série de sucessivas oposições! É que o sentido do "humano" se vai deslocando, e assumindo uma diversidade de encarnações tal que, em nome de um certo conceito de homem, uma geração pode chegar ao ponto de considerar "desumanizada" a que a precedeu, como é o caso do grupo do *Novo Cancioneiro* em relação à *Presença*. Por isso muitos não deixarão de perguntar, ante tais divergências, como pode existir um nexo real que justifique a afirmação da unidade fundamental que acabo de fazer.

Evidentemente que, se encarasse aqui a poesia em função do que os poetas pensaram sobre ela, os outros por eles, a resenha das sucessivas interpretações faria predominar, sem dúvida, os contrastes sobre a unidade. Mas a verdade é que me refiro à poesia, e não às deduções que se tenham feito a partir dela. E a obra dos poetas fala uma linguagem muito diferente da que temos ouvido a quase todos os críticos, a ensaístas e historiadores (pois já temos historiadores do contemporâneo...). Esquece-se em geral até que ponto a criação poética segue um processo distinto do romance, do teatro, da literatura de ideias. Esquece-se que, feita em estilhaços a estética clássica, o vocabulário da crítica tem que se adaptar às novas relações estabelecidas entre o mundo e o poeta, e pôr de parte o arsenal intelectualista e idealista onde continua a fornecer-se.

Antes de mais nada, repare-se quanto é significativa a ligação que se estabelece entre os "precursores": Gomes Leal, Antonio Nobre, Cesário Verde, sobretudo, e a poesia contemporânea. Por que continuam vivos esses poetas? Só os fantasmas do passado podem ainda hesitar sem querem ver que, postos lado a lado, Junqueiro e Gomes Leal, Eugênio de Castro e Antonio Nobre, Gonçalves Crespo e Cesário Verde em cada par o primeiro é um "morto", e precisamente porque a poesia dos segundos cria novas formas de expressão, não se contentando, nem com a utilização das do passado (Junqueiro e Gonçalvez Crespo) nem com forjá-las artificialmente (Eugênio de Castro). Se por uma parte da sua obra, se ligam ainda à estética aceita pela sua época, outra parte dela aponta já para outros rumos, e por isso mesmo os seus contemporâneos os tomaram como poetas menores, como a Cesário e Nobre, ou desprezaram a parte da sua obra que os fez chegar vivos até nós, e é sobretudo o caso de Gomes Leal, grande poeta para muitos, no seu tempo, pelo pior que nos deixou.[2]

---

2   O que não justifica que se tente, como fez Vitorino Nemésio, anular tudo quanto nela é inferior, chegando ao ponto de eliminar versos e estrofes, como fez na sua antologia do poeta. Essa eliminação falsifica uma figura da qual, para escolhermos o melhor, temos não obstante que conhecer o pior, pois aquele, assim, fica sem sentido.

E se de súbito tirarmos os olhos deles e fixarmos a geração do *Orpheu*, não veremos que a morte dos deuses deixou de ser pressentimento que aflora, para se afirmar com a explosiva violência da "Dispersão", da "Ode Marítima", ou da "Cena do Ódio"? Os poetas agora já "sabem" que o homem é a medida de todas as coisas, mas o homem cada um deles, e não aquele "Homem", ideal e com maiúscula, da estética clássica – ou da romântica. Se eles e, sobretudo, Fernando Pessoa, como que reconstroem a poesia portuguesa, é por a varrerem de clichês e de hábitos tornados preconceito, para a refazerem a partir não de um ideal, mas da consciência do momento e da situação de cada um.

Até que ponto tiveram ou não consciência disto, é mais que secundário quando se trata, como aqui, de procurar os veios que unificam a nossa poesia contemporânea. Tenham-na forjado ou não, "afirmam" uma nova estética, para a qual não há "modelos", para a qual gêneros literários e normas de qualquer espécie não são elementos válidos por si, visto eles estarem precisamente em vias de lançar as bases da estética correspondente a esse mundo novo do qual são, ao mesmo tempo, criaturas e criadores.

Os sucessivos debates em torno do formalismo e da liberdade de expressão, do subjetivismo e do objetivismo, da poesia social ou não, do individualismo ou não etc. etc. – em suma, todos os debates que, sendo levantados a propósito da poesia, todavia a refletem muito menos a ela do que a ideias que estão muito mais atrás ou muito à margem do ponto em que ela se encontra, só acidentalmente alteram o seu caminho, e nunca é necessário muito tempo para a vermos recuperar, no regaço do tempo, o seu sonho de eternidade. Porque não é pelo fato de ter ganho consciência do tempo que ela deixa de visar ao eterno; mas a sua característica peculiar é não pedir a valores transcendentes a sua eternização, mas sim à elevação do próprio tempo a valor de eternidade.

Com efeito, se a alguns leitores escapou até agora, porventura, a ligação entre os vários fatores de unidade que tentei deixar claro, será por não terem dado conta de que essa humanização à qual por várias vezes me referi só se pode entender referida ao tempo. As maiúsculas suprimidas, eis um índice desta revisão de valores. Os cânticos ao Homem, à Natureza, à Divindade, ou sequer o apelo a uma Estética absoluta, só por exceção não significativa podem aparecer na poesia dos nossos dias, porque para o tempo e para o instante não há maiúsculas e a partir deles é que o poeta procura reconstruir o universo à sua volta, um universo que seja à medida do homem.

Eis por que a poesia religiosa "autêntica" é sempre, nos nossos dias, heterodoxa. Nada melhor que a poesia dum José Régio para nos revelar quanto isto é verdade; Deus é procurado a partir da situação dramática do homem; será o Deus de Kierkegaard, mas nunca o de Bossuet. Deus também terá que ser recriado, tal qual o novo homem em formação. Os Antonio Correia de Oliveira são uma sobrevivência de outra idade, e em total divórcio com o que podem ser os problemas de uma consciência religiosa dos nossos dias.

Da mesma forma que o *Novo Cancioneiro*, com a sua tentativa para criar uma poesia atuante, intérprete das reivindicações proletárias (ou antes: das que os burgueses divorciados dos interesses da sua classe faziam "em nome" do proletariado), isto é, para intervir diretamente na construção do presente, se verificou incapaz de promover o aparecimento de uma obra poética verdadeiramente significativa, assim também, mais recentemente, as tentativas para estruturar um movimento surrealista se revelaram, para a poesia, totalmente malogradas.

Desde 1915, quando o *Orpheu* agitou o atônito pequeno mundo literário do país com a "subversão de todos os valores" que parecia representar, a poesia portuguesa iniciou um movimento cuja curva não se interrompe, malgrado as aparências em contrário. Pois, se a *Presença* lhe deu uma inflexão crítica e reflexiva alheia ao *Orpheu*, se o *Novo Cancioneiro* introduziu o interesse pelo problema social, procurando realizar uma participação da poesia na luta contra a sociedade capitalista; se o grupo dos *Cadernos de Poesia* se caracterizou pela reflexão introspectiva, religiosa ou laica – não é menos certo que o arco por estes movimentos descrito nos mostra em todos estes aspectos, como nota fundamental, o contínuo repúdio do formalismo esteticista, do culto da palavra pela palavra, da transformação da poesia, quer numa tradução do que já foi expresso ou pode ser expresso sob outra forma (literária ou não) quer numa transfiguração idealizadora, que substitui a experiência concreta qualquer forma de idealização sem base na realidade.

É a divergência sobre o "critério de realidade" que esconde a grande parte da crítica, o caráter profundamente humanista de toda a nossa poesia desde o *Orpheu* aos nossos dias. Critério de realidade que, quando adaptado aos da economia, ou da política, ou da metafísica (seja ela qual for), nunca deixa de ser o critério de realidade delas, e não passa automaticamente a ser o da poesia. Social ou introspectiva é a experiência humana que conta fundamentalmente, e é quando a exprime tanto em Pessoa, como em José Régio, como em José Gomes Ferreira, como em Jorge de Sena, que a nossa poesia contemporânea manifesta uma unidade mais funda do que o deixam fazer supor as variações de superfície.

Não importa – como muito erradamente o supuseram alguns críticos[3] – que Fernando Pessoa tenha deixado a vida "com as tripas todas à mostra", como um desses críticos disse, lamentando que a sua obra não fosse construtiva; importa, sim, que ele tenha precisamente varrido as ilusões idealistas, e nos mais diversos planos, inclusive no político,[4] pondo a nu "um" homem de carne e osso, por mais diferente que cada um de nós seja desse homem, pois o que importa é a sua nudez, espelho de autenticidade, raiz de toda a poesia autêntica. E é muito significativo que Pessoa tenha permanecido (paciência se a crítica "neorrealista", e que se supõe marxista, não o soube ver) até hoje a figura central de nossa poesia contemporânea e que a sua influência seja visível mesmo nos poetas que procuraram – pelo menos nos que procuraram a sério... – pôr a poesia ao serviço da revolução. É que a poesia de Pessoa é realmente uma poesia do homem contemporâneo, mesmo na sua invenção de poetas imaginários tendo cada um sua experiência diversa da natureza e do homem, característica da "dispersão" sofrida perante o cemitério de deuses que a nossa idade contemplou ao abrir os olhos – e para a poesia portuguesa, abriu-os com Fernando Pessoa.

---

3 Veja-se o apêndice ao meu ensaio "Fernando Pessoa, o insincero verídico", na edição do mesmo, publicada em Portugal pela Editorial Inquérito.

4 Ver, por exemplo, o "Ultimatum" (1917), do qual João Gaspar Simões publica largos extratos em *Vida e Obra de Fernando Pessoa*.

A literatura portuguesa no Brasil[1]

Entre Brasil e Portugal não são poucas as incompreensões, algumas profundas e talvez incuráveis. Nem todas são aparentes, todavia, e receio bem que o tema deste artigo se afigure fantasmagórico a muitos que sempre viram "de fora", e à luz dos salamaleques oficiais, uma realidade complexa como é a indicada no título.

Suponho-me isento do dogmatismo cultural que quase sempre tem impedido a discussão do problema em termos de realidade. Os clichês predominantes aqui e em Portugal fazem com que antes de se apreciar o problema ele já esteja deformado pela ideia que cada um tem do que Portugal deve significar para o Brasil. A minha dupla condição de escritor português e de cidadão brasileiro não é talvez garantia dessa isenção, mas atrevo-me a afirmar que assumo uma e outra com plena consciência de ambas caberem perfeitamente dentro de mim. E esta declaração já implica a minha convicção de não haver nenhuma incompatibilidade na

---

1   *O Tempo e o Modo no Brasil*, Lisboa, (n. esp.): 8-11, 1966. (N. O.)

raiz das incompreensões acima referidas. Simplesmente, há muita gente interessada em cultivar os fantasmas.

Nesta matéria o tratamento de choque parece-me necessário para colocar desde logo a questão fora da atmosfera de punhos de renda em que costuma andar envolvida. A verdade pode resumir-se em três itens perfeitamente definidos: A literatura portuguesa é: 1) para a maior parte dos brasileiros, desconhecida; 2) para uma parte da sua elite, mal conhecida, sobretudo quanto ao tempo, situação histórica e significação cultural de obras e autores; e 3) para uma muito pequena parte dessa elite, recrutando-se quase só entre escritores e professores, conhecida e amada mas, sobretudo, através de algumas figuras isoladas. Esqueço, deliberadamente, a existência de um reduzidíssimo setor que odeia a literatura portuguesa, na medida em que essa aparece, à sua visão deformadora (e reclamando uma boa psicanálise), como um obstáculo ao reconhecimento da autonomia da literatura brasileira.

A suposição de que no passado "não era assim" é saudosismo sem sentido. A situação presente não tem medida comum com nenhum passado: a relação existente, e a desejável melhora dela, nada tem a ganhar com paralelos que seriam, afinal, entre outras duas realidades. Aquilo que a literatura portuguesa representou para o Brasil não poderia ser – e só uma inocência que roça pela insensatez poderia desejar que fosse – um modelo a reproduzir. Quando o Brasil era um prolongamento político e cultural de Portugal, e quando, mais tarde, a própria escassez numérica da elite, e a ausência duma "realidade cultural" brasileira, ainda mantinham a literatura portuguesa como elemento básico e insubstituível de uma cultura e educação superiores, a relação punha-se em termos que não tem medida comum com o que nos oferece o presente. Ora, entre esta segunda fase que acabo de referir, que é a duma independência política ainda carente de consciência social devidamente estruturada, e a atual, situa-se uma crise. E é uma crise que não teve como cenário apenas o Brasil, mas Portugal também.

Com efeito, se há quem deva penitenciar-se pela situação que se criou é Portugal: Portugal que, salvo, através de muito poucos de seus homens representativos, e sem qualquer ação eficaz que refletisse tais atitudes compreensivas, nada fez para que a literatura portuguesa pudesse manter no Brasil a posição de coisa viva. Porque, se o nativismo se manifestou no Brasil como reação cega e indiscriminada, a verdade é que em Portugal não se compreendeu que o Brasil estava entrando na maioridade cultural, e que não se tratava de trocar desaforos, mas de fazer alguma coisa para que não se criasse a ideia de que a literatura portuguesa era "uma coisa do passado", que tinha acabado com Eça de Queiroz.

E a verdade é que tudo contribuía para este mito se constituir em convicção arraigada. Depois de 1900, que podia a literatura portuguesa oferecer como realidade dinâmica capaz de impor a sua presença num Brasil em via de afirmar a sua própria existência, e demasiado pronto, como era natural, a considerar peremptos valores que continuavam pesando sobre ele como uma das formas de um passado forçosamente odioso? A regressão cultural representada pelo passadismo dos neogarretistas, dos pseudossimbolistas, da poesia "à moda do Minho" dos Correia de Oliveira, quando não pelos dessorados ecos dum naturalismo ou dum realismo sem nervo nem estilo, não era, evidentemente, um "valor" capaz de contribuir para a literatura portuguesa poder contrabalançar a "ideia" de que, "agora", viva seria a literatura do Brasil, e não um "passado" que já dera o que tinha a dar.

Ora, para completar o descanso português e o ufanismo brasileiro aconteceu que, ao organizar-se aqui o ensino superior de Letras (o que data, é bom não esquecer, de há poucas dezenas de anos), Portugal só contribuiu para ele ao sabor do acaso, e mais concretamente: pelos azares da emigração, sobretudo – e, diga-se de passagem, pelo que diz respeito aos últimos 40 anos: ainda bem que só graças a tais azares. E o Brasil não podia compensar, com especialistas seus, a carência de especialistas portugueses nesta matéria – como em todo o campo das Letras, dependendo então, como é evidente, de elementos estrangeiros. Dada a geral ignorância que existe em Portugal acerca do Brasil, talvez se ignore que o núcleo inicial da Faculdade de Filosofia e Letras de S. Paulo criada em 1934 foi constituído por professores franceses, quase todos do mais alto nível – e ainda bem que aí o nativismo não impediu fazer-se o que devia ser feito para bem do Brasil.

Haveria muito a dizer sobre o assunto deste artigo pelo que diz respeito ao campo universitário. Mas não seria neste que poderia encontrar solução o problema aqui estudado. Embora certas cadeiras de literatura portuguesa sejam excelente instrumento da sua expansão, não deve porém esquecer-se que, num plano mais geral, o problema da expansão da literatura portuguesa apresenta os seus problemas mais intrincados. Isto é, quanto ao público leitor em geral. Porque aqui tudo se combina para lhe dar uma situação inteiramente desfavorável. O mal começa na dificuldade de a comprar, continua na suposição conhecida sobre a sua "dificuldade", agrava-se com a quase total ausência de crítica – tudo o que é complementado pelo fato de não nos vir de Portugal qualquer espécie de substituto para o que aqui está faltando. O que vem, escusado seria dizê-lo, só pode ser o que há; e o que se precisaria aqui é exatamente o que não há: publicações *literárias*, de sentido ao mesmo tempo crítico e informativo.

Por motivos que de modo algum quero tratar aqui, sucede que o livro português é raro nas livrarias do Brasil – mesmo nas melhores. E mais do que o livro em geral, é rara a literatura, e em particular a literatura atual. Ora, penso – e sei, por repetidas experiências – que é a literatura do nosso próprio tempo que constitui o melhor instrumento de penetração, quando se trata, no próprio país dela ou no estrangeiro, de a fazer alcançar o público leitor em geral. De modo que, se mesmo os que a procuram não a encontram, pergunto como se pode esperar que a literatura portuguesa seja conhecida no Brasil. E para admirar é que, das tais circunstâncias, ainda haja quem escreva sobre ela, e quem dela consiga tomar conhecimento. Não é portanto para estranhar que o seu conhecimento quase só seja difundido em nível "especializado", como se se tratasse duma literatura... exótica.

E todavia ainda não é tarde, graças a Fernando Pessoa. Porque, graças a ele, foi anulada aquela já tão arreigada suposição atrás citada, de que a literatura portuguesa tinha acabado com Eça de Queiroz. Não se pode imaginar em Portugal – porque não se revela através da crítica – a extraordinária difusão da poesia de Pessoa no Brasil. Fator de aproximação de extraordinário poder, é porém de notar que com ele é a poesia portuguesa pelo seu valor de universalidade que penetra o público brasileiro, sem qualquer interferência de saudosismo lusitanista, nem tampouco satisfazendo certo inconfessado gosto em contemplar a decadência da sociedade portuguesa, como aconteceu com a admiração por Eça de Queiroz. O fenômeno de "apropriação" que muito frequentemente tenho podido observar talvez não satisfizesse os imperialistas literários, aos quais só contentaria que a literatura portuguesa tivesse aqui uma posição de "domínio", e que não poderiam compreender como é muito mais significativo que Pessoa se tenha imposto, não por ser português, mas por ser um dos grandes poetas do mundo – e, não há dúvida, numa posição preferencial devida à comunidade da língua.

E eis o problema da língua! Não tenhamos ilusões: gentilmente, o brasileiro procura não acentuar (os únicos a fazê-lo são precisamente os que o fazem sob alegações inverídicas) não só a dificuldade que a fala lusitana constitui para ele, mas a que encontra em certo número dos nossos autores. Sob este ponto de vista, aquilo que modernamente tem prejudicado mais a difusão da nossa literatura (além das causas genéricas já enumeradas) é a obra dos nossos escritores regionalistas, e em particular a de Aquilino Ribeiro. E, creio que em parte por isso mesmo, Raul Brandão, sobre o qual nunca nos chegaram, de Portugal, encômios comparáveis aos que se concediam a Aquilino, ganhou apesar disso, no Brasil, uma audiência que este certamente jamais poderá alcançar. Camilo já constituíra, antes de Aquilino, um argumento a favor da suposta ilegibilidade dos autores portugueses – e precisamos compreender que a grande fama que este último teve aqui durante um extenso período não representou de modo algum a sua assimilação como ficcionista, mas um pasmo de mau agouro perante o "prosador". E digo de mau agouro porque contribuiu para que se visse na nossa literatura um objeto de museu em vez de uma realidade viva – e a culpa não é de Camilo.

Com efeito, nós temos que optar entre ver a nossa literatura tida no Brasil como um glorioso passado (quer seja considerado ou não um passado comum) ou como uma presença dinâmica e atuante. E se digo: temos que optar, é por saber que muito se pode fazer para isso de Portugal, pensando-se menos em fazer propaganda do que em tornar possível que se "faça cultura"... ou mais claramente: em não o tornar impossível.

Sena, Supervielle, Antonio Pedro, José Régio

Jorge de Sena:
Antologia dos novíssimos[1]

Em dois artigos anteriores fiz o possível por delinear os traços fundamentais dum retrato da poesia portuguesa de *Orpheu* até o presente, que me foi sugerido pela recente publicação da 3ª Série das *Líricas portuguesas*, volume organizado e prefaciado por Jorge de Sena – antologia que classifiquei como a melhor que até hoje se fez em Portugal. É do próprio trabalho de Jorge de Sena que quero ocupar-me agora, depois de ter dito o que me pareceu essencial para os leitores menos informados sobre a matéria.

É muito difícil encontrar quem saiba dedicar à compreensão da atualidade a mesma escrupulosa atenção que os bons historiadores da literatura dedicam ao passado. Mas, sem exceção, os historiadores da literatura ficam desnorteados diante do atual. Porque não caberia aqui estudá-lo. Já dediquei ao assunto vários artigos, onde creio ter dito tudo quanto me

---

1 Suplemento Literário de *O Estado S. Paulo*, 21 mar. 1959. (N. O.)

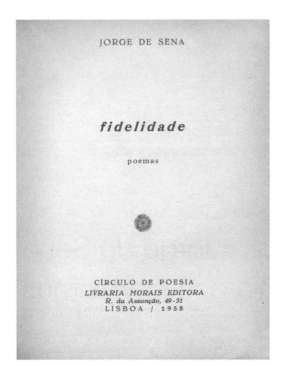

Página de rosto do volume
Fidelidade.

parece necessário para explicar essa incapacidade – sem recorrer a sutilezas psicológicas.

Jorge de Sena não é um historiador, mas um poeta, e um daqueles "menos de 50 anos" representados na antologia. Não está fora, está no próprio centro da evolução que se abalançou a exemplificar; e está "no centro" no mais exato sentido do termo, pois representa, melhor que ninguém, a superação das limitações do *Novo cancioneiro*, e melhor que a de ninguém a sua poesia está isenta das inclinações passadistas que foram, para muitos, a única maneira de reagir perante os novos tempos, e as novas exigências que a evolução das formas e das ideias fazia aos poetas.

Há alguns anos, a poesia de Jorge de Sena poderia ser tida, pelos que só leem de relance, e com uma ideia feita do que vão encontrar, como inteiramente integrada em tendências opostas às da poesia social. Para surpresa de quem assim tenha pensado a sua poesia já não deixa dúvidas (veja-se o seu recente *Fidelidade* – Livraria Morais Editora, Lisboa) de que a sua aproximação ao surrealismo e o muito particular tipo de hermetismo dos seus primeiros livros, não era um caminho de alheamento, mas a forma para ele necessária de realizar uma compenetração de si com o mundo; nunca uma recusa, mas uma apropriação crítica, um exame do homem, uma consciencialização severa da posição humanística dum autêntico cidadão do mundo.

Talvez por isso mesmo, quer dizer, porque se deu nele próprio a maturação de reações ao mundo atual que, na poesia anterior, e até em muita dos seus companheiros de geração, constituem experiências antagônicas e se exprimem em criações extremadas, lhe terá sido possível uma visão tão clara como a que demonstrou o magistral trabalho levado a cabo na seleção, mas também no estudo que a acompanha. As 50 páginas do seu prefácio dizem tanto quanto poderíamos desejar, como apresentação duma fase cuja diversidade das tendências levaria sem dúvida outro selecionador a inclinar-se involuntariamente para uma delas.

Por complexas razões já muitas vezes estudadas, melhor ou pior, a lírica portuguesa revelou-se ao longo dos séculos a melhor forma de expressão daquilo a que (sem grande rigor, porventura) o gênio português – "gênio" tomado aqui evidentemente no sentido de capacidade de criação, a comunicação de alguma coisa subjacente ao indivíduo, comum mesmo quando em expressões diversas e até opostas. A poesia atual não o desmentirá. Uma antologia de qualquer outra forma de expressão não poderia constituir um retrato tão vivo dum povo, como esta é, das suas constantes temáticas e formais, da força com que ele permanece fiel a certos valores, através das mais diversas mutações, e da sua reação perante as transformações do mundo.

Usou Jorge de Sena um método que, até pelas dificuldades materiais de execução, não é comum – se é que já alguma vez foi usado: perguntou a cada um dos poetas que achava dignos de figurar na antologia o que pensavam da sua seleção de nomes e pediu-lhes que contassem os, a seu ver, não dignos de ser escolhidos e acrescentassem quantos lhes parecesse faltar nela. Assim fez para evitar aquela "projeção de si próprios" que, segundo se diz, tão poucos poetas sabem evitar e que altera ou anula neles o "entendimento da experiência alheia". Se tal método não garante, evidentemente, uma objetividade ideal (e por isso mesmo inatingível), não há dúvida de que, devido à diversidade das pessoas, se constitui num verdadeiro e democrático parlamento. Pois não estavam representados nele todas as tendências vivas da nossa poesia?

Desta "eleição" resultou um panorama de impressionante qualidade lírica, e de não menos impressionante significação sociológica. Mas é indispensável pôr em destaque o fator de que esse recurso à opinião alheia apenas fez juntar mais dez aos quarenta poetas já selecionados por Jorge de Sena; quer dizer que a referida consulta redundou numa confirmação do acerto do antologista – a acrescente-se que desses dez poetas, um era ele próprio, que não se incluíra nos quarenta, e teve o voto de todos os seus camaradas: coisa que o leitor maldoso pode supor que se deva ter como adulação, no que estará muito enganado: é Jorge de Sena, com efeito, poeta cuja estatura sobreleva sem favor a todos os que esta antologia compreende. Mas isso não bastaria para justificar o êxito do seu trabalho: este deve ser levado também à conta do valor do crítico que também é, e de valor já antes largamente demonstrado.

Ao contrário dos organizadores das duas outras antologias da série, concedeu Jorge de Sena largas páginas a cada poeta, o que permite ao leitor uma apreciação mais segura do que seria possível com as costumadas pílulas. Honra seja feita ao editor aceitando os riscos implícitos numa antologia que vai às 500 páginas, com nomes que, sendo de vivos, e de poetas, não receberam ainda aquela consagração geral que é o habitual critério dos editores para se atreverem a lançar um autor. Não é isso apenas que deve ser levado a crédito da Portugália Editora: a liberdade concedida ao organizador, permitindo-lhe não seguir outro critério senão o do valor, permitiu a inclusão de obras que devem assarapantar certa gente – a *Cena do ódio* de Almada Negreiros, por exemplo.

Quem não tenha lido o meu artigo anterior estranhará ao ler isto, a presença aqui de um dos poetas do *Orpheu*; mas conforme naquele referi, Jorge de Sena teve a feliz ideia de consagrar uma primeira parte das duas em que a antologia se divide a poetas que Cabral do Nascimento não incluiu na 2ª Série das *Líricas portuguesas*, e cujo valor lhe devia ter imposto a sua inclusão – particularmente, além do citado: Irene Lisboa,

Mário Saa e Saul Dias (não sei realmente se tinha havido mal em excluir daquele um Raul Leal, um Roberto Mesquita e um Jorge Barbosa).

Não é novidade para ninguém que os poetas portugueses de menos de cinquenta anos são inteiramente ignorados no Brasil. Mesmo entre os seus confrades. Se isso acontece com Afonso Duarte, morto há pouco, com mais de setenta anos! Mas isso se deve precisamente à falta de antologias, já que o comércio do livro português no Brasil (ignoro se por culpa de portugueses ou brasileiros) se caracteriza, para o consumidor, pela quase impossibilidade de se obterem livros que não se incluam nas categorias dos dicionários, dos estudos filológicos, dos romances de grande tiragem ou de coleções populares. Não se pode esperar, nestas condições, que poetas de tiragem limitada possam chegar aqui. Acontecem mesmo coisas extraordinárias, como seja ter eu sabido graças ao excelente quadro sinóptico que encerra a antologia que se publicara em 1957 o primeiro volume das *Obras* de Carlos Queiroz...

Líricas portuguesas, 3ª série, constitui a todos os títulos um grande serviço prestado à literatura portuguesa. Evidentemente, os 500 mil poetas portugueses não incluídos devem achar péssimo. Ainda bem.

Jules Supervielle[1]

Pareceu-me ouvir, de longe, aproximei-me:... sim, o rádio acabara de dizer que tinha morrido, em Paris, o poeta Jules Supervielle – pronunciando errado como é frequente, Superville, prova de que esse nome surgia pela primeira vez diante dos olhos do locutor, e nunca antes lhe tocara os ouvidos. Por toda a parte do mundo, e não só no Brasil, muitos locutores terão naquele momento pronunciado o seu nome pela primeira vez. Supervielle nunca foi nome para a fama grandiloquente, porque a sua obra não se presta à celebridade fácil e rápida. E pergunto-me se algum dia alcançará ser tido como um grande poeta pelo "grande público". Pois não é que o noticiário da France Presse lhe chamava "poeta uruguaio"?!

Quando digo rápido, refiro-me à celebridade que se ganha através dos séculos, pois aquela para que uma vida basta teria tido tempo de sobra para chegar, se tivesse de vir – pois o poeta morreu aos 76 anos. E quando digo "grande público" estou talvez divagando, pois quando é que esse conheceu e amou realmente um grande poeta, senão à força do que não era poesia, ou era menos poesia nele? Nem me refiro à ce-

---

1   "Jules Supervielle: na morte do poeta". Suplemento literário de *O Estado de S. Paulo*, 2 jul. 1960; reproduzido em *A palavra essencial* (São Paulo: Nacional/Edusp, 1965).

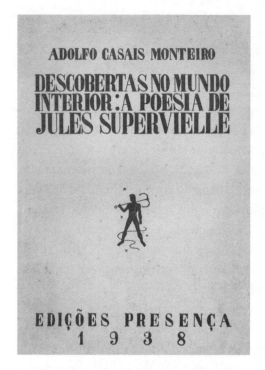

Descobertas no mundo interior: a poesia de Jules Supervielle.

lebridade na França, que Supervielle acabou por obter, graças à última guerra, que tirou a cera de muitos ouvidos (e até Michaux descobriu, este Michaux que se diria ininteligível senão aos mais "exigentes"), mas a que têm, por exemplo, um Aragon ou um Valèry, em qualquer parte do mundo. Isto é, o poder de repercussão, de tocar indiscriminadamente qualquer espécie de leitores. A triste verdade é, porém, não acontecer esta fama mundial, senão por engano, aos grandes poetas. Digam-me lá se Antonio Machado é tão conhecido como Lorca!

Escrevi um livrinho sobre Supervielle, há mais de vinte anos. O poeta de *Gravitations* foi um dos meus deuses. Numa crítica generosa a este trabalho, Lúcia Miguel Pereira, que não conhecia os meus versos, supôs que eles seriam da mesma "família", tão bem – dizia ela... – eu entendera o poeta. Mas não era isso. Supervielle trouxe para a poesia algo inteiramente novo. Durante muito tempo mal foi entendido na França, porque essa "nota" inconfundível da sua obra era demasiado diferente do gosto francês. Nesse tempo os franceses achavam (e muitos acham ainda) que Valéry era o grande poeta dessa geração – que é a de Proust, Gide, Claudel. Supervielle foi até muito tarde vítima dessa novidade dos seus versos, que não vale, é claro, por ser novidade. Mas por ser uma expressão profundamente original duma intimidade com as coisas cujo caráter não se elucida num artigo, e por isso mesmo precisei de algumas dezenas de páginas para o tentar. Supervielle foi um poeta cósmico sem grandiloquência – digamos, o anti-Victor Hugo. Parece absurdo? Precisamente, aí está o segredo da sua poesia. Ele soube falar intimamente, confidencialmente, da pedra, do planeta, do corpo do homem, de Deus, das esferas, sem retórica. Digamos que pôs tudo à medida do homem, sem isto significar que tornou tudo pequeno – pelo contrário! Foi esse contraste da sua voz confidencial, do seu murmúrio, com a profundeza de visão, ter sabido falar quotidianamente do transcendente, fazer-nos penetrar com ele na vida universal, no que, na língua da física, se chama o macrocosmo e o microcosmo, assim como por Deus ou uma vaca a falar, e não ser ridículo, mas profundamente comovedor e "verdadeiro" – foi essa conquista de insuspeitadas regiões da poesia que tornou difícil a sua aceitação, e que precisamente dará à sua obra um lugar cada vez maior entre a dos grandes poetas franceses.

Supervielle convocou à sua volta o universo inteiro, o universo sem voz das coisas, da vida interior, do mineral, dos fantasmas. Mas não é um universo de sombras, nem de trevas, nem de pavor; eis aí uma parte do segredo; é um universo de amor. "Pierre, obscure compagnie" diz um dos seus mais belos poemas (em *Le forçat innocent*, talvez o ponto mais alto da sua obra) – e o seu apelo às coisas animadas e inanimadas, reais e irreais, enche os seus livros dum frêmito de presenças amigas em que o homem redescobre alma por alma, coisa por coisa, uma realidade que está tão longe do convencional "espírito" como do convencional "corpo". E por isso mesmo é tão difícil falar da sua poesia sem o trair, sem a trair.

Gabriel Bounoure, um dos melhores críticos franceses de poesia, e um dos primeiros a pôr a de Supervielle no seu devido lugar, já em 1931 escrevia que *"Chez Supervielle rien ne rappelle l'intellectualisme ordinaire des poetes français qui atteint sa suprême perfection avec Mallarmé et*

Valéry" (*Marelles sur le Parvis*, p.285).[2] Valéry, esse Mallarmé de trazer por casa (como poeta – pois como "investigador de ideias" é do melhor que jamais teve a França), deu a muita gente a impressão simultânea de ser inteligente e de gostar de poesia. Foi mais uma porta falsa. Entretanto, como já um dia contei, Supervielle, o mais leal dos confrades, pôs os seus embargos à oposição que eu estabelecera entre ambos, dando-lhe a palma da vitória.

Realmente o operário do verso podia compreensivelmente merecer a Supervielle uma generosa defesa. É que ele era, além de inspirado, operário também. Mas – e aqui a minha discordância – o operário, em Supervielle, tinha a sua oficina nas profundezas de lá onde surge a poesia, enquanto em Valéry o lugar de trabalho era o poder da inteligência... Diferença abissal, e por via dela o poeta Valéry já está morto, enquanto o lugar de Supervielle será cada vez maior.

Escrevi atrás, erroneamente, que Supervielle era da mesma geração que Proust, Gide e Claudel. Não é verdade (estes são em média, 15 anos mais velhos), mas a minha ideia era sugerir a contemporaneidade real do triunfo da sua obra, que se pode identificar com a convergência de diversas gerações nas páginas da *Nouvelle Revue Française* e respectivas edições. E não é evidente que muita coisa lhes é comum? Em conjunto, e não obstante a extrema diversidade, eles todos se opõem à mesma literatura: ao naturalismo e seus derivados de Zola a Bourget, ao nacionalismo da "Action Française", à confusão do *boulevard* com literatura autêntica.

Mas Supervielle é já um momento mais avançado, paredes meias do surrealismo, do qual todavia sempre o afastou aquilo mesmo que o levava a defender Valéry, isto é, o seu essencial apego à precisão, à nitidez, o seu repúdio à expressão sem controle da razão, não obstante o irracional ser ingrediente fundamental da sua poesia. O que nada tem de extraordinário: as nossas comuns distinções entre racional e irracional, ótimas para iniciar qualquer arrumação de ideias, tornam-se péssimas sempre que se pretende tomá-las como expressão duma definitiva incompatibilidade.

---

2 Do francês: "Supervielle em nada lembra o intelectualismo comum dos poetas franceses que esperam sua suprema perfeição com Mallarmé e Valéry". (N. E.)

Quem penetre no universo de Supervielle não tarda com efeito a dar-se conta de que a sua poesia é extremamente "inteligente"; mas não tem nada de intelectualista, e nunca se poderia chamar-lhe "poeta do conhecimento", como muito se chamou, com pelo menos uma parte de razão, a Valéry. Supervielle é, na essência, um poeta eminentemente sensível a todos os sinais com que o universo (macro ou micro) responde à inquietação do homem. Mas a familiaridade com tudo quanto é normalmente tido como alheio à vida interior do homem, o seu dom para humanizar a natureza, para "inventar" a voz de tudo quanto existe, tem a discrição duma permanente interrogação, e nunca pretendeu fazer-se sistema. E com isso a sua voz discreta, o timbre abafado dos seus versos, a "exatidão" da palavra, fazem dele um poeta inteiramente diferente de qualquer outro que o tenha precedido, e mais difícil de descobrir pela total ausência de retórica.

Nas páginas admiráveis do livro póstumo *Poésie de la présence*, dedicadas ao poeta da *Fable du monde*, Albert Béguin escreve que Supervielle,

> mais do qualquer outro poeta atual e em oposição à maior parte deles, subordina tudo, vocabulário, invenção sintática, pormenores prosódicos, qualidade da rima ou da assonância, escolha do ímpar ou do verso livre – e até a pontuação, tão irregularmente distribuída – a uma procura que domina tudo o mais: a procura duma certa continuidade melódica. (p.297-8)

Foi essa melodia que tentei captar no meu estudo há vinte anos; essa música que lhe é própria, o rosto verdadeiro dos grandes poetas, e o próprio sinal da vida duradoura dos seus versos; a sua verdade essencial, a sua intraduzível mas comunicável carta para todos os homens.

Antonio Pedro, o animador da vanguarda[1]

Há diversas maneiras de se falar de Antonio Pedro, todas elas legítimas; e todas elas seriam simultaneamente de adotar para se lhe prestar justiça. Mas isso exigiria um longo estudo que alguém, espero, não deixará de escrever. A verdade é que nenhuma maneira de ser o satisfez jamais – ele nunca seria um acomodado, quer na vida quotidiana, quer na pública, quer ainda (ou sobretudo?) na vida criadora. As multímodas procuras que constituem seu retrato inteiro, as quais, reconheço, podem ter sido desorientadoras para muitos, são, todavia, a sua imagem essencial, pode dizer-se: o retrato dos retratos todos, o seu corpo inteiro.

Para fazer ganhar à sua época o sentido de tantas coisas, perdeu ele próprio, ele, pessoa viva, a sua vida, deixando-a aos pedaços através de experiências que sempre acabavam por se revelar insuficientes, e que se lhe tornavam alheias quando para os outros ainda eram o caminho válido, talvez único. E assim, ele foi, em muitas coisas, o homem necessário,

---

1   Suplemento Literário de *O Estado de S. Paulo*, 26 nov. 1966. (N. O.)

Autorretrato de Antonio Pedro, apresentado na mostra realizada em São Paulo em 1941.

mas sempre, em última análise, solitário. Aparentemente, nada o teria impedido de se fixar num dos muitos caminhos que tentou, e ao longo de cada um dos quais ele poderia ter chegado a criar a "obra" definitiva que dele havia o direito de esperar – se ele quisesse "criar uma obra".

Por não o querer ele foi essencialmente o animador da vanguarda, e é deste Antonio Pedro que, sobretudo, pretendo falar agora. Talvez por não ter sido isso o que mais nos aproximou, sinto-me, quando ainda não consegui aceitar a ideia de ele ter desaparecido, mais à vontade para recordar a figura do primeiro surrealista português, que o foi sem dúvida possível, pelo menos quando se entenda surrealismo como movimento – pois que, se quisermos considerá-lo como atitude individual apenas, Almada Negreiros foi sem dúvida que, sobretudo na sua prosa e pelo menos desde 1915, trouxe para nossa literatura uma linguagem *surréelle*.

Como Almada, aliás, também Antonio Pedro se exprimiu igualmente como artista plástico e verbal – e ambos, a este último título, usaram da prosa e da poesia como expressões "poéticas". Mas o surrealismo involuntário e *avant la lettre* de Almada é um dos aspectos de sua genialidade inventiva; o surrealismo de Antonio Pedro, amigo de Breton e de tantos artistas "de Paris", é uma expressão de consciência do momento e a procura duma integração. O surrealismo de Almada ignorava a realidade portuguesa; o de Pedro veio a exprimir-se, depois da Segunda Guerra Mundial, através dum movimento em que a reinvindicação imaginativa ia de par com uma "ação política".

Mas vem de muito mais longe a ação do animador da vanguarda. Há um fato cujo sentido creio nunca ter sido posto em relevo e que data de 1930. Nesse ano, fez-se em Lisboa a primeira grande exposição coletiva da arte moderna portuguesa. E, acompanhando-a, foi publicado um *Cancioneiro*, obra de Antonio Pedro, que é uma antologia da poesia moderna, cuja característica mais significativa é ter juntado pela primeira vez os então jovens poetas da *Presença* aos do *Orpheu*. Sendo pela idade da chamada geração da *Presença*, Antonio Pedro estava muito longe de nós – o que se registra aqui apenas para fazer notar que não estava procurando impor o "seu" grupo, mas exercendo já a sua natural função de reunir o que foi feito para ser reunido – como viria a fazer mais tarde e mais visivelmente, não apenas com o surrealismo, mas com a renovação do teatro português, da qual ele foi um dos principais instrumentos, dirigindo e orientando e, acima de tudo, animando.

O leitor sabe que "animar" quer dizer dar alma; a alusão etimológica nunca viria mais a propósito; pois que Antonio Pedro deu realmente sua alma a todos os movimentos nos quais interveio. Seria um desfiar sem fim apontar todas as coisas mais ou menos anônimas que se lhe devem. Pela minha parte, como não lembrar a sua dedicação pelo semanário *Mundo literário,* que dirigi em 1946/7? Porque então ele já não era o camarada das letras que em 1930 mal chegara a conhecer: os nossos mundos tinham-se aproximado e, sobretudo depois que regressara de Londres, terminada a guerra, dispersos os presencistas e morta a *Presença*, ele foi sem dúvida o camarada (agora no sentido total da palavra) do qual me sentia mais próximo.

Por um escrúpulo talvez despropositado, não queria falar de mim; mas isto é um testemunho que precisa ser também sobre o amigo morto – e como iria pôr-me fora do quadro? Na verdade, apesar de nossas profundas diferenças – ou quem sabe, graças a isto mesmo? – e mesmo permanecendo meu caminho muito afastado do seu, nenhuma amizade me foi mais preciosa nessa época, que é precisamente a da formação do grupo surrealista, e daquela dedicação ao teatro que foi talvez a mais persistente das suas atividades. Mas o que na realidade nos aproximou foi a transformação que nele se vinha dando desde já antes da guerra. Do Pedro recém-chegado de Paris, pouco antes de ela ter início, já não me afastavam as divergências políticas que em 1930 não teriam decerto facilitado a nossa aproximação; Pedro voltava consciente do que estava em jogo. Talvez a Guerra Civil da Espanha tenha sido fundamental para esta modificação; outros que então o conheciam melhor, o poderão dizê--lo. Lembro-me apenas que, ao aceitar ir para Londres durante a guerra, ser locutor na seção portuguesa da BBC, o nacional-sindicalista tinha desaparecido, e era um cidadão do mundo que se preparava para ser, como Jorge de Sena escreveu, "uma das raras vozes livres portuguesas" que se podiam ouvir em Portugal, feito colônia do nazifascismo.

Antonio Pedro descobrira a fronteira entre dois mundos, mas isto não significa que tivesse passado de "esteta" a "militante" – o que não o impediu, porém, de participar sob várias formas em atividades políticas, independentemente da atividade política que era o próprio "exercício" do surrealismo. Política, é claro, fôra já a sua presença na BBC, para mim comovedoramente representada pela radiofonização do meu poema "Europa", mas cuja significação essencial foi essa permanência, anos se-guidos, de uma voz portuguesa que era escutada de lés a lés de Portugal, voz que quando os jornais eram apenas silêncio pode ser aquilo que tentei exprimir na dedicatória do poema referido, quando o publiquei:

> Ao Antonio Pedro
> que foi na hora própria a voz de todos os portugueses que não esquece-
> ram a sua condição de europeus e cidadãos do mundo.

Ora, ainda não foi contada, como seria necessário – espera-se o so-ciólogo interessado e competente para tal – a história do desencontro entre a vanguarda estética e a vanguarda política em Portugal. Só depois dela feita se tornará compreensível que a identificação de ambas, restrita, como a geração da *Presença*, a posições pessoais, só com o surrealismo, depois da Segunda Guerra Mundial, tenha podido tomar o caráter de "movimento". E, neste sentido, a evolução de Antonio Pedro, vindo duma geração anterior, mostra-se particularmente significativa. O "esteta" podia assumir a posição "militante" nos dois planos; infelizmente, levar-me-ia demasiado longe tratar esse assunto com o desenvolvimento requerido. Note-se, pelo menos, que não se trata aqui de um aspecto exterior, mas de uma afirmação de personalidade, que inclui a "aparência". O artista refinado, que dava à sua vida particular e à sua presença pública um cunho de "arte", manteve-se idêntico até o fim. Olho, na contracapa de seu último livro, aquela fotografia de um *gentleman* envelhecendo com dignidade; é claro que não se pode "ler" o artista: isso mesmo é que é ser esteta. Mas a importância que isso possa ter (e a recusa do meio que isso significa) eis o que não se pode tentar dizer em poucas linhas.

Podia dizê-lo talvez a análise de sua obra poética (incluindo a prosa de *Apenas uma narrativa*), culminando com o *Protopoema da Serra de Arga* (1948). Podia dizê-lo o estudo da evolução da sua criação plástica, do dimensionismo, que ele inventou antes da guerra, ao surrealismo. Como, ainda, o sentido que ele dava ao "espetáculo", fundamental na concepção do teatro largamente demonstrada na sua atividade de diretor nos últimos vinte anos. Na verdade, a fusão entre o sonho, a criação e a ação é que, conjuntamente, nos pode mostrar a "figura" de Antonio Pedro da qual cada expressão particular alcançada será sempre um testemunho falhado. E a consciência disso está, ao que suponho, na raiz de sua versatilidade. A múltipla riqueza dos seus dons reclamou dele uma ânsia de expressão "total" que lhe fazia sentir como abortada cada criação "particular". Ânsia de possuir o mundo e, ao mesmo tempo, ânsia de criar a realidade onde lhe fosse possível viver sem se sentir diminuído – e, portanto, insatisfação das expressões estéticas, que não lhe "davam" essa realidade, que não substituíam a vida que lhe faltava para respirar. Ninguém sofreu mais essa contradição que ele, no Portugal de hoje; e o que a sua figura encontrou de incompreensão, pelas imagens fragmentadas que cada um recebia, resultantes dessa mesma realidade mesquinha da sociedade na qual viveu, só virá a ser substituída por uma compreensão total quando os anos passando deixarem ver finalmente a estatura real do grande artista que foi Antonio Pedro, culpado do erro fundamental que foi não ter nascido no Renascimento, mas no século XX, em Portugal.

Em memória de José Régio[1]

Se estou bem informado, um total silêncio por parte da crítica brasileira foi tudo quanto ela houve por conveniente perante a morte de José Régio, isto é, sobre uma das maiores figuras da literatura portuguesa, desde a sua morte a 22 de dezembro do ano passado. E os institutos, as cátedras etc. de literatura portuguesa, nas inúmeras universidades e faculdades de Filosofia deste Estado, e algumas do resto do País? Suponhamos que se manifestaram, na confidência de seus claustros, infelizmente parece que tais claustros estão separados do mundo exterior por altas muralhas, que não deixaram chegar cá fora o eco das suas revistas, anais e boletins. Ah, parece que só havia silêncio para chegar cá fora...

Vai talvez nisso uma parte de amargura pessoal. O amigo de José Régio indigna-se mais que o crítico, habituado aos esquecimentos. Mas vamos a fatos: sugeri há alguns meses que este *Suplemento Literário* reunisse uma série de colaborações de brasileiros sobre o autor de *A velha casa*, ao mesmo tempo que para tal fim pedi a alguns escritores portugueses. Estes tinham, porém, a justificação de já o terem feito, logo

---

1 Suplemento Literário de *O Estado de S. Paulo*, 27 dez. 1970; reproduzido em *O que foi e o que não foi o movimento da Presença* (Lisboa: IN-CM, 1995). (N. O.)

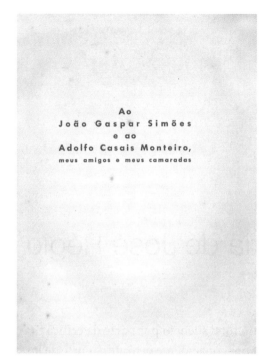

Dedicatória a João Gaspar Simões e Adolfo Casais Monteiro no volume de José Régio *Teatro, primeiro volume* (Porto: Imp. Portuguesa, 1940).

após a morte do escritor – e por isso mesmo cheguei a pensar em pedir autorização para reproduzir os que me pareceram mais capazes de dar ao leitor brasileiro uma perspectiva sobre a obra de Régio. Depois desanimei – e eis por que só neste número do S. L. sai o artigo que Jorge de Sena mandara dos Estados Unidos, que fui guardando à espera da companhia de nossos confrades brasileiros.

A mínima homenagem requerida pela obra de José Régio exigiria, além do belo artigo de Jorge de Sena sobre o seu teatro, pelo menos um sobre o romancista, outro sobre o crítico e o ensaísta, outro sobre o poeta. O que escrevo a seguir não pretende substituí-los, mas apenas dar uma ideia geral sobre a significação da sua obra. Escrevi na parte inicial deste artigo que Régio não era moderno, nem sequer modernista. Foi dito com ironia, mas contém uma parte da verdade, que, todavia, exige esclarecimento, e aliás este será necessário para se compreender como e em que medida o autor de *Jacob e o anjo* foi, de fato, moderno e mesmo modernista. Mas para isso será necessário dar a devida importância ao seu papel na direção colegiada da *Presença* e lembrar escritos seus que ele nunca pensou em reunir.

Nem sempre com má-fé, a função que a *Presença* exerceu nas letras portuguesas durante todo o tempo que durou (1927-1940) tem sido mais vezes desvirtuada do que objetivamente referida. A "lenda" à qual por mais de que uma vez me tenho referido, pretende que aquela revista foi um baluarte da arte pela arte, que os seus deuses eram Proust e Gide (quando não Bergson), e que teria tido como atividade essencial introduzir em Portugal o subjetivismo e o psicologismo; ao leitor que não está a par do assunto, informo que isto não é caricatura: essas costumeiras alegações são muito mais caricaturais do que esse resumo delas. Ora, foi sobretudo a obra e os ocasionais escritos de Régio que foram utilizados para se estabelecer esta imagem da *Presença*. A verdade é que, não tendo a geração do *Orpheu* manifestado mais que muito ocasional ação crítica, a ignorância estava à solta desde os primeiros alvores do movimento moderno; o desdenhoso silêncio de Pessoa, de Sá-Carneiro e dos seus companheiros de 1915, interrompido somente por intervenções mais agressivas do que críticas, deixara por fazer uma campanha de desinfecção pública que, com o passar do tempo, cada vez se mostrava mais necessária. O *Orpheu* procedera agressiva e confidencialmente, desprezara demasiado o meio para tentar agir sobre ele persuasivamente: explodira, sem mais.

Há um hiato entre o *Orpheu* e a *Presença* – não, sem dúvida, no plano da atividade criadora, quando mais não seja porque nesse período é que Pessoa escreve muito do melhor que deixou; mas nenhuma ação efetiva corresponde a essa produção. Entre os papéis de Pessoa têm sido encontrados muitos esboços de artigos que todos ou quase todos seriam para propagandear no estrangeiro um ou outro dos movimentos que nunca existiram senão na cabeça dele, e em algum dos outros, terá pensado numa crítica, num ensaísmo por meio dos quais se procurasse abrir os olhos do público. Deixemos a futuros historiadores esclarecer por que não foi assim com a *Presença* – há sem dúvida mais que uma razão para assim ter sido. Uma delas foi, sem dúvida, que os diretores da *Presença* (à exceção de Branquinho da Fonseca, que foi um dos três diretores da primeira fase) tinham a vocação pedagógica – e Régio mais que qualquer deles. E por isso mesmo a revista se tornaria a bandeira de arte moderna em Portugal, e com uma continuidade nesse empenho renovador que justificadamente lhe ganharia o rancor de toda a espécie de passadistas, ao lado dos quais, sem se darem conta disso, dentro em pouco viriam alinhar os representantes do estalinismo literário, para o qual a *Presença* era, evidentemente, o "baluarte" da arte burguesa, da literatura subjetiva, do psicologismo etc.

Mas não era já – pelo menos para espíritos exigentes – tempos de quaisquer "ismos", na realidade, a adoção do termo modernismo aparece quase como uma concessão, e apenas justificada pela sua referência ao passado; Régio ao enumerar num artigo de 1929 "futuristas, cubistas, dadaístas, expressionistas, ultrarrealistas", não só os envolve a todos na única designação "modernistas", mas acrescenta ainda o corretivo: "todas as espécies de ismos aparecidos e a aparecer – são enquanto escolas estritamente definidas e portanto reduzidas pela sua própria definição restrita, antimodernistas". A *Presença* defendia o modernismo como estado de espírito, por oposição ao passadismo, mas a sua opção era apenas a favor da liberdade de cada um, pelo que se referia ao presente da literatura portuguesa; a defesa do modernismo era uma correção necessária para uma cultura que perdera o pé e se atolara nas margens do passado – mas fora disso, quer dizer, pelo que dizia respeito à criação estética, a *Presença* só reclamava a expressão o mais individual possível de cada artista.

É claro que era difícil de entender para uma crítica e um público passadistas, que a *Presença* não pretendesse ser uma escola. E por isso mesmo ainda hoje o erro persiste, e não só em manuais escolares, com a agravante de se fazer de Régio o... mestre-escola. Mas para isso será necessário esconder que ninguém mais do que ele proclamou nas páginas da *Presença* a importância de autores com os quais nada tinha em comum: era a lista daquilo que Portugal não tinha o direito de ignorar, não eram modelos propostos a letras pátrias. Mas não é fácil fazer justiça a um espírito que aspira a ser justo; é mais fácil confundir o que um crítico faz, no seu empenho de "alfabetização" com o sentido da sua obra propriamente dita.

Ora, a obra de José Régio não possui características "ostensivas" de modernidade. Desde o início, ele não se consente exprimir nada que a sua razão não controle. Muito do que ele ama na arte do século XX é inteiramente oposto aos seus caminhos de criador. Este é, talvez, o ponto mais difícil de considerar, muito mais quando se deseja ser relativamente breve. Talvez seja legítimo pensar que Régio é sobretudo moderno pela temática, muito mais, pelo menos, do que na expressão estética. Além disso, convém não o avaliar em função das audácias do *Orpheu*. Todavia, esta reserva sobre a sua expressão ser mais ou menos moderna que a de outros (menos do que a de Pessoa, com o qual o paralelo me parece inevitável) talvez só possa ser devidamente avaliada depois que se tenha esmiuçado estilisticamente a prosa e a poesia modernista portuguesa, o que está inteiramente por fazer. Afinal, o mais ousado modernista não foi Pessoa, mas Sá-Carneiro, se pensarmos em estilo.

Mas o romance *Jogo da cabra-cega* "foi" na nossa literatura, moderníssimo, como moderníssimo seria, para o teatro, o *Jacob e o anjo*. Mas tais caracteres de modernidade são, em geral, deixados na sombra por força de uma circunstância que poderia não ter se dado: a prioridade na publicação de sua poesia. Os *Poemas de Deus e do Diabo* (1925) são o seu primeiro livro, e é precisamente na poesia que os sinais extrínsecos (digamos assim) de modernismos são menos aparentes. O que neste livro havia de novo eram os problemas, não o estilo, medida e rima, aliás, só podiam parecer um sinal de desatualidade a ouvidos menos atentos e apurados. Por isso mesmo, não tardaria que Agostinho de Campos, o mais conservador dos críticos, "aceitasse" a poesia de Régio a ponto de o classificar como grande poeta, designação que para ele não era uma palavra vã, e o grande prestígio da sua opinião daria a Régio uma audiência que, a essa data, Fernando Pessoa ainda não obtivera (convém não esquecer que o primeiro livro de versos deste, em português, só foi publicado em 1934, a essa altura, dois de Régio, o atrás citado e *Biografia*, já tinham aparecido).

Mas não será o problema de saber da modernidade ou não de Régio a única dificuldade que apresenta a sua obra. Quer se ponha ou não o problema da sua personalidade (o leitor não ignora que uma poderosa corrente da crítica de hoje põe em dúvida que esta importe para avaliação de uma obra literária) a obra de José Régio não é linear, mas um extremamente complicado cruzar de planos e perspectivas.

Não é legítimo isolar o poeta, o dramaturgo, o romancista e o contista (e pergunto-me até que ponto poderíamos mesmo provisoriamente deixar de ter sempre em conta o crítico e o ensaísta). A verdade é que, na moderna literatura portuguesa, é José Régio o único grande escritor cuja obra arquitetural tem um único tema fundamental, mas todas as formas de expressão foram chamadas a procurar exprimi-lo com a mesma multiplicidade e diversidade do real. E por isso mesmo às vezes pode parecer (e nos seus momentos menos felizes, assim acontece) um espetáculo ordenado.

Na sua obra há um histrionismo fundamental: ela é uma representação no sentido teatral do termo; o elemento espontaneidade é dominado pela necessidade de um equilíbrio de valores exigido pela "imagem" de uma harmonia final para a qual tudo nela tende. A sua obra aparece, sob muitos aspectos, demasiado comedida; as suas escolhas demasiado estudadas, por obra de uma prudência que nega a inspiração – porque o abandono à suposta espontaneidade seria privilegiar *uma* das máscaras que a cada momento só podem exprimir um dos momentos da totalidade a que o artista aspira. É, portanto, uma obra supremamente irônica, no mesmo sentido em que o é a de Thomas Mann, isto é, uma obra antirromântica, e nisto vai a sugestão de que Régio é o artista perfeitamente consciente de o ser, e das limitações implícitas; o que implica o esteticismo aparente, exatamente como em Thomas Mann também – a ironia, as máscaras, o histrionismo, "aparecem" como esteticismo quando se está à espera que a obra literária nos forneça efusões passionais em estado puro, quando não a "verdade". O artista consciente sabe que a sua obra é uma imagem de humanidade que se procura e o problema que resta esclarecer é se não será preferível que se suponha espontâneo, pois que ao ter consciência de não ser onisciente está, todavia, intervindo no fenômeno da criação, cujas leis na realidade ignora, como todos nós...

Um artista como Régio tende para um classicismo, portanto; e esta recusa da espontaneidade (recusa note-se bem que é espontânea pois caso contrário ele não seria artista) é, creio, o mais especificamente não modernista em Régio criador, poeta, romancista, dramaturgo, contista. Por isso o problema de como se exprimir é tão importante para ele, como muito bem se pode ver no que escreve sobre Flaubert na "Introdução a uma obra" que na edição das obras completas acompanha os *Poemas de Deus e do Diabo*:

> Oh, Flaubert grande senhor de quem me sentia uma espécie de parente bastardo e pobre! Flaubert foi uma de minhas paixões juvenis. Mas até meus últimos instantes espero amar, admirar, venerar esse incompreendido mestre na arte de fazer viver as palavras e os seres [...] E que nesse profundo artista da palavra, no seu tenso e como sufocado esplendor, não eram fúteis jogos de palavras os que já então se me impunham. Jogos sim, e de palavras, mas graves, poderosos temíveis jogos em que Édipo e a Esfinge se defrontam. Sim, os mundos de sensações, de sentimentos, de sugestões, e ressonâncias, que o Mestre sabia condensar numa frase simultaneamente escultural e musical.

Para Régio, o artista só podia ser aquilo mesmo que se revela na maneira como identifica Flaubert. Mas isso era precisamente o que havia em Portugal de mais novo em sua obra; sobretudo, pelo que diz respeito à sua ficção, a crítica e o público não estavam aptos a entender os "temíveis jogos em que Édipo e a Esfinge se defrontam". Se disse atrás que para nossa literatura o *Jogo da cabra-cega* era moderníssimo, é porque a ficção portuguesa parara em Eça e ignorava um romance psicológico que já no século XIX dera um Henry James (para só referir um representante moderno dele); o de Régio estava para além disso, pois não se enquadra nesta perspectiva, que todavia tem nele um dos pontos de partida, mas que depende mais de Dostoievski e Proust, "espécie" para a qual me será permitido que não procure rótulo. A solução pelo menos para a crítica, foi precisamente achar Régio, em geral, um cultor do "Eu", quer se tratasse do ficcionista ou do poeta, e identificar com a pessoal experiência do autor suas personagens. Não sei se alguém já levou até as necessárias consequências a aplicação desta ideia, pois se defrontaria com a dificuldade de escolha perante as principais personagens de toda a sua obra: *Deus e o Diabo*.

Se "Altos são os juízos de Deus" como diz o povo e se lê em epígrafe ao *Jogo*, não é menos certo ser o Diabo que parece ser personagem tanto do *Jogo* como de *A velha casa*, que em parte retoma temas do primeiro e, neste caso, o próprio nome do personagem. Mas onde o Diabo comparece "efetivamente é onde não passa de personagem sem voz ou presença, na poesia, a qual não julgo deformar dizendo que se lhe aplica perfeitamente a frase célebre de Baudelaire em que se confessa dominado pelas duas postulações simultâneas para Deus e para Satã", o que Régio muito possivelmente lembrou ao escrever o verso famoso do "Cântico Negro" : "Deus e o Diabo é que me guiam, mais ninguém" – nesse "Cântico Negro" do qual em particular acabaria por reconhece e deplorar o tom declamatório, isto depois de o ver demasiado célebre pela insistência de *diseurs* e *diseuses* [declamadores e declamadoras], e preferido pelos seus admiradores a tantos outros poemas que considerava muito mais significativos.

A compreensão e a aceitação da obra de José Régio estão sujeitas, como todas as grandes obras, aos múltiplos equívocos que implicam a tentativa para exprimir o inexprimível. A dificuldade agrava-se no caso dele porque, vindo depois de Pessoa, a uns parece ultrapassado e porque, sendo a sua obra antirromântica, outros a querem reduzir a uma espécie de desforço do eu insatisfeito. E demasiado enredado para uns num sonho que, como ele diz "é só falar de Deus", mas aos olhos dos crentes, sem nunca se entregar no orgulho herético por via do qual "só Deus e eu damos comigo em terra!", tendo sido o mais admirado poeta depois de Pessoa, mas mal, se não totalmente incompreendido como ficcionista e dramaturgo, irritando quase todos pela sua crítica que um ideal ingênuo de objetividade tornava incômodo a gregos e troianos a obra e José Régio terá que esperar, segundo creio, muito tempo, pelos seus verdadeiros leitores, capazes de compreender que a exigência do artista, daquilo que ele aspirou a ser entre todas as coisas, é uma razão mais forte do que as pequenas razões sobre que se especule para saber se ele é cristão ou anticristão, social ou antissocial.

Cultura e política

A demagogia da arte útil[1]

É norma, nas discussões sobre a arte "útil", ter-se como coisa assente que, ao negar-lhe tal capacidade, a intenção do adversário é não querer que ela o seja. Esta confortável posição põe os seus defensores na generosa atitude de bons progressistas, amigos da sociedade, do bem geral etc. e aos seus contraditores como avaros aristocratizantes inimigos dos homens, sem generosidade nem amor do próximo. Sim, porque se pretende fazer servir a arte aos mais altos ideais, às mais elevadas das causas etc. E não é, portanto, inimigo destes quem "não quer" uma finalidade útil para a arte?

Acontece, porém, não ser esse o problema. Enquanto dum lado se clama que a arte deve ser útil, o que se responde do outro é apenas que ela não o pode ser. Sem discutir se deve ou não deve, pois que este problema só pode ter realidade quando alguma coisa se acha em situação de exercer ou não uma função. O "deve", sem o "pode", não tem sentido. Mas, evidentemente, os apóstolos do "deve" acham que "pode"; simplesmente nunca se deram ao trabalho de investigar como as coisas

---

1   Suplemento Literário de *O Estado de S. Paulo*, 13 ago. 1960. (N. O.)

se passam. Supôs-se à arte uma capacidade que não se procurou saber se lhe pertencia efetivamente. Como diz Roger Bastide, "as preocupações normativas misturam-se inexplicavelmente às descrições teóricas, transformando assim um problema de fato numa questão moral" (*Arte y sociedad*, p.189).

É importante reparar que pela porta de tal ideia de utilidade se introduz nas discussões sobre o valor da arte o fermento da intolerância, pois que a admissão de ela dever ser útil traz como inevitável corolário que haverá obras de arte "prejudiciais" – e daqui a pôr-lhe a polícia à porta é um passo apenas... Hitler não se lembrou de proclamar degenerada a arte moderna senão porque se achava em circulação a ideia de que a arte se pode dividir em saudável e degenerada, inventada pela gente das boas intenções, às quais a arte não deve apenas este mau serviço. Não há como um problema malposto para servir à demagogia dos tiranos, que nunca, nem com Hitler, têm coragem de proclamar o Mal, mas falam sempre em nome do Bem e batendo no peito.

O que podemos observar é nada ser tão incerto como esse critério de utilidade. Creio não haver nenhuma obra prejudicial que não tenha acabado por ser ilibada de culpa. Os malefícios que se lhe atribuem desaparecem com a época que foi ofendida pela obra corruptora. Em contrapartida, as obras por uma sociedade determinada reconhecidas como úteis, benéficas, moralizadoras etc. não demoram muito a ser reconhecidas como sensaborias, que a posteridade não tarda a considerar insuficientemente valiosas esteticamente. O que me parece provar serem na realidade as obras "inúteis", "prejudiciais", "imorais", na realidade as únicas verdadeiramente virtuosas, pois possuem essa faculdade suprema de ser amadas por gente de todas as épocas e de todas as nações.

Tenho mantido desde o início uma consciente indeterminação de sentido quanto à palavra útil; viu o leitor que pus lado a lado, e indistintamente, utilidade e virtude. Na realidade, não há distinção, e o critério básico é realmente o utilitário, ao qual se verifica redutível qualquer aplicação à obra de arte de critérios impróprios para o seu julgamento, fundamentados nas "obrigações" que ela teria para com a sociedade. Dizendo sempre "útil", simplifica-se vantajosamente a análise do problema e o desmascaramento de certas hipocrisias "espiritualistas" e as progressistas, seria excusado dizer...

É certo que a defesa da autonomia da criação estética em geral nem sempre é feita em termos suscetíveis de assegurar a melhor compreensão das razões válidas que a justificam. Isto é particularmente sensível quando se admite o falso vocabulário empregado pelos defensores da posição utilitarista. Assim, aceitando defender a "inutilidade", por exemplo, dá-se automaticamente oportunidade à incompreensão, deixando supor que a arte é um produto de luxo, em contraste com os produtos necessários, ou seja, uma superfluidade, uma diversão, um... nada. É na realidade esta posição que serve de alvo aos defensores da utilidade da arte, e como é cômodo destruir o que não existe! – ou que, a existir (pois sempre há alguém pronto a pôr erradamente qualquer problema) nada interessa para o verdadeiro debate.

Evidentemente, não é fácil "provar" que, não sendo inútil, a arte também não é útil! Nada mais difícil do que convencer alguém de que emprega termos sem qualquer conteúdo, e que a discussão é impossível por falta de coisa que se discuta, e não por divergência de opinião. Combatendo uma posição, começamos por dar ao adversário a vantagem de aceitar a luta no seu próprio terreno. Daí até recolocá-lo em termos legítimos vai tão grande distância que muitas vezes a discussão termina antes de ter sido alcançado o âmago do problema. Neste caso, como estabelecer, senão voltando ao princípio, uma formulação inteligível?

Seria necessário, em primeiro lugar, que se estabelecesse qual é a relação que realmente existe entre uma obra de arte e cada um de nós. A suposição utilitarista é essencialmente pedagógica, quer dizer, estabelece *"a priori"* que o homem aprende algo pela leitura ou contemplação da obra de arte, que algo nele penetra que se refletirá sobre o seu comportamento. Mas se a obra de arte existe, se não é o pseudônimo de outra coisa qualquer, só pode ser por algo que exclusivamente a determina – algo ao qual damos, quando mais não seja por comodidade, o nome de "belo", ou melhor, de "belo estético". Então, para se admitir que o belo ensina, temos de admitir também que desensina, pois de outra maneira não seria possível que a obra de arte pudesse ser prejudicial. E chegados a esse ponto achamo-nos perante o dilema: se a obra de arte pode ser imoral, prejudicial etc... é porque há obras de arte... que não são obras de arte, que são... feias, e não belas! E será, portanto, necessário que, para os seus argumentos terem fundamento, os defensores da utilidade da arte provem não que uma obra de arte é prejudicial, mas sim que ela não é obra de arte.

Pois não sendo assim, se mostra que, embora não o digam, os defensores da utilidade da arte a separam de qualquer outra coisa, mas falam desta como se fosse aquela. Eles teriam que provar a feiura das *Flores do mal*, de *Madame Bovary*, do *Ulisses*, de *O amante de lady Chatterley*. Só provando que cada um destes livros não vale nada esteticamente será legítimo considerá-los prejudiciais. Admitindo que são belos, mas imorais, ou prejudiciais, os defensores da moral, do utilitarismo, em suma, do bom comportamento da arte, admitem implicitamente, por muito que lhes pese, a total inanidade do seu ponto de vista.

E isto é o que acontece sempre que se põem falsos problemas. Os defensores da utilidade da arte, e com eles todos os moralistas, esqueceram-se de começar a averiguar que coisa é uma obra de arte. Mas haverá sempre quem diga disparates por não o saber, porque um dos grandes prazeres dos irresponsáveis foi, é e será sempre defender o "bem" sem saber o que seja.

Fernando Pessoa e o preconceito da ordem[1]

Há quase dez anos, Álvaro Bordalo tirou do esquecimento um precioso texto de Pessoa, tão raro que nem a Biblioteca de Lisboa possui o jornal em que foi publicado. "Jornal", não sei se deva dizer; pois do *Eh Real!* somente saiu o primeiro número, precisamente na véspera do movimento revolucionário que ficou conhecido pelo nome de "1º de maio", e também como "ditadura de Pimenta de Castro". Este movimento foi um entre os vários episódios que, desde as "incursões" monárquicas, logo no início da República, e passando por acontecimentos já mais graves como, em 1918, a ditadura de Sidonio Pais e a "Monarquia do Norte", alcançariam a sua plena expressão com a Ditadura Militar estabelecida em 28 de maio de 1926, da qual saiu, como natural remate, o Estado Novo.

Ora, o que há de mais notável no referido escrito de Pessoa, "O Preconceito da Ordem", é ele diagnosticar, com muitos anos de antecipação, um dos mais maléficos vírus de que, sob a égide do Estado Novo, a

---

1 Suplemento Literário de *O Estado de S. Paulo*, 14 jun. 1958. (N. O.)

sociedade portuguesa viria a sofrer a danosa infecção. Assim, o escrito de Pessoa permite-nos verificar a profunda verdade das críticas ao atual regime que nele veem essencialmente, o revide dum espírito reacionário profundamente antidemocrático, e que nem por um instante cessou, durante o breve período da República, de minar as bases do regime.

Um ponto bem curioso mereceria análise, se eu tivesse à mão indicações exatas sobre o início do Integralismo Lusitano, mais exatamente sobre o momento em que teria começado a ser formulada por Antonio Sardinha a sua doutrina, que vem a ser, como é sabido, também um ponto de partida essencial do Estado Novo. O ponto em questão está na filiação, justamente apontada por Fernando Pessoa das ideias sobre a ordem dos neomonárquicos, às de Augusto Comte. Se Pessoa ainda não tinha conhecimento da doutrina integralista (pelo menos não lhe faz a menor referência) tal alusão viria a mostrar como, antes da teorização desta, as implicações do comtismo com as teorias monárquicas mais reacionárias eram evidentes a espíritos que não se deixavam iludir por aparentes antinomias – pois, como é sabido, o positivismo está também ligado à ideologia republicana, e pareceria assim, nessa época, perfeitamente absurdo relacioná-lo com o próprio inimigo da República.

"O Preconceito da Ordem" não é exceção na obra de Pessoa, como talvez suponham quantos, iludidos pelo seu desconhecimento de um certo gênero de escritos seus, podem até, levados por indícios de outra ordem, julgá-lo em maior ou menor acordo com as tendências reacionárias. Seria necessário, sobretudo, reeditar o folheto "O Interregno", no qual Pessoa mostra, sob a aparência duma concordância inicial, pois não tem como subtítulo "defesa e justificação da ditadura militar em Portugal"? – o absurdo da ditadura militar que se acabava de estabelecer ("O Interregno" é de janeiro de 1928, menos de dois anos após o golpe de Estado de 28 de maio).

Pessoa, porém, atraído pelo sebastianismo, forma nacional do ocultismo, que foi desde muito cedo um dos polos essenciais do seu espírito, torna-se um aparente e involuntário aliado dos reacionários quando, tanto na *Mensagem* como no belo poema "À Memória do Presidente Rei Sidonio Pais", dá uma versão mística do nacionalismo que os partidários do nacionalismo político, com a sua habitual tacanhez (ou mesmo com a não menos habitual ausência de escrúpulos), não viram ser de todo em todo oposto às próprias bases políticas do regime ditatorial, cuja bandeira de "nacionalismo" era apenas um cômodo substituto para o autoritarismo radical em que se estrutura.

Ora, é a própria raiz destes princípios autoritários que o breve e admirável escrito de Fernando Pessoa analisa com a sua lucidez ofuscante. E o que se nos depara é como que uma visão profética do que viriam a ser as contradições básicas do Estado Novo, que sempre fez da ideia de ordem um princípio político fundamental. Descrevendo o que seria levar para a prática as ideias dos monárquicos de 1915, Pessoa está retratando o atual Estado Novo. A citação será extensa, mas vale bem a pena:

> Repare-se em que iríamos cair. Um partido político qualquer teria, além da preocupação das teorias políticas que o fazem tal, a preocupação da ordem. Tem de ter as duas preocupações com igual intensidade. Porque se está pronto a sacrificar à ordem as suas teorias políticas, não é propriamente um partido político; pois que tendo tais teorias, têm-nas por certo por essenciais à Pátria ou à Humanidade, e não vai sacrificar a Pátria ou a Humanidade à Ordem, que, em qualquer hipótese só pode ter valor secundariamente à Humanidade ou à Pátria. Mas se um partido político tem com igual intensidade determinadas teorias e a preocupação da ordem, ele porque tem tais teorias e não outras, é fatalmente levado a crer que a verdadeira realização da ordem só pode ser obtida pela verdadeira realização dessas teorias. Porque não é de supor que um partido, que se preocupe com a ordem, julgue que os seus princípios partidários estão em desacordo com ela; nesse caso ou não existia, ou seria outro partido. Segue que a preocupação da ordem dará a um partido político uma vontade de dominar e de se impor absolutamente violenta, visto que é sentido como impreterivelmente necessário, para a manutenção da ordem, o seu domínio, o domínio dos princípios que representa. Donde se conclui que a preocupação da ordem num partido político eleva ao rubro as suas paixões; e que, portanto, num país onde todos os partidos tenham a constante preocupação da ordem, se estará em constante desordem e anarquia.

Só faltou a Fernando Pessoa prever que um partido político dominado por essa ideia não poderia deixar de eliminar todos os outros, como aconteceu. E assim, evitou sem dúvida a anarquia e a desordem... que ele próprio teria criado, se não as tivesse eliminado. E Pessoa poderia ter concluído, então, que a ditadura é um remédio para um mal que não é senão... a própria ditadura. O que ele realmente diz mais adiante:

> quando aparece a desordem, a sociedade sã procura logo não manter a ordem, o que pode ser provisório ou aparente, mas atacar o mal que produziu a desordem. A exclusiva preocupação da ordem é um morfinismo social.

Quer dizer: a ordem não resolve problemas, tal como o analgésico ou o sedativo não cura a doença. A ordem não pode, portanto, se constituir em princípio de governo. Se tivesse podido assistir a toda a história do Estado Novo, e a pretendesse "explicar", Pessoa não precisaria mais do que exemplificar com o acontecido a profecia que contém no seu escrito de 1915, onze anos antes do golpe militar que estabeleceu em Portugal a... ordem. E assim se compreende, ainda de acordo com a teorização do grande poeta, que nunca tenha havido ordem em Portugal desde este momento, exatamente por haver ordem, a impossível ordem-princípio político, por baixo da qual o mal continua, não na mesma mais muito pior.

Assim se vê como um poeta – sebastinianista e ocultista – tinha razão para se rir dos "grandes homens do momento", como na famosa "Gazetilha", de Álvaro de Campos. Toda a "obra" do Estado Novo se resume afinal nesta triste realidade: em viver para manter a ordem, a qual não tem outra razão de ser senão... a realização da ordem. É um caminho do nada para o nada. O que o poeta previu, a realidade só teve o trabalho de exemplificar. Oxalá não venham a descobrir que Pessoa, suscitando o absurdo, já que o previu, talvez se tenha tornado metafisicamente culpado da existência do Estado Novo!

A cultura em regime democrático[1]

Não alude o título deste artigo a nada que exista em qualquer parte do mundo: cultura democrática é apenas um objetivo de gratas ressonâncias à maior parte dos espíritos, mas um objetivo ao qual pouco mais podemos que aspirar – uns vagamente, outros com noções bem concretas do que seria a sua efetivação. Ai de nós, em nenhum momento da história da humanidade a cultura pode deixar de ser uma forma inevitável de aristocratização ou se se prefere, para evitar equívocos, de distinção de uma elite em relação à massa.

É talvez a plena consciência disto que sempre me faz torcer o nariz perante a indignação de muita gente contra países em que não há liberdade, parecendo atribuir a si próprios a posse de um bem que, afinal, não se vê que vão além de proclamar. Afinal, as multidões que a nossa sociedade priva de cultura não estão privadas implicitamente de liberdade? E qual é a diferença fundamental entre o cidadão privado pela censura de

---

1   Suplemento Literário de *O Estado de S. Paulo*, 6 dez. 1958. (N. O.)

se comunicar com os seus semelhantes e o cidadão analfabeto, privado pela sociedade em que vive de ter acesso a qualquer espécie de cultura?

É uma sociedade que faz analfabetos melhor do que uma outra que cerceia a liberdade dos que escrevem? É uma sociedade que não dá ao homem a liberdade econômica para comprar livros melhor do que uma outra na qual o livro não é privilégio, mas a sua produção controlada?

Há ou não, em ambos os casos, uma fundamental injustiça? E que direito quem nunca combateu os vícios da primeira tem de atacar os males da segunda? A democracia está ausente tanto de uma como de outra, e eu preferiria ver os que criticam os males soviéticos mais empenhados em dar a sua pequena contribuição efetiva à realização daquela democracia em nome da qual falam como donos.

Dito por outras palavras: a situação da cultura no chamado Ocidente está, mesmo nos países relativamente livres, sujeita a uma infinidade de restrições; e numa certa porção do referido Ocidente, às mesmas que na URSS, como, por exemplo, na Espanha e em Portugal. Ora, não importaria, já que tanto se fala na unidade ocidental, tratar de limpar a casa, antes de querer arrumar a do vizinho? Onde está o Ocidente, que é o famigerado Ocidente afinal, se tem dentro do seu seio um... Oriente?

Mas não são apenas os casos extremos de Portugal e da Espanha que nos autorizam a pôr em dúvida a existência do Ocidente como entidade cultural de base democrática, e o seu direito a falar em nome da democracia e em defesa da liberdade da cultura. Com efeito, a maior parte do chamado mundo ocidental não oferece ao homem senão "liberdades", envoltas numa infinidade de restrições. A oposição Oriente-Ocidente não tem sentido; é, tristemente há que o reconhecer, a máscara de concepções políticas que utilizam a bandeira da liberdade porque "do outro lado" se empunha a do autoritarismo, e é cômodo atirar à cara do "inimigo" com a proclamação de princípios supostamente contrários aos dele.

É tal hipocrisia que os espíritos responsáveis do Ocidente não podem admitir, sabendo que nos países nos quais o *Ulisses* de Joyce é proibido, como sucede na Inglaterra, onde perdem as suas possibilidades de trabalho intelectuais suspeitos de "antiamericanos", como acontece nos Estados Unidos, onde se apreendem revistas anticolonialistas, como sucede na França, não podem pretender-se, honestamente, baluartes da liberdade de cultura. Quer dizer que o intelectual responsável não quer ver confundida a dignidade da sua função com interesses de grupos, nem a sua relativa liberdade apresentada como "prova" duma virtude que os sistemas políticos não possuem.

É sobretudo aos intelectuais de Portugal e da Espanha que mais pode repugnar a mentira ocidentalista, pois a situação a que se veem sujeitos nos respectivos países lhes faz sentir na própria pele que o problema continua sendo sofismado; cada ataque contra a opressão ao Oriente devia ser acompanhado de outro contra a opressão dentro do Ocidente. A unilateralidade das reações prova quanto os defensores da liberdade da cultura carecem de autoridade, quando só têm olhos para a ver espezinhada numa certa parte do globo.

Não me diga que os casos são diferentes, que, por exemplo, há um "perigo soviético" e não um perigo franquista ou salazarista. O intelectual não pode aceitar esta distinção. Ou pretenderão convencer-nos de que a doença de que sofra o vizinho nos é mais nociva do que a sofrida por nós próprios? Com efeito, se a opressão de Salazar e Franco é um tumor localizado (mas será?), o fato de o sofrer o corpo do Ocidente é mais grave para este do que todos os tumores do corpo soviético; desejamos a cura deste, mas "precisamos" curar os nossos, porque é da nossa vida que se trata, e será muito estranho que descuidemos a nossa saúde para salvar a vida alheia...

Na realidade, a única forma de defender a possibilidade duma autêntica liberdade de cultura é extirpar os tumores ocidentais. Ora, não há dúvida de que isto já teria sido feito, sem intervenções armadas, se a liberdade de cultura fosse de fato a base do espírito da política ocidental. Se houvesse um "cerco" das democracias em torno dos governos ditatoriais, se eles só fossem aceitos na comunidade que presume democrática depois de terem dado provas de democracia, poderíamos acreditar na seriedade dos que falam na defesa do Ocidente. E mesmo assim...

O fato essencial é que, na atual conjuntura política internacional, tanto a defesa da liberdade de cultura como a luta para suprimir as diferenças que impedem a sua democratização não podem ser obra de governos ou de quaisquer entidades que dependam de objetivos políticos concretizados na oposição Oriente-Ocidente. Essa defesa e essa luta só podem ser empreendidas por quem se recuse ao esquematismo que divide o mundo numa metade boa e numa metade má. E quem, em cada país, conheça as restrições impostas à liberdade de criação e de comunicação da cultura não poderá, de boa fé, fingir uma ignorância que lhe permitiria "defender" a liberdade de cultura... a muitos milhares de quilômetros de distância.

O governo ilegal de Portugal (o leitor deste jornal não ignora que desde as últimas eleições, já nem a antiga suposta legalidade existe, pois a vitória da oposição foi escandalosamente roubada) acaba de proibir mais um romance de Castro Soromenho e de proibir o funcionamento de mais uma casa editora. Para nós, se há um Ocidente, isto é mais grave do que o "caso" Pasternak. Por cada artigo reclamando contra mais um abuso autoritário do sr. Kruchev, deveria haver outro, contra os abusos autoritários do sr. Salazar.

Se a significação política do caso Pasternak é maior, cabe aos que presumem de intelectuais, em todos os países do Ocidente, dizer que, do ponto de vista da liberdade da cultura, é mais grave a proibição do romance e o fechamento da editora acima referidos, embora isto se passe no pequenino Portugal – já que este é tido como parte desse Ocidente em nome de cuja liberdade se condena a falta dela do outro lado da cortina. A gravidade das opressões sofridas a Ocidente tem que pesar mais na balança da nossa consciência de intelectuais, se realmente o somos, do que considerações regidas unicamente pela hipocrisia dos governos e das entidades que reclamam para a outra parte do mundo uma liberdade que nesta não lhes importa ver cerceada ou suprimida a cada passo...

Queimando os velhos ídolos[1]

Todos aqueles que, desde a formulação do realismo socialista, lhe opuseram uma crítica essencialmente fundamentada no seu caráter não dialético, no formalismo, na irrealidade dos respectivos princípios, veem agora confirmados, pelo mais sério (talvez o único sério) dos filósofos comunistas franceses, tudo aquilo que lhes valeu, da parte dos comunistas, os mais diversos ápodos, desde o de vendidos ao capitalismo norte-americano ao de fascistas. É com efeito pela pena de Henri Lefebvre que é feita, no número de outubro da *Nouvelle Revue Française*, a total desqualificação da teoria, até há pouco tida (e que parece, ainda não foi "oficialmente" destronada) como estética oficial do comunismo.

Todos os que se interessam por tais problemas não ignoravam as dificuldades encontradas outrora pelo mesmo Lefebvre para formular uma doutrina estética de acordo como o realismo socialista. Mas o "tratado" que ele prometia, no prefácio da *Contribuição à estética*, em 1953, nunca veio a lume. Já o livro citado, remodelação, creio que pouco aumentada, de artigos publicados em 1948-49, mostrava, embora não confessasse,

---

1   Suplemento Literário de *O Estado de S. Paulo*, 25 maio 1958. (N. O.)

nas suas 150 breves páginas, que o autor não estava plenamente satisfeito com o seu trabalho. Leia-se o parágrafo final do livro:

> surgem assim novos problemas, entre eles o de herói, do "tipo", das situações "típicas", do estilo, que ultrapassam uma simples "contribuição à estética". Esta contribuição não pretende resolvê-los, mas propô-los (*les poser*) em toda a sua força. (p.159)

Ora, acontecendo tratar-se precisamente de problemas fundamentais de estética literária, era um tanto estranho que desistisse de os resolver quem, logo no início do livro, dava todos os problemas como resolvidos graças à instauração do realismo socialista: "No plano da teoria, pode considerar-se resolvido o problema da orientação" (p.9). "Tendo a orientação deixado de constituir problema, um problema passa ao primeiro plano, o dos tipos: situações típicas, expressões típicas, seres e obras típicas etc." (p.10). Quer isso dizer que Lefebvre confessava sem querer a inanidade do seu livro, pois que, se "apenas isto" faltava resolver... para que servia o livro, que acabava declarando não procurar dar-lhe solução?

A resposta levou tempo a chegar, mas veio. Quase dez anos depois dos artigos, cinco anos depois do livro, Lefebvre desvencilha-se das contradições, e consegue finalmente resolver o problema. Mas é à custa do realismo socialista, que lança pela amurada, sem contemplações. Eis as suas palavras no artigo já referido:

> Mas confundiu-se este conteúdo histórico (o do realismo socialista) com o conceito especificamente estético e, sobretudo, com uma teoria. Pretendeu-se deduzir dele um método para criar no campo da arte, e critérios de apreciação. Graças a um sofisma, isto é, a uma operação lógica curiosamente formal, consideraram-se as deduções a partir do conceito pressuposto (posto esteticamente) como critérios dizendo respeito a obras concretas. Todo conceito válido possui um conteúdo objetivo e exprime um conteúdo: não pode ser anterior a este conteúdo. Um conceito estético exprime obras, formula as suas condições, e as

suas leis; pelo contrário neste caso, tirou-se do conceito formal não só o conteúdo, como o critério do conteúdo.

Resultados: o vazio teórico e prático, a forma conceptual sem conteúdo, isto é o conteúdo vindo de "outra parte".

Sem refletir nas contradições em que se caía deu-se como conteúdo ao realismo socialista as formas fixas, as tradições nacionais. O radicalmente novo, ou que como tal se presumia recebeu como conteúdo o antigo. E este conjunto variegado foi dado como coerente, e mais do que coerente: como isento de contradições internas e impondo-se normativamente.

Se o leitor quiser ter em conta que Henri Lefebvre é, de fato, um notável espírito, mesmo um espírito de primeiro plano, pasmará que a sua lucidez só agora venha à tona, e possa ter sido ele, precisamente, um dos responsáveis (talvez na França, o mais responsável, dada a sua categoria intelectual) pela difusão da absurda teoria. Mas pasmará, sobretudo, ao ver que ele se esquece do *mea culpa* que daria maior peso à nova posição assumida, em vez daqueles "se" com que parece referir-se seja a quem for – menos a ele próprio...

"O realismo socialista" – escrevia ele em *Contribuição à estética* – "ainda precisa ser elucidado, analisado, assinalado. Põe problemas, sem que isso o ponha a ele em questão e faça dele um problema" (p.10). Não resta pois dúvida que ninguém tanto como ele próprio fez "deduções a partir do conceito pressuposto" como se tratasse de obras concretas. Ninguém tanto como ele, nesta matéria, "tirou do conceito formal não só o conteúdo, como o critério do conteúdo".

Compreende-se que o "tratado" nunca tivesse chegado a sair. A breve *Contribuição* escudava-se no seu caráter de esboço "destinado por sua vez a suscitar discussões que serão tomadas em conta num tratado de estética que virá na sua hora" (p.13). A hora soou, mas de outra coisa. Por sua conta e risco (não posso afirmar, mas dada a atitude do Partido Comunista Francês, podemos ter como certo que Lefebvre está falando apenas em seu próprio nome), apeou o ídolo cuja sombra lhe embotara a clareza do raciocínio: o jdanovismo, corolário, em matéria estética, do stalinismo. Ei-lo livre para tentar uma estética realmente marxista.

A atitude assumida por Lefebvre é apenas mais um caso numa série de "retificações" e "exames de consciência" que vem pondo por terra o edifício policial da cultura stalinista. Esta, atacada desde sempre por todos quantos não confundiam o espírito do marxismo com a tirania oportunista, levou atrás de si grande número de espíritos que, como o filósofo francês, tinham todavia as armas necessárias para se defender contra ele. Não resistiram, porém, ao apelo da unidade, que lhes apontava como mal menor calar a verdade a bem da disciplina partidária. Em tempo algum pode o mundo presenciar uma falsificação consciente de tais proporções.

Porque hoje não nos podem restar dúvidas. Estes espíritos não se tinham deixado obnubilar. Quando muito tinham fechado os olhos do senso crítico; mas duma maneira geral, mentiram conscientemente, acatando as intimações vindas "do alto" segundo as quais os seus problemas eram cisco perante o futuro da revolução. Ei-los que reconhecem ter sido afinal o futuro da revolução que comprometeram, pois que aceitaram uma razão de autoridade como a poderia invocar qualquer mesquinho tiranete dominicano ou venezuelano. Aceitaram trair o marxismo, em nome do marxismo... para salvar o marxismo. Onde já se viu mais tenebrosa farsa? E deixem-me juntar as duas palavras, porque, realmente, essa triste história foi farsa, mas foi tenebrosa.

Descobre agora Lefebvre que o "homem novo" (leia-se *post-stalinista*) talvez seja o homem do desacordo lúcido e do aprofundamento das contradições, em vez do homem do acordo forçado, despojado de contradições por um milagre ideológico, e assim estranhamente posto em contradição com a sua própria ideologia, a dialética. Mas não será tarde para ele, e para todos os outros na mesma situação, quererem ser "homens novos"? Alguém poderá ainda tomá-los a sério? Quem poderá confiar naqueles que venderam conscientemente gato por lebre, e pretendem agora lavar as mãos do próprio crime do crime contra a sua própria consciência e a cultura que representavam? Não seria o silêncio a única atitude que lhes poderia restituir a dignidade que perderam?

Quando os lobos uivam[1]

Não é de hoje que os governos consideram sua obrigação reger os destinos da literatura. E, como não o fazem a bem desta, mas de uma outra conveniência alheia ao direito de expressão estética, longa é a lista das obras que, em todos os tempos, tiveram de algum modo a sua expansão prejudicada a bem de uma suposta saúde mental, social ou moral dos povos que a prepotência do poder não sabe defender, senão proibindo--lhes a circulação.

Se isto é condenável, e inadmissível sob qualquer aspecto, importa destacar um que, aparentemente menos grave, nem por isso deixa de ser, no fundo, o mais torpe: o de atribuir a obras literárias o intuito próprio dos manifestos políticos, o de considerar ataque e agressão a simples expressão da verdade; é o de apontar um escritor como adversário político que se teria servido da literatura para, disfarçadamente, meter a sua estocada nas carnes sensíveis do regime. É que os governos tirânicos nunca se reconhecem no espelho das suas próprias obras. Promovem a injustiça, não podem viver sem ela, mas ai daquele que lhes aponte ao

---

1 Apresentação da edição brasileira de *Quando os lobos uivam* (São Paulo: Anhambi, 1959). Texto reproduzido em *O país do absurdo* (Lisboa: República, 1974). (N. O.)

 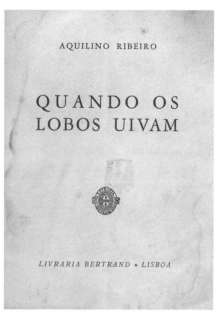

Á esquerda, capa de Fernando Lemos, do livro *Quando os lobos uivam* (São Paulo: Anhambi, 1959). À direita, página de rosto da edição portuguesa, publicada um ano antes e logo apreendida.

vivo a obra que fizeram. Mostrar os oprimidos, pintar a verídica imagem da opressão, é inominável atentado aos olhos do poder que mostra assim a sua falta de coragem no mal, pois ainda pretende que a vítima veja nele o sumo bem.

Desta confortável transferência do crime tornou-se recentemente culpado Aquilino Ribeiro, ao tomar como tema dum romance a opressão exercida sobre miseráveis populações serranas, espoliadas em benefício duma obra de espavento, e as violências de que são vítimas os infelizes, que tendo-se revoltado, na defesa dos seus tradicionais direitos, são automaticamente tidos como criminosos, e condenados como perigosos agitadores. O autor sofreu, é curioso notar, mesmíssimo tratamento que os heróis de seu romance: também ele passou a criminoso, como se o poder fizesse questão de confirmar a sua injustiça, juntando-o, no banco dos réus, aos personagens que o seu estilo poderoso pôs a viver nas páginas de *Quando os lobos uivam*.

Do mesmo "crime" a seu pesar pelo qual Aquilino Ribeiro se viu incriminado, se torna agora corréu o prefaciador, pois que, para falar dessa obra que a intolerância do governo português tornou política, tem que ser, mas conscientemente, político este prefácio. A culpa não é só do abuso de poder que quis fazer do romance de Aquilino uma expressão da luta contra a ditadura que o país sofre há mais de trinta anos. Proibindo a sua reedição em Portugal, a censura não me permite que fale exclusivamente do excepcional valor de *Quando os lobos uivam*, e faz com que eu me sinta obrigado a explicar ao leitor brasileiro como um escritor tão avesso a fazer de sua criação um instrumento de ação, veio a tornar-se autor do mais notável "romance social" da nossa literatura contemporânea. Não é uma ironia do destino, é, sim, uma obra do Estado Novo.

Se Aquilino Ribeiro é suficientemente conhecido no Brasil para dispensar qualquer apresentação, pois toda a gente sabe que ele é um mestre da prosa portuguesa, um dos grandes escritores do nosso tempo, e lhe devemos alguns romances, novelas e contos dignos de perdurar enquanto a nossa língua perdure, parece-me, todavia, necessário fazer notar que ele se conservou sempre avesso a qualquer interferência de problemas sociais na sua obra. E, mesmo quando pusera de parte os seus campônios intemporais, voltando a atenção para a vida das cidades, fizera-o (pelo menos assim pareceu geralmente aos homens da minha geração, de uns vinte anos mais moça que a sua) sem sair do âmbito da análise ou da observação de casos individuais, mais interessado nos tipos do que no destino da sociedade portuguesa.

Certa ou errada, a ideia de ser Aquilino um admirável mestre da prosa que permanecia fechado num mundo diferente do nosso, a ideia de ele ser um "esteta", ou um estilista acima de tudo – o que não prejudicava, aliás, a alta conta em que era tido tanto pelo público como pelos melhores críticos (inclusive os que o criticavam por esse mesmo esteticismo) – não nos preparava para esperar dele uma obra cujo núcleo essencial é precisamente um conflito característico da organização social criada pelo Estado Novo, típico das relações entre governo e povo tal como o autoritarismo as estabelece.

Importa assinalar que é já um homem de mais de 70 anos o autor de *Quando os lobos uivam*; coisa digna de particular registo, quando verificamos o vigor mental do romancista, vigor mental que se manifesta, sobretudo, na superação da distância que parecia separá-lo da dolorosa experiência comum, ou melhor: da distância que ele parecia ter posto duma vez para sempre entre os "seus" temas e essa experiência, pois é evidente que esta não era alheia ao homem. E, se não estou em erro, o rejuvenescimento assim revelado teve como causa determinante ter ele abordado um problema profundamente real, como é a revolta dos montanheses da serra dos Milhafres, procurando defender os seus direitos imemoriais, isto é, uma revolta nacional contra um poder cujo lema é precisamente a defesa da nação. Caso típico, expressão perfeita, portanto, de uma das profundas contradições suscitadas por um regime que destrói aquilo mesmo em que presume fundamentar-se.

Isto foi possível porque a serra é, como todos sabem, o autêntico mundo de Aquilino, aquele que lhe deu obras-primas como *Malhadinhas*. E os serranos são, de todos os elementos da sociedade portuguesa, aqueles que mais do coração entendem, por íntima e profunda confraternidade. Assim lhe foi possível, numa experiência por eles vivida, encontrar um tema com todos os elementos necessários para que a obra resultasse autêntica em todos os seus planos, desde o retrato individual à equação dos seus problemas. Graças a isso pode escrever um romance em que os "casos", o pitoresco, o romanesco, são dominados pela força determinante duma luta coletiva pela sobrevivência, que fez a serra em peso lutar contra os representantes do poder, já nem sequer em defesa de "direitos", mas da própria existência, pois que de necessidades vitais se trata. O Estado Novo, que, nas páginas do romance, e através da sua "justiça" magnificamente retratada em toda a sua hedionda submissão às ordens de cima, quer fazer dos analfabetos da serra "perigosos comunistas", não verá outra coisa no próprio Aquilino Ribeiro; mas só esse mesmo Estado Novo, pela sua iniquidade, fez do grande escritor independente um "romancista social"...

Processando o autor de *Quando os lobos uivam* por "injúrias à magistratura", o Estado Novo revela-se excelente crítico literário, mostrando que os capítulos incriminados são realmente os mais poderosos deste poderoso livro. Aí, com efeito, através da retorcida dialética dos juristas a soldo, é como se o próprio regime falasse. Não são os juízes, é a mentalidade dum regime que se desmascara. É a anatomia da subserviência que se revela através daquela engrenagem kafkiana que faz dos pobres serranos autores dum maquiavélico plano de "subversão" do regime. Transposta para qualquer outro plano da mecânica do Estado Novo, esta anatomia revelar-se-ia igualmente verídica, pois, da mesma forma que os teóricos, os oradores, os propagandistas do regime, que toda a sua máquina burocrática, os juízes postos em cena por Aquilino Ribeiro são apenas os servis lacaios do poder, empenhados em debruar a sua tosca máquina policial, e a força bruta, duma delicada ourela de sutilezas destinada a oferecer aos olhos ingênuos socorro de tranquilizadoras aparências. É o lobo da fábula, o velho lobo da fábula. Mas como são mais nobres os lobos autênticos que também povoam o grande livro de Aquilino!

O Estado Novo não poderia perdoar ao maior escritor português do nosso tempo ter posto a sua prosa admirável "a serviço" da verdade, fazendo um retrato sem retoques da justiça salazarista, em toda a sua descarada e repugnante falsificação de valores. Ali estão os amigos do povo, os regeneradores das tradições, ali estão, ao natural, os que vieram salvar Portugal da "desordem": ali está a verdadeira face do regime e da cega violência, da estúpida violência, querendo esmagar os orgulhosos serranos a bem de um plano que, sendo bom nos seus presumíveis frutos – o reflorestamento da serra –, se torna péssimo por ser levado a cabo como se o povo não existisse, na mais total indiferença pela sorte que o espera quando ficar sem os parcos contributos à sua miséria que a serra lhe dá.

Só um grande escritor como Aquilino podia abalançar-se a fazer, sem risco de demagogia, e sem cair no perigoso simplismo que espreita a ficção deste gênero, este retrato dum povo e dos seus algozes, que vale por um tratado, pois ali se encontram todos os elementos que pode desejar quem pretenda dar conta do que se oculta sob o "paternalismo" salazarista, tão apregoado pelo mundo fora. Eis o povo, e eis a justiça do Estado Novo. Pois é sempre assim que o Estado Novo julga: "sabendo" de antemão aquilo que finge procurar no decurso de julgamentos que são pura farsa, destinados apenas a manter a fachada de respeitabilidade que os regimes de força envergonhada – e até os de força descarada – não dispensam!

Sim, os lobos, os lobos verdadeiros do romance de Aquilino são muito mais "humanos" do que os juízes. E os "homens lobos do homem" que serviram de modelo a Aquilino para a sua galeria de julgadores devem ter sentido essa bofetada, em que são, julgados pelos juízes íntegros que são o autor e os leitores do romance. Mas o que no romance de Aquilino se acha em acusação não é sequer o sistema judiciário, nem tampouco a pessoa dos juízes do Estado Novo. Este é apenas um pormenor da engrenagem, e é toda a mecânica do seu funcionamento que esse livro põe a nu. A grande virtude de *Quando os lobos uivam* é que cada pormenor se torna símbolo, pela força da sua autenticidade.

Se não estou em erro, esta é a primeira vez que um romance de Aquilino Ribeiro é publicado no Brasil. Fato muito significativo, maior valor ganha por constituir uma desafronta ao grande escritor impedido por uma censura inepta de ver sua obra reeditada em Portugal. Assim, o Brasil, ao mesmo tempo que desagrava moralmente o escritor, assume a posição de legítimo juiz da causa da cultura portuguesa, repudiando a prepotência ditatorial e repondo, no seu devido lugar, o direito do escritor à legítima e essencial liberdade da criação.

A grande hipocrisia da comunidade[1]

Cinco anos de vida no Brasil deram-me uma certeza: o intercâmbio cultural luso-brasileiro não pode ser coisa de governos, pela razão evidente que entre uma democracia e uma ditadura as trocas são impossíveis, porque esta só quer saber de prolongar deste lado do Atlântico a mentira em que se baseia, lá, todo o edifício. Ora, sucede que a cultura não pode alimentar esta mentira. Se o governo português cuidasse seriamente de difundir a cultura nacional, estaria difundindo aquilo mesmo que por todos os meios procura abafar, pois cultura e ditadura são termos antitéticos. De modo que o governo português só tem real interesse no intercâmbio de... títulos universitários, salamaleques acadêmicos, e de discursos. E, a título de exemplo:

Por toda a parte onde tenho estado, de Porto Alegre a Fortaleza, verifico este fato impressionante: com exceção de São Paulo, por toda a parte se evidencia carência daquela biblioteca que Portugal deveria ter

---

1 *Jornal da Bahia,* Salvador, 15-16 ago. 1959. Reproduzido em *Portugal Democrático,* São Paulo (28): 4-7, set. 1959; reunido em *O país do absurdo* (Lisboa: República, 1974). (N. O.)

oferecido a cada uma das universidades brasileiras, como demonstração mínima de interesse no tal intercâmbio; mínima e... econômica. Por aí se devia começar, e com isso o orçamento não se veria em risco de perder aquele celebrado *superávit,* tão caro à alma do sr. Oliveira Salazar.

E, contudo, até essa excelente biblioteca oferecida por exceção, à Universidade de São Paulo, tem um codicilo suspeito: vem com ela o "presente" de um professor que, por período de dois anos, creio, a Universidade de Coimbra renova. Parece que o último teve de ser recambiado antes da data prevista, de tal maneira o seu reacionarismo lhe criou um ambiente impróprio aos fins supostamente desinteressados da sua escolha. Ora o que se deseja são bibliotecas... sem condições, é a cultura sem mestre, porque o mestre, se escolhido por qualquer entidade portuguesa, mesmo universitária, fica justificadamente suspeito de ter sido escolhido, não pela sua competência, mas pelas garantias políticas que ofereça.

Há quem se escandalize pelo fato de haver no Brasil intelectuais portugueses que não se restringem às respectivas "especialidades" e que, sendo professores não se limitam a ensinar, sendo poetas não se limitam a fazer versos, sendo pintores não se limitam a pintar... etc. É que esses intelectuais são também "especialistas" de outra coisa, se me permitem a ironia: têm a especialidade de serem cidadãos conscientes. Não lhes parece que cumpra a um intelectual ou artista português ignorar os problemas dos portugueses, pelo fato de se encontrarem no Brasil. E, pelo contrário, essa condição os obriga precisamente a defender o melhor da dignidade nacional não calando o que a sua consciência lhes aponta como irresponsabilidade ou traição por parte dos detentores do poder, ou dos detentores de funções culturais que, por seu silêncio e aquiescência, se tornam, afinal, politicamente responsáveis e com aqueles solidários.

O problema é, efetivamente, este: aqui no Brasil, onde os intelectuais e professores portugueses são recebidos de braços abertos, não se espera deles que sejam enviados da ditadura, mas representantes da cultura portuguesa. E como podem homens que abdicaram daquela liberdade essencial à autêntica cultura representar a do seu país? Os que pactuaram com esse regime ditatorial tornaram-se coniventes no crime contra a cultura – e só podem ser, aqui, pálidas sombras, de cabeça vergada ao

A GRANDE HIPOCRISIA DA COMUNIDADE CULTURA E POLÍTICA 269

peso da sua traição, fugindo à conversa leal, fingindo ignorar o preço por que pagaram as suas cátedras.

É muito cômodo dizer que se é "alheio" à política. Mas como pode um professor ser alheio à demissão dos seus colegas de ontem, cujo valor intelectual não ignora? Como pode ele ser indiferente à censura, supressão dos mais elementares direitos, às prisões sem outra justificação que a arbitrariedade do poder? Como pode ele admitir que seja da polícia política a última palavra no concurso para uma cátedra? Esse alheamento com que julga poder justificar-se, chama-se cobardia, e o seu resultado é que ele se torna tão político como o poder que lhe impõe o silêncio.

É por isso que pomos em dúvida a contribuição que possam dar a qualquer espécie de autêntico intercâmbio cultural luso-brasileiro, indivíduos ou instituições que não são livres para debater os problemas da cultura, pois esta se encontra agrilhoada a um sistema de governo que pretende fazer dela expressão do seu reacionarismo, tutelando-o e dirigindo-a. Em vista do que a palavra caberá em última análise ao medo, e não à opinião.

O que pode interessar à cultura brasileira é a colaboração desinteressada de intelectuais portugueses, universitários ou não, que possam debater problemas comuns – e que queiram "dar", sabendo "receber". O Brasil não precisa de lições, mas quer uma cooperação, que todavia só pode ser benéfica para ambas as culturas se as universidades e os intelectuais portugueses vierem aqui em seu próprio nome, representando uma cultura e não um governo.

Não é para admirar que aumente o número de professores portugueses em universidades e outras escolas do Brasil, sabendo-se quantos, em Portugal, se acham impedidos de exercer a sua atividade em estabelecimentos de ensino. Esse é talvez o maior serviço prestado pelo Brasil à cultura portuguesa, pois vem permitindo que não se estiolem vocações em Portugal desviadas do seu curso normal. O Brasil não pergunta aos professores quais as suas opiniões políticas, e só quer saber da qualidade da colaboração que lhe podem trazer esses professores, seja qual for a sua nacionalidade. É exatamente uma lição que proponho à meditação dos representantes oficiais portugueses que, no próximo Colóquio, terão oportunidade para aprender alguma coisa sobre a maneira como no Brasil se promove a cultura e se orienta a educação.

É de lamentar que no Brasil se duvide da isenção de representantes da cultura portuguesa, que o são ao mesmo tempo dum governo que deu provas em demasia de não respeitar nem a liberdade do ensino, nem a liberdade da cultura. Mas a dúvida é infelizmente justificada. Pergunta-se, compreensivelmente, como pode haver diálogo entre um povo livre e um povo de boca tapada. Os mais otimistas acham com encantadora ingenuidade que, sendo a cultura desinteressada, esse problema está fora de questão. Mas isto é o mesmo que supor a tal separação entre um povo e a sua cultura. Admitir que uma ditadura não prejudica a "alta" cultura equivale a considerar esta última um puro bizantinismo, supor a sua isenção é descrer da sua realidade, é ver na cultura um devaneio sem consequências nem implicações... É, sobretudo, cômoda hipocrisia de quem vê alguma vantagem em fechar os olhos à evidência.

Correspondência

Casais Monteiro a Ribeiro Couto

Aljube do Porto, 2 de fevereiro de 1935

Querido Ruy Ribeiro Couto

Escrevi-te para Paris há já bastante tempo e mandei-te meu livro. Como me tinhas dito que ias para Lisboa, receei que não voltasses a Haia e achei melhor escrever-te para a Rua Jean Bart. Concluo da tua carta que nem recebeste o livro nem a carta. Diz se se perderam, pois neste caso mandar-te-ei outro exemplar.

Pois continuamos na mesma, com a diferença que fomos transportados para o Aljube, onde estamos muito pior do que na outra prisão. Lá tínhamos, além da hora das visitas, quatro horas por dia durante as quais todos os presos dos quartos particulares passeavam, além disso era raro o agente que não nos permitisse ir ao quarto um do outro por qualquer coisa. Aqui, como o regulamento proíbe que os presos dum quarto comuniquem com os dos outros, não podemos ver-nos – ver-nos! – senão de fugida e quem visita um não pode visitar o outro ao mesmo tempo. É claro que isso é imbecilidade pura; mas que queres: o regulamento não prevê a prisão de um casal!!

O Governador Civil substituto, que é meu amigo e meu admirador apesar de situacionista ferrenho, disse-me que o tenente – estamos na civilização do tenente! – que manda cá no tasco ia autorizar-nos a ver-

-nos, comer juntos, a receber juntamente as visitas… mas, até agora, há cinco dias que para aqui viemos, nada vejo. Esperemos, que é a coisa que eu aqui melhor tenho aprendido a fazer. E estas bestas não me deixaram trazer para aqui a máquina de escrever – que me permitiram na outra prisão – pois, diz o tenente, tem medo que se façam manifestos! Ó céus! Ó santa imbecilidade! E não poder representar uma opereta que fizesse de tudo isto assunto! Como se não se pudessem escrever manifestos senão com uma máquina de escrever!!!

O pior é que sendo o quarto pequeniníssimo e havendo aqui visitas quase de manhã à noite, não consigo trabalhar. E digo-te que lá em cima – "lá em cima" é o *Informa* o edifício da Polícia de investigação e defesa do tacho – perdão! – do Estado – estava a trabalhar como um valente.

Mandei-te, creio que para Paris, o *Diabo* com o meu artigo sobre aproximação luso-brasileira.[1] É claro que também não recebeste, a julgar pelo resto?

Li ultimamente o *Jubiabá,* do Jorge Amado. É um grande romance! Vou botar artigo no *Diabo.*[2]

Nunca mais tive notícias do Carneiro de Mesquita desde que ele esteve no Porto. Escrevi-lhe para mandar-lhe umas indicações complementares ao que lhe tinha dito – e nada! Compreendes que me custa escrever-lhe, pois ignoro absolutamente se ele tentou, foi malsucedido e desistiu ou se continua a trabalhar. O certo é que continuamos na mesma. Os julgamentos devem ser só para junho, e não vejo o processo da Alice ser despronunciado – o que parece que se dará comigo, e a dar-se será em março, provavelmente. Nada se provou contra mim, e – inaudito – o investigador lá de cima disse-me que eu devia ser despronunciado. Então, se esta é a opinião de quem faz as investigações, por que esperam? Mistério sem fundo…

---

1   Ver "Para um verdadeiro intercâmbio cultural luso brasileiro" (p.101). (N. O.)
2   Artigo publicado em seguida e posteriormente recolhido em *O Romance e seus problemas,* 1950. (N. O.)

O que te digo é Portugal não tem campos de concentração: é um campo de concentração. Não há palavras para dizer onde isto tudo chegou. Vem até cá e verás para que não digas que sou injusto.

Teu do coração
Adolfo

P.S. Não sei se o endereço está certo. Manda duas palavras mal recebas, para eu ficar descansado.

Lisboa, 4 de julho de 1952

Ruy Ribeiro Couto, famigerado diplomata etc.! Salve!!

Talvez porque, fazendo hoje 44 risonhas primaveras, me competisse estar "aplastado", deprimido etc., sinto-me com excelente disposição, e por isso te escrevo, pois tenho ideia que a minha última carta era um tanto ou quanto amarga – e eu estava tão no fundo que não consegui fazer-te sentir que tinha realmente gostado muito de "Rive Étrangére". Embora eu não caiba dentro da divisão do "homem ambicioso", devo confessar que me considero como tal. O que não sou é capaz de fazer os sacrifícios necessários para isso. Sobretudo, lutar contra a maré durante anos e anos embota a vontade – sobretudo quando ela é um tanto ou quanto débil... Não queria, realmente, que pensasses o que pensaste por causa de minha confissão acerca do Paulo Carneiro,[3] EU TINHA O MÁXIMO INTERESSE NAQUILO QUE TE PEDI!!! O que não tenho é aquela inocência ou lá o que é, graças à qual uma pessoa tenta tudo, convencido de que vai ser bem-sucedido. Não é por modéstia, mas por "compreensão do mundo" que tantas vezes reconheço impossível a realização dos meus desejos ou projetos. O fato é que, acreditando que tu poderias conseguir alguma coisa, já não acreditava, nem acredito, que eu o pudesse conse-

---

3 Químico, professor e diplomata brasileiro; então presidente do Conselho Executivo da Unesco. (N. O.)

guir. Quem sou eu para o Paulo Carneiro? Ora, não só era preciso que eu fosse bastante, mas até MUITO, para conseguir uma coisa por mim próprio considerada excessivamente difícil. Mas para que explicar? O que eu não queria era que supusesses tratar-se de um capricho, na altura em que te escrevi pedindo a tua intervenção.

Quanto à minha hipótese de te ir visitar... não estarás a fazer a coisa demasiado negra? Primeiro deixa-me retificar as inexatidões "históricas": nunca freqüentei nenhuma embaixada, a não ser a do teu país quando cá estavas. Fui a UMA recepção na embaixada da Jugoeslávia – onde também estava o senhor capitão Agostinho Lourenço, diretor da PIDE.[4] Nunca tive outro contato com o dito país. O "chefe comunista", coitado, morreu em minha casa, de um cancro, em dezembro de 1949. Era o Joaquim Pereira Gomes, autor dos *Esteiros*. O meu cunhado que tem estado em Paris nada tem que ver com política, mas só com a matemática; é bolseiro da Recherche Scientifique, e não está exilado. Como vês a tua carta até podia ter graves consequências. Leviandade por leviandade, estamos quites... Além disso, que diabo, isso de falares nas minhas "conhecidas ligações com o partido comunista português"? Ainda é pior! Mas tu não sabes, homem de Deus, que sou um traidor, um fascista e outras coisas que tais? Tu ignoras que sou profundamente odiado por essa gente? E não sabes por outro lado que o Marechal Tito, e tudo quanto seja jugoslavo, também são fascistas e traidores?! Portanto a minha ida à Jugoeslávia só podia ser tida como uma atitude anticomunista. É claro que há sempre a possibilidade de confusões. O que suponho é que oficialmente eu não poderia ir aí, dada a ausência de relações diplomáticas. Mas pensei que tu poderias conseguir que em Paris me dessem um visto. Mas isto pensava, e agora deixei de pensar, e lá estou eu a perder a boa disposição. Bolas! O fato é que dei sorte com essa parte da tua carta. Não falemos mais nisso. O que pergunto é se não irás a Knokke, visto que em vez de *Rencontres européennes* temos agora bienais internacionais. Afinal creio que seria a única oportunidade para te encontrar. Eu vou, porque, tendo confessado

---

4   Sigla para Polícia Internacional de Defesa do Estado, a polícia política de Salazar. (N. O.)

ao Flouquet a minha pobreza, ele entendeu que eu devia ir fosse como fosse, isto é, pagando eles as despesas – generosidade de que me envergonho, mas que não tenho coragem para recusar. Mas agora tenho de suspender. Julguei que teria tempo de escrever esta epístola de um fôlego, mas tem de ser às prestações.

9 de julho(!!!!)

A Alice esteve ontem a substituir cuidadosamente a capa do exemplar que mandaste de *Entre mar e rio* pela do que já tinha recebido do Sousa Pinto, pois aquela sofreu um bocado com os safanões da viagem. A edição está muito bonita, embora não consiga igualar à da tradução sueca, que se calhar tomaste para modelo. A pobreza de tipos bonitos nas nossas tipografias foi coisa que sempre me fez espécie. Dentro dela, o teu livro é do melhor que se podia fazer. E ainda bem, porque sou dos que têm o fraco do gostar que um belo livro por dentro não seja, por fora, uma coisa repelente.

Será tu o primeiro, creio bem, a considerar que os poemas nitidamente circunstanciais do teu livro não podem estar à altura dos puramente líricos. Não estranharás, portanto, que eu, em globo, ponha estes muito acima dos outros – pois que não podia ser doutro modo. O que podia era os puramente líricos não serem admiráveis, e são-nos, não direi todos, mas os suficientes para que este livro não fique abaixo dos outros. Deixa-me preferir, acima de tudo a "Tágide" e o terceiro dos "Cinco noturnos", que são dois extraordinários poemas. Creio que, com o tempo que eu gostaria de ter agora, ao mesmo tempo relendo uma vez mais e escrevendo a par e passo, escolheria mais, talvez para mim à mesma altura daqueles. Por exemplo, acabo de reler a "Estrela-do-Mar em Sesimbra", e ponho-o no mesmo plano. E o "Adeus à Rua de Castilho"… etc.

Sinto-me quase ridículo em estar a escrever-te sobre o teu livro. Vê se compreendes; tu sabes muito bem como a tua poesia me é querida, e estar a repeti-lo quase me parece tolo. Mas também, se não to dissesses, sei lá se não ficarias, ó criança sensível, a supor que já não gostava dos teus versos! Tenho adiado de dia para dia acabar esta carta precisamente por querer umas horas de paz em que me absorvesse no teu livro, e te falasse dele como merece. A triste verdade é que sinto a pressa a atanazar-me, e a não me querer deixar escrever com vagar. A poucos dias de partir para férias, tenho uma porção de coisas a acabar, e preferia escrever-te de Ruivães. Mas isso seria dar-te mais uma razão para falares na minha conhecida falta de caráter! (vide carta de 18 de maio p.p.)

Estou a ver que a minha fuga à pátria em setembro está gorada. O ano passado tive todas as despesas pagas durante a minha estadia na Bélgica. Mas este ano as *rencontres* passando a ser bienais internacionais como já deves saber, o Comitê já não têm massas para convidar tanta gente (65 países). Isto de ser pelintra é triste, meu velho! Vou receber do *Journal des poétes* 4 mil francos (belgas) pelo número – antologia da moderna poesia que organizei e prefaciei. Graças a isso já posso ir daqui lá. Mas falta o resto. Não é que me interessem em si as bienais. Reconhe-ço, porém, que um proletário como cá o rapaz precisa de pretextos para gastar o pouco dinheiro que possa forrar, embora isso lhe doa pelo ano adiante em economias chatas. Mas arejar, para mim que sofro da falta de ar que há por aqui, é muito importante. A vida não está a ser nada do que eu *precisava* que fosse. As minhas tarefas são demasiado estúpidas, e quando me chamei acima proletário não foi tão a brincar como poderás supor, mas bem consciente de que a condição de proletário é fazer um trabalho a que não tem amor. E que amor posso eu ter a pôr em portu-guês a detestável prosa do sr. Jaques Pirenne, e a estragar, numa pretensa "modernização" que é um disparate, a prosa admirável (mesmo quando é "mau português") do Fernão Mendes Pinto?! Não tenho um único (um único, nota bem) jornal onde escreva! Nem jornal, nem, aliás, revista! Para voltar a fazer era necessário que a crise não fosse a coisa que toda a gente sabe, mesmo os que ainda querem ter ilusões, ou lhes pagam para isso. E por isso, um mês a ver mundo é muito importante para mim. Vamos a ver se os Fados estão de bem ou de mal comigo...

Espero que o ano que vem não seja tão árido e triste como este tem sido. A Alice vai, finalmente, ter um lugar seguro e bem pago. Já é algu-ma coisa. Mas o meu problema está difícil: mais 12 fascículos, e acaba a Peregrinação. O Pirenne acaba agora, porque o 5º volume ainda não saiu e, saindo, são mais seis ou sete fascículos e o teu amigo fica sem trabalho, e sem perspectivas de o ter.

E agora que desabafei, não me fica tempo para mais nada. Mas prometo escrever com regularidade.

Relendo o princípio da carta, vejo que comecei exatamente no polo oposto àquele em que me encontro. Tira a média...

A Alice ainda está no colégio, mas posso afoitamente mandar o abraço de muita amizade que ela te mandaria. O João Paulo agradece lembrares-te sempre dele (e acrescenta que gostou muito da *Cabocla* que acaba de ler). Sabes, ele está um rapaz estupendo, apesar do mau gênio, às vezes, no que é digno filho da mãe e do pai. Com 14 anos já está quase da minha altura, ó horror!

Um apertado abraço do teu amigo do coração: Adolfo

P.S. Escreve para Lisboa, pois o correio fará seguir para onde eu estiver – não sei exatamente o meu poiso por agora, pois talvez vá passar algum tempo com o Antonio Pedro em Moledo do Minho.

Augusto Meyer a Casais Monteiro

Porto Alegre, 1º de setembro de 1935

Que lindo seu ensaio, Casais Monteiro! Devo agradecer porque foi para mim a graça de um momento luminoso. Que limpidez na sua prosa e que discreta concisão no seu pensamento! Veja que até me utilizo de palavras de seu próprio texto, seguindo, aliás, com fidelidade a minha impressão. Nessas poucas páginas você diz um mundo de coisas, não só de um poeta, do poeta Ribeiro Couto,[5] mas da poesia de sempre. Você é

---

5   Referência ao ensaio de Casais Monteiro, *A poesia de Ribero Couto* (Coimbra: Presença, 1935). (N. O.)

um crítico e, por isso, é o leitor ideal – o leitor que está dentro da gente quando a gente escreve.

Tenho vontade, uma vontade viva, de conhecer os seus poemas e os seus ensaios, toda a sua obra. Vejo com emoção que você pretende publicar um estudo crítico sobre Eça de Queiroz. Aí está, pensei logo, o homem capaz de interpretar com vigor e verdade a obra do velho Eça. Faz pouco tempo, comentava com um amigo este espanto literário: os portugueses não deram ainda coisa alguma de valor sobre o Eça. Tudo a meu ver conversa fiada. Há um sr. chamado José Agostinho que requintou na obtusidade crítica, cometendo uma obrinha que naturalmente conhece. Pois bem, esse cavalheiro passa impunemente por intérprete do pobre romancista, nosso tio. O seu estudo será até uma obra de caridade.

Outro espanto: o Nobre. Parece lenda que até hoje não se tentasse ali uma obra sólida e carinhosa sobre esse grande, esse imenso poeta. Não quero desfazer nas intenções do Villa-Moura e de outros. Mas o Anto merecia uma interpretação de conjunto, bem aprofundada, com notas biográficas completas, correspondência, o diabo. Talvez o grupo da *Presença* tenha trabalhado nisso e eu esteja aqui a arrombar portas abertas. Mande-me, por favor, alguns números da *Presença*. Principalmente, não se esqueça de mandar os seus livros. É com carinho e de olhos bem abertos que eu fico esperando. Seguem pelo mesmo correio três livrinhos meus e um volume de crítica de Carlos Dante de Moraes: *Viagens Interiores*. Veja, p.130, aspectos da sensibilidade lírica em Portugal e no Brasil.

Estou para escrever sobre o seu ensaio. E gostaria sinceramente de conquistar a sua simpatia intelectual, ficando em correspondência com você, que já entrou para o círculo dos meus amigos, na estante.

Um grande abraço do seu Augusto Meyer

Casais Monteiro a Augusto Meyer

Porto, 13 de novembro de 1935

Meu amigo: já lá vai um mês e meio desde que recebi a sua carta – uma das que mais alegria me deu, de quantas daí recebi. A demora em responder é coisa que não vale a pena verificar, porque as *razões* são sempre inventadas. Comigo é um disfarce que a preguiça toma fazendo-me esperar sempre o *momento oportuno* – que ilusão! Aqui, porém, havia a promessa dos seus livros e em vão os esperei; tenho muita pena, tanto mais que já depois de ter a sua carta comprei em Lisboa uma antologia – muito benfeita, infelizmente – da poesia brasileira e aí encontrei dois poemas seus de que muito gostei.

Como lhe disse a sua carta deu-me uma grande alegria: é que nada vale tanto, para mim, como a simpatia que o que escrevemos possa despertar. Provocar num desconhecido de tão longe, uma ressonância dessas, esse foi sempre o mais firme testemunho para mim, de que não escrevo em vão. Escuso de perguntar e me compreende, não é verdade?

É verdade, tenho – há quantos anos – semiescrito um ensaio sobre o Eça; mas parece que o persegue qualquer agouro. É que o comecei aos 20 anos – e vou nos 29! É claro que não estou a escrevê-lo *desde* os 20 anos! Comecei, larguei, tornei a começar... e está em meio! Quis tentar este verão um esforço para o concluir – mas uma tradução que me encomendaram levou-me o tempo todo. Veremos... mas se ao menos eu tivesse um pouco de método! Nem me fale no José Agostinho! É horroroso! E o conselheiro Antonio Cabral?! Pior se possível! Tem meu amigo razão, seria um ato de caridade.

Quanto ao Nobre – estranha coincidência! – saiba que pouco antes de me escrever viera a lume um volume de cartas publicadas por mim! Vou mandar-lho, mas desde já lhe digo que a maior parte delas só tem interesse biográfico. Especialmente as que são dirigidas a Augusto de Castro (não é o diplomata), a Alfredo de Campos e Agostinho de Campos, que são poucas, todas as outras são enviadas ao irmão – que era só irmão pelo sangue, que tem sido incansável –, ainda agora reeditou as *Despedidas* – mas que não o *pode* ter compreendido. O Nobre só teve irmãos que não eram do seu sangue. Infelizmente, falta, com efeito, estudar o Nobre. José Régio, o maior poeta da nossa geração, desde há muito o promete... mas nada!

Bom. Esta carta já é um testamento. Desculpe-me, mas não sei escrever cartas breves. E fico esperando os seus livros e, se é possível, este que me anunciava do Carlos Dante de Moraes. Vou-lhe mandar os meus – menos *Considerações pessoais* – do qual não possuo nenhum exemplar; e alguns números da *Presença*. E de tudo que de Portugal lhe interessar, diga que tudo farei o possível para conseguir.

E creia que a sua tão afetuosa carta não caiu em terra estéril, obrigado. Abraça-o comovidamente o seu Adolfo Casais Monteiro.

R. Miguel Bombarda, 516
PORTO

Mário de Andrade a Casais Monteiro

São Paulo, 12 de fevereiro de 1937

Meu caro Casais Monteiro

Acabo de receber *Sempre e sem fim,* em que você continua a linha admirável de *Poemas do tempo incerto*. Não sei qual deles preferir, qualquer dia destes em que me sobre tempo vou reler ambos juntos; mas poemas como o 9 de "Vita breve" ou o "Desfloramento" me deram a impressão de que você ainda avançou mais fundo no poder duplicado e tão difícil de fazer coincidir: o lirismo interior com a ressonância externa das palavras. Admiro muito você.

Aí vão os livros que me pede. Isto é, alguns dos que pede e outro que não pediu. Você desejaria os que considero importantes para minha evolução, mas ando tão desleixado de minha literatura que já não sei me amar dentro dela e muito menos escolher. Tudo me parece desimportante – com exceção dos meus livros de técnica. E justo destes não lhe posso mandar senão a péssima 3ª edição do *Compêndio*, tirada mais ou menos à minha revelia e que só não desautorizei de piedade pelo editor, que anda pobre e remendado por ter querido editar os compositores nacionais modernos. Queria, aliás, lhe contar um pouco de mim mesmo para que você compreendesse menos minha obra e mais a mim. Não tenho tempo. Em todo caso creia que desde a publicação de *Paulicea desvairada*, livro que sinto não lhe mandar por estar esgotada a edição, tenho realizado com firmeza inflexível o destino que me dei e a consciência que tenho da minha pouquidão literária. Soube desde muito cedo compreender que tinha poucas forças de criador, e percebendo a transitoriedade das minhas obras literárias lhes dei uma finalidade combativa perfeitamente consciente e destinada. Arte de ação. E a isso corresponde toda a minha obra. Mesmo nos momentos de *délassement* [relaxamento], como quis fosse o *Macunaíma* e as partes *Poemas da negra* e *Poemas da amiga* (estes poemas talvez os únicos momentos livres de toda a minha obra), pois mesmo nesses trabalhos o desejo de agir, de pôr em vias de *fiat* problemas nacionais, sociais, morais, psicológicos, expressivos, deformou ou pelo menos condicionou a criação. Principalmente no *Macunaíma* quis brincar, mas o livro saiu completamente outro do que foi na preconcepção, arreado de crítica, pesado de intenções. E até moralista, pois no fim Macunaíma se reconhece sem nenhum caráter, o Brasileiro desraçado sob qualquer ponto de vista, gostoso mas "incapaz duma organização" e resolve subir pro céu, ir viver "o brilho inútil das estrelas". Às vezes tenho penas do *Macunaíma* não ter saído mais livre de ação, talvez desse um livro de arte verdadeira... Mas estou lhe falando demasiadamente de um eu que já passou. Agora não penso mais em literatura, não pensei mais nela desde o dia em que realmente entrei na vida de ação que tenho faz menos de dois anos, dirigindo o Departamento de Cultura, aqui da municipalidade de São Paulo. Agora sim, luto e ajo 100%, e são raras as saudades do que passou. E talvez elas só venham porque também a saudade pode ser um vício, um íntimo gosto de perversão... Mas não sei.

Com um abraço grato do
Mário de Andrade

Casais Monteiro a Mário de Andrade

Porto, 16 de maio de 1938

Meu caro camarada,

Espero que a sua saúde já esteja "em pé" quando lhe chegar esta carta. Cá recebi, e mais uma carta de seu secretário, pela qual soube que estava no Rio em tratamento, os seus belos livros. Muito obrigado! Como já devo ter-lhe dito, espero escrever um ensaio (ensaio ou coisa que o valha: enfim, falar de sua obra) em que me ocupe de vários aspectos da obra de Mário de Andrade: não lhe digo que o vá fazer agora, porque já sei que nunca consigo escrever o que quero quando quero, mas quando a vida quer.[6]

Estou aborrecidíssimo com a falta de cumprimento de minha promessa sobre as composições de músicas portuguesas modernas que prometi conseguir-lhe: o compositor a quem pedi que se ocupasse disso ainda não deu sinal de vida. Coisa de portugueses, que, pelo que sei, também são muito de brasileiros, embora cá não haja a desculpa do clima tropical. Já dizia o seu Macunaíma: Ai que preguiça! E falou sem querer por brasileiros e portugueses. Mando-lhe justamente umas notas sobre os nossos compositores modernos que a sra. Francine Benoit, apreciável "especialista", me mandou, mostrando mais atividade que os que deveriam ser mais interessados. E mando-lhe porque penso que sempre lhe poderão interessar, mesmo que já vão tarde para o que se destinavam. Que parece que vale a pena fazer com respeito a composições? Se pensar mais cedo ou mais tarde noutro concerto, é claro que procurarei melhor via para obter alguma coisa. Diga o que lhe parece.

---

6   Casais Monteiro publicaria, já no Brasil, os artigos "Mário de Andrade: o problema da língua" e "Mário e Andrade: o doente de escrúpulo", depois recolhidos em *Figuras e problemas da literatura brasileira contemporânea* (São Paulo: Instituto de Estudos Brasileiros da Universidade de São Paulo, 1972). (N. O.)

Orelha do último número da *Presença* com a indicação da publicação do texto de Mário de Andrade.

Não me esqueço e espero que não se esqueça de que me prometeu colaboração para a *Presença*.⁷ Não largo as "vítimas" que caem em fazer-me promessas!

Desculpe esta carta à pressa. Também eu trabalhei demasiado nestes últimos tempos e tenho a cabeça vazia de todo. (Diabo: não se deve concluir que o Mário de Andrade tenha também a cabeça vazia. Raio de língua!)

Seu grato e muito dedicado admirador e amigo
Casais Monteiro

---

7 No último número da revista e após problemas com a censura, seria publicado um trecho do idílio *Balança, trombeta e battleship* ou *O descobrimento da alma*.

Cícero Dias a Casais Monteiro

Lisboa, 3 de março de 1944

Querido Casais,

Somente agora agradeço *Manuel Bandeira*. Grande crítica, muito boa, excelente, "crítica" é assim que se faz. Nada de elogios, não; crítica se faz de bisturi nas mãos, sangrando, isto é que é criticar.

Eu só lastimo que em pintura não haja um crítico como você.

Aquilo que logo no começo você fala de poesia e técnica é magnífico, a poesia eterna e a sua tese de que é a técnica que desaparece é absolutamente o que penso da pintura.

Toda pintura que é mesmo grande pintura mas que não é poesia, desaparece, e desapareceu já várias vezes. A pintura dos séculos XIX, XX ou XVIII, como o século XVII, como pintores da Renascença Italiana, alguns flamengos, tudo desaparece com o tempo, só é eterna a pintura que é poética, aquela quando o pintor traduz o azul ou o preto ou o encarnado por um sentimento humano, aí, sim a pintura resiste, a Renascença Italiana está cheia de frivolidades, meu caro Casais, há muito bombom cor-de-rosa, muito penteadozinho arranjado, muita técnica que desapareceu, porém os grandes pintores etruscos, os primitivos, os Goyas, os Picassos, Leonardos, Giottos etc... tudo isto resiste à força da poesia, achei ótimo o seu livro, abraço na Alice e para você a minha admiração cada vez mais viva, e a amizade sempre segura e firme, acredite, Cícero Dias.

Podem vocês comparecer em minha casa amanhã, 4 de março, sábado, lá pelas 9h30 ou 10 da noite? Desculpe-me um convite atrasado, mas é por causa de um amigo que está de passagem. Vem o Alvim, talvez o Couto, mas está doente, e o Paulo Duarte.[8]

---

8 Na condição de organizador do Congresso de Escritores e do Encontro de Intelectuais que integraram as comemorações do IV Centenário de São Paulo, foi quem tratou diretamente com Casais dos detalhes de sua vinda ao Brasil. (N. O.)

Casais Monteiro a Hélio Simões

Lisboa, 21 de dezembro de 1948

Meu caro Amigo:

Foi com dobrado prazer que recebi a sua carta – de fato, a primeira que recebo, conforme você suspeitou: prazer dobrado por a receber simplesmente, e pela grata sugestão que contém.

Mas o Hélio Simões põe-me numa situação embaraçosa, ao dizer-me: Você ou o Simões, pois eu, com a deplorável mania da lealdade, fui a toda a pressa em busca do dito Simões para lhe dar conta do fato – e com a vaga esperança de que ele dissesse logo: "Bem, vai o Casais, é claro, pois é a si que o H. S. se dirige, e o seu nome vem em primeiro lugar". Mas o Simões não disse – embora também não tenha dito o contrário (mas se calhar, pensou-o). Só disse que o Álvaro Lins também lhe tinha falado em fazer uns cursos no Rio de Janeiro. E eu fiquei com cara de estúpido, sem saber o que havia de fazer.

Porque a verdade é esta: eu fiquei doido de satisfação ante a perspectiva de fazer o curso aí, e da ida ao Brasil – enfim! –, de ver, de cheirar, de conhecer, de me apoderar desse mundo que já desesperava de vir a conhecer. Bem, farei de conta que não há perigo de perder a oportunidade, para não desanimar e vamos a coisas concretas:

Inteiramente de acordo quanto à época; inteiramente de acordo quanto à sugestão de ser um curso sobre a moderna literatura portuguesa, tema dentro do qual me sinto perfeitamente à vontade. Em folha à parte vai um esquema do possível curso, a traços muito largos – apenas para dar uma ideia.

Mas você põe-me um problema a que não posso dar solução: o da "massa". Não, eu não faço a menor ideia de quanto quero ganhar. O que eu quero é fazer o curso e poder meter o nariz em alguns cantos do Brasil; não penso vir de lá rico, e quanto mais dinheiro me derem mais aí deixarei, porque isso é da natureza do dinheiro... e da minha. Só você me poderá dizer, ou melhor, só você poderá resolver o problema. Eu ignoro de todo em todo o custo da vida no Brasil; conto pois que o meu bom amigo resolva o problema. Terão, é claro de me mandar o dinheiro para a passagem – ou pagá-la aí, isso é secundário – porque na minha atual penúria, não tenho nem para mandar cantar um cego! Queria saber de quantas lições deverá constar o curso, para eu ir preparando as coisas – isto na fagueira hipótese de o sonho se tornar realidade. Tive notícias do Salgado Júnior, muito envergonhado, que me pediu o seu endereço. Não sei se ele já lhe terá mandado os livros, espero que sim. Diga se precisa de algum livro português que eu possa arranjar. Infelizmente (para mim), não sei quando terei coisa que lhe mande, os editores só sabem chorar-se, e um que quase prometeu editar-me um volume de ensaios parece que vai roer-me a corda. O Castro Soromenho vai escrever-lhe, se é que não lhe escreveu já, pois não o vi ontem. O Jorge de Sena e o José Augusto França saúdam-no e agradecem as suas lembranças.

Gostaria muito de ter estado num cantinho a ouvir as suas palestras sobre Portugal, em geral, e nós, em particular. Não publica? Ou é impublicável?

Espero ansiosamente as suas notícias. Tirem-me deste desassossego!

Minha mulher manda-lhe afetuosas lembranças.

Um abraço muito apertado do seu grato amigo Casais

Rio de Janeiro, 9 de abril de 1959

Meu caro Hélio Simões:

Você conhece coisa pior do que um sujeito de malas prontas, tendo recebido várias demonstrações de afeto, despedida dos amigos, dito à empregada que partia nos primeiros dias do mês etc. etc. – continuar esperando? Homem! Veja isso, senão vou ter que me fechar em casa! Não posso encontrar ninguém sem ouvir, quase com ar de censura: "Ué, você ainda não foi para a Bahia?!". E se isto continua daqui a pouco já sei que vou passar a ouvir: "Ué, já está de volta?!".

Aqui tem, meu caro, as infelicidades do seu amigo. É certo que abril tem 30 dias. Mas eu creio que o Edgard Santos, ao achar que meu curso devia começar em abril, pensava no princípio e não no fim do mês.

Eu vou levando a coisa a rir, mas você tem que concordar que é chato. Então mande-me um telegrama a dizer: passagens só estarão aí no dia... e pronto, mas veja se me poupa esta vida com um pé no ar e outro não sei onde, pois não é bem no chão. Imagine se, como chegou a ser minha intenção, eu tinha emprestado o meu apartamento a partir do dia 1 deste mês! Ah, baianos, baianos...

Outra coisa: calculo que lhe interesse tudo o que saia sobre o Pessoa. Como não sei se as publicações do Instituto Estadual do Livro de Porto Alegre lhe chegam às mãos, quero informá-lo de que saiu, num dos *Cadernos do Rio Grande* que a supradita publica, uma coisa admirável do Agostinho da Silva, que lhe recomendo vivamente. Título: *Um Fernando Pessoa*.

E é só. Cá espero notícias, suas, da Panair, ou de quem ou que entidade seja, ou mesmo as passagens sem notícia nenhuma!

Um abraço do seu velho amigo Casais

Paulo Mendes de Almeida a Casais Monteiro

São Paulo, 11 de maio de 1954

Caro amigo Casais

Descobri o livro[9] e aí o mando
– emprestado, infelizmente. É a
edição original, única, aliás.
A poesia não é boa, como v.
melhor verá. Mas pareceu-me
importante para o estudo
do poeta, senão por outro
motivo, pelo menos por ser o

---

9   *Há uma gota de sangue em cada poema*, de Mário de Andrade. (N. O.)

seu primeiro livro. Será uma
lacuna em seu trabalho não o
haver folheado. Não acha?

Abraços do amigo
Paulo Mendes

Vitor Ramos a Casais Monteiro

[*Assis, 1959*]

Caro Casais

Despachemos primeiro o caso da tradução, para depois falarmos do que mais nos interessa! 1) Aí vai a cópia que me pede da primeira folha da introdução. 2) As referências às notas no 1º volume: agradeço que mas inscreva a lápis, à margem, 3) Poderá entregar a tradução na Livraria Francesa à Mme. Monteil, que a trará para São Paulo. O cheque para pagamento será na volta do correio, para a mesma livraria.[10]

Como vê já lhe escrevo de Assis, onde estou há três dias. A cidade é chata, a gente é boa e o trabalho, por enquanto, interessante. Mas passemos a outro assunto. Nos últimos tempos houve algumas escaramuças dentro do *Portugal Democrático*. E eu quero trazer a coisa ao seu conhecimento, tanto mais que não estarei em São Paulo quando você vier, e considero necessária a sua colaboração para sairmos do impasse em que nos encontramos. Eu conto tudo desde o princípio: o jornal, como você tem visto, melhorou muito nos últimos tempos devido, em primeiro lugar, às circunstâncias lá na terrinha, que passaram a fornecer matéria muito mais palpitante e depois à colaboração de gente nova que veio para o *Estado* com o Miguel à frente. Aproveitando bem a situação, eles deram

---

10   A tradução referida é a *Educação sentimental*, de Flaubert, realizada por Casais para a Difusão Européia do Livro por indicação de Vitor Ramos. (N. O.)

mais dinamismo à folhinha bisonha que era o *P.D.* Consciente desta verdade e, por outro lado, colocado em circunstâncias de falta de tempo, de residência longe e sem telefone, eu fui, a pouco e pouco, alijando a tarefa da realização do jornal para os ombros do Miguel, e ultimamente só escrevia os artigos de fundo (e assim mesmo deixei de fazê-lo em dois números). De resto, confesso que o fato de ter feito 14 números do jornal sozinho me forneceu uma justificação para a vontade de descansar um pouco.

Isso, como é natural, deu aos executores do jornal (palavra de honra que *executores* vai apenas no sentido de fazedores...) uma sensação de propriedade que eu, e o grupo que fundou o *P.D.* não considerávamos inconveniente. A situação parecia nítida e sem possibilidades de atrito: havia um trabalho a cumprir, eles estavam tão interessados nesse trabalho como nós, portanto não haveria qualquer desvantagem em que fossem eles e não nós a realizá-lo. Entretanto, as coisas não se passaram assim com tanta simplicidade e dentro em breve começaram as complicações. Primeiro por causa de um artigo do Padre Nicolas Boer (que lhe fora pedido pelo Miguel sem nos dar conhecimento). Não sei se você o leu: a propósito da Igreja portuguesa coitadinha, tão maltratada pelo regime, o Padre Boer ia por aí fora, todo lampeiro, citando as intoleráveis perseguições aos católicos nas "democracias bolchevistas" e outras maldades feitas por este mundo aos infelizes católicos.

Eu pedi que não se levantassem problemas desse tipo dentro do jornal, e isso provocou uma discussão de duas horas, dentro do próprio *Estado*, com o Miguel, o Alves das Neves, o Cunha Rego e o Santana Mota. Consegui, ao fim de muito suar, que a parte final do artigo fosse suprimida. Mas o Miguel pôs uma condição, para prova da minha boa vontade: a publicação de um artigo que ele estava a escrever, sobre a repressão no Portugal pós-Salazar. A coisa ficou assim e dias depois ele anunciou-me que desistia do artigo. Estava tudo, portanto, no melhor dos mundos. Mas como os homens mudam, tempos mais tarde o Miguel telefona-me anunciando que resolvera afinal publicar o tal artigo, dando-me, porém, licença para eu cortar o que quisesse. Aí a coisa começou a ficar mais preta, porque se há coisa para que eu tenha pouco jeito é para censor. No entanto, li o artigo (você terá a oportunidade de vê-lo dentro de dois meses no *Anhembi*, se o Paulo Duarte quiser publicá-lo) e telefonei-lhe dizendo que, além das ideias ingênuas sobre os "bons fascistas", o artigo tratava de assuntos relacionados com a política internacional, que não me pareciam adequados ao *Portugal Democrático* e à sua linha de unidade. Desta vez o caso era mais grave, pois já não se tratava de um artigo do Padre Boer, mas da prosa sacrossanta do próprio Miguel. Concretamente, o que eu achava no artigo, totalmente fora de relação com o caso português, eram certas referências ao Milovan Djilas, com transcrição de lindas frases sobre o despotismo comunista e a sua gênese, um arrazoado sobre Engels, sobre Marx, sobre os "erros de Lênin", o despotismo não sei de quem (por acaso não era do Stálin)... Tudo isto para justificar a existência de homens honestos dentro do fascismo, que "circunstâncias de família, do acaso" tinham lançado no mau caminho.

Finalmente, ainda desta vez o caso se compôs porque, não aceitando a ideia que ele próprio sugerira de certos cortes no artigo, o que foi melhor para mim, pois me evitou ter de desempenhar o papel de Armando Larcher da esquerda, o Miguel acabou por retirar o artigo do jornal. Entretanto, logo depois surgiu o terceiro caso, esse por culpa minha, como você verá. O Miguel, agindo novamente de forma discricionária (e você já antes de mim distinguira nele esta tendência) escrevera, sem dizer nada a ninguém, ao Eduardo Lourenço, pedindo uma resposta para o inquérito "E depois de Salazar". O Lourenço escreveu aquele artigo inteligente, de um nível raro nas nossas colaborações, que você teve a oportunidade de ler no último número. O artigo seguiu para a tipografia sem que eu tenha tido ocasião de o ler e quando já estava composto li-o então, mas já com umas palavras do jornal apresentando o Lourenço como o "expoente máximo da intelectualidade portuguesa". Esta apresentação e o tom aristocrático com que o artigo começa, falando do alto do conformismo do povo português (e o Lourenço não é dos mais indicados para falar em conformismo) confesso que me irritara, levando-me a telefonar ao Miguel sugerindo-lhe que escrevêssemos ao Eduardo Lourenço para que ele assinasse o artigo, visto este conter ideias com as quais nem todos os membros da comissão de redação poderiam estar de acordo.

Nova discussão, desta vez sem possibilidade imediata de solução. Resolveu-se ir para uma reunião da comissão, nessa noite, para discutir o assunto. Entretanto eu fui à tipografia, pedi provas da 2ª parte do artigo e, lendo a prosa do Lourenço na íntegra, vi que, no fim de contas, o artigo, embora contenha muitas coisas que são de discordar, é uma análise extremamente lúcida do caso português e uma contribuição positiva para a nossa luta. Honestamente, telefonei ao Miguel fazendo *amende honorable* e anunciando-lhe que, embora pensasse que seria preferível o Lourenço assinar o que escreve, já que ele mesmo, no Brasil, não está decidido a jogar tudo, como você, eu ou o próprio Miguel, poderíamos realmente publicar o artigo sob pseudônimo. E assim se fez, tirando, no entanto, o tal exagero da apresentação do Lourenço como o "maioral dos intelectuais portugueses".

Depois disso a situação ficou um pouco tensa. Os atritos que lhe expus, dir-me-á você, são inevitáveis num jornal que pretende realizar uma tarefa única no mundo de hoje: reunir na mesma página gente de todos os lados. Eu penso, no entanto, que o fascismo nos colocou numa posição privilegiada, unindo-nos de uma forma impossível em qualquer outro lado. É lógico, porém, que essa união requer muito tato, muita concessão mútua, muita abdicação, de que nem todos serão capazes de dar provas. Quando já há mais de um ano, certa manhã, na minha casa, você me contou algumas das suas queixas contra o PC português, eu intimamente fiquei-lhe muito grato por você ter conseguido, dentro do *Portugal Democrático* superar este amargor, aceitando colaborar num jornal lado a lado com membros deste mesmo PC e não trazendo para o jornal as suas queixas. Inversamente, nunca houve do grupo de extrema esquerda, nenhum protesto, por exemplo, contra o excesso de elogios ao Júlio de Mesquita Filho. Eu posso achá-los ridículos, pensar que constituem, por parte de nossos amigos que trabalham no *Estado*, a demonstração de uma atitude a que os brasileiros chamam de "puxa-saco", mas nunca me opus a que o homem fosse incensado à vontade dentro do *P.D.* Também não me insurgi quando o Miguel, neste último número, para responder aos ataques de *O Século* achou necessário indicar o nome de todos os colaboradores do jornal que não são comunistas (foi a mesma coisa que dizer à PIDE: agora, por exclusão, vejam quem é…). Tudo isso são concessões, a fazer de ambos os lados. Mas é preciso, realmente, que se façam de ambos os lados, e com espírito desportivo, não com a ameaça de que na próxima vez "saímos do jornal e o *P.D.* acaba".

Bem, Casais, esta carta já está demasiado longa e, se eu disponho aqui de tempo para me estender, você é que não o tem para me aturar. Devo dizer-lhe ainda, no entanto, que apesar de tudo as coisas vão andando e que por outro lado as minhas relaçõcs pessoais com o Miguel são muito boas, o que facilita bastante as coisas: jantamos com as respectivas metades em casa um do outro, discutimos cordialmente e há dias, quando o Grupo Democrático de São Paulo me ofereceu um jantar a propósito de minha vinda para Assis, o Miguel foi quem mais se incomodou com a organização da coisa. As dificuldades surgem no plano da unidade e no das possibilidades de trabalho dentro do jornal. Se você viesse para São Paulo, poderia assumir um papel de árbitro que a sua autoridade e a sua experiência justificariam. Mas mesmo ficando no Rio, julgo que a sua colaboração para resolvermos este problema poderia ser preciosa. As relações epistolares Rio-São Paulo por intermédio de *O Estado* são razoáveis. Que diria você se eu sugerisse a sua entrada para a direção do *Portugal Democrático* de forma a permitir-lhe opinar sobre toda a matéria a publicar, evitando assim muito atrito? Eu não gostaria de dar-lhe mais chatices, mas a verdade é que com a minha vinda para Assis, receio muito não poder dominar os entusiasmos fugazes, as ingenuidades, a forma de proceder ditatorial, o romantismo e a falta de sentido político do Miguel. O que mais posso prometer é que conterei as desconfianças, as prevenções e o espírito *orné* dos meus próprios correligionários. Se a coisa continuasse no sentido que tomou nos últimos dois meses, o jornal sofreria bastante. Sinto-me tanto mais à vontade para lhe fazer este pedido quanto você mesmo me disse na carta que há dias me escreveu que ficou "categorizado como pomba da paz". Vamos pôr à prova essas asas brancas? Devo dizer, aliás, que já consultei o Miguel sobre esta sugestão e que ele está de acordo. Como atrasei esta carta, quem sabe mesmo se ele não lhe fez já o mesmo pedido.

Escreva-me algumas linhas logo que possa. Cumprimentos à D. Rachel. Um abraço do Vitor Ramos.

P.S. Desculpe o tipo da máquina: não sou eu que estou com a "mania das grandezas". A máquina é mesmo assim, toda em maiúsculas...

V.R.

Unidade Democrática Portuguesa a Casais Monteiro e Jorge de Sena

São Paulo, 3 de março de 1962

Aos
Ilmos. Snrs.
Profs. A. Casais Monteiro e
Jorge de Sena
Av. Pedro II, 1301
Araraquara (S. Paulo)

Ilmos. Senhores:

Acusamos a recepção da vossa carta de 25 do corrente[11] e já tomáramos devida nota do vosso pedido de demissão da Comissão Executiva da U. D. P., o que sinceramente lastimamos.

Oportunamente tomaremos a iniciativa da convocação de uma nova Assembleia geral para reestruturação do movimento, à qual contamos venha a ter a vossa presença.

Entretanto, esperamos que a orientação unitária da U. D. P. receba da vossa parte toda a colaboração e críticas construtivas que vos merecer.

---

11 A carta de 25 de fevereiro de 1962 encontra-se reproduzida entre os apêndices do volume de Jorge de Sena, *Rever Portugal* (Lisboa: Babel, 2011, p.417). (N. O.)

Saudações Democráticas
Unidade Democrática Portuguesa
Comissão Executiva
Os Secretários da Comissão Executiva

Casais Monteiro a Dante Moreira Leite

Madison, 4 de janeiro de 1969

Meu caro Dante:

Você faz alguma ideia do que sejam 25 graus abaixo de zero? Pois eu faço e aqui estou, vivo e sano, como se diz na poesia medieval. Era precisamente a temperatura que estava fazendo ontem, um pouco antes da meia-noite, quando a Mécia [de Sena], o professor (uruguaio) Medina Vidal e eu saímos da casa de um dos mais simpáticos profs. daqui, que não sei se chegou a conhecer,[12] o Norman Sacks. O qual, aliás, vai para a semana a S. Paulo, a um congresso, ou coisa assim, de linguística. 25 centígrados. Mas, para vocês não terem demasiada pena da gente, devo dizer que se trata de uma onda de frio vinda diretamente do polo. Brrrr!!!! Mas, sabe, a gente sai duma casa aquecida para um carro aquecido – é só o tempo de sair e entrar! – não se chega a sentir mesmo o que sejam 25 abaixo de. A temperatura normal seria, nesta época, "apenas" uns 5 – também abaixo de...

Bom, fiquei muito contente com a solução do caso da Zina [Bellodi]. Uf! Eu já estava botando lume pelos olhos, capaz de pegar um avião e ir dar uns safanões na D. Ester [de Figueiredo Ferraz].[13] Ó gente besta, ineficaz, antipática. Ó inimigos do Brasil!! Enfim, consolemo-nos com a besteira norte-americana, a qual abunda para a nossa consolação. A besteira e a ineficácia. Você quer acreditar que demorava duas semanas a fazer uma fotocópia de minha carteira de identidade? De modo que

---

12   Dante Moreira Leite ministrara cursos de verão em Madison, em 1967. (N. O.)
13   Então integrante do Conselho Estadual de Educação. (N. O.)

decidi mandar a propriamente dita, pelo que, neste momento, estou totalmente indocumentado, já que o passaporte está em Milwaukee, para me darem mais uns meses de residência neste paraíso.

Já sabia a respeito do Edison [Galvão] – você sabe que eu supunha que a leucemia não se adquiria, que era congenital. Mas que horror! E os pobres vão ficar com muito pouco, se ele morre, não? Que se pode fazer? Ela trabalha? Ou poderá trabalhar? Porque, a reforma, como ainda é moço, não vai ser grande, é claro! Bem, oxalá o diagnóstico esteja errado.

Mandei ontem a carta pedindo o novo afastamento, mais os contratos devidamente assinados, mais os papéis da "Pensão" (mas que pensão é essa?), e mais a carteira, que oxalá não se perca por aí fora! Inteiramente de acordo com a sua sugestão para depositar o dinheiro – prazo fixo com correção monetária –, muito obrigado pela luminosa ideia. Mas você, mesmo sem essa ideia, já era candidato a altíssimo posto na alta finança.

Fiquei animado, embora com dúvidas, já digo quais, com o que me conta do assalto frustrado. Você fala em veneziana, quer dizer que o sujeito não seguiu o tradicional processo de entrar quebrando o vidro da cozinha! E eu a pensar que só o vitrô (como se deverá escrever?) era perigoso! – e que achei inúteis as defesas que o João Paulo mandou colocar nas venezianas! Oxalá o sujeito não volte antes que a dita esteja consertada! Ou pegaram o sujeito? Espero que o Zico tenha funcionado.

Não combinei nada. Mas o aluguel tinha sido aumentado PARA O DOBRO há muito pouco tempo, e realmente não tem havido reajustamentos anuais – de modo que acho de boa política esperar que o Michetti se encha de coragem para me tirar mais uns dobrões da carteira.

Meu caro, notícias do Brasil em Madison! – mas você esteve aqui, não sabe como é? Nada meu caro – exceto quando há golpe, e mesmo assim só fiquei com alguma ideia do que tinha acontecido comprando o *New York Times*! Isto é província seu Dante, irremediável província. Viu o artigo da *Time*? Depois de se referir ao 5º Ato Institucional, dizia que os militares se tinham esquecido de que no drama clássico "o 5º ato também costuma ser o último"... Nosso Senhor ouça a *Time*!

Bom, Sena: vocês não terão sabido aí que não o queriam deixar entrar, que ele telefonou de Espanha para a casa do Marcelo Caetano,[14] que o Marcelo não estava, mas a empregada prometeu dar o recado, deu e no dia seguinte estava uma caravana mais ou menos subversiva em Marvão, por onde ele entrou, inclusive com o correspondente da United Press, porque realmente a empregada deu o recado e o senhor presidente do conselho, talvez por conselho dela, contrariou a PIDE e deu a licença. E lá está o homem, em Lisboa, a ganhar coragem para lhe meterem a faca na barriga e tirarem as pedrinhas que tem na vesícula, o que, se aqui o fizesse, custaria muito mais caro, e com graves riscos, pois tenho ouvido o pior da medicina de por aqui – e o preço já o "senti", pois quando cheguei fui ao médico para saber como é que o meu enfisema estava, e como se daria por aqui, e diga-se de passagem que, ao contrário do que parecia supor, ele até gosta de frio – se for seco, como é, felizmente, o caso. Mas voltemos ao Sena: ele só deve voltar para o fim do mês e nem sei se ainda me encontrarei aqui com ele, pois a data da minha partida deverá ser à volta da mesma data. Mas ainda não sei quando começa o segundo semestre em Nashville, e, como vou de automóvel, com um sujeito que não sei se chegou a conhecer, o Marvin [Raney], diretor da *Luso-Brazilian Review*, que me fez essa simpática oferta, pois vai ao sul por esta época. Para mim é excelente, verei uma porção de lugares que com os meus meios normais de locomoção nunca veria, entre outras uma das comunidades socialistas, New Harmony, fundada pelo Robert Owen, da qual ainda existem vestígios – exteriores, é claro...

Ontem interrompi aqui, e ao reler agora, vi que tinha feito bem, pois o estilo estava ficando muito perro. Infelizmente, esta desgraçadinha Hermes Baby está abusando do segundo nome, e fazendo graves crianicices, como não escrever os acentos etc., estava com vontade de comprar uma elétrica portátil, que ainda não há aí, o diabo é o peso, pois, embora portátil, pesa uns 13 ou 14 q. Que pena – pois até achei barato.

---

14   José Blanc de Portugal foi quem ligou à residência de Marcelo Caetano, ao receber o telefonema de Jorge de Sena.

Tornei a interromper, e termino nesta segunda-feira, dia de reabertura das aulas, e de menos frio – a vaga deve estar de regresso ao polo.

O [Antonio] Salles [Filho] pede para suspender o envio de dinheiro para o irmão. Uma chatice a menos para você. Infelizmente das outras não o posso dispensar....

Não tenho certeza se cheguei a escrever-lhe, mas suponho que não, a respeito da hipótese de passar-se novamente a Teoria da Literatura I para o segundo ano, na esperança de que este último já esteja um pouco menos chucro e seja possível fazer-se um trabalho mais eficaz. E haveria, além disso, a vantagem de um número algo menor de alunos, como sempre acontece. Estou, portanto, penitenciando-me e batendo no peito, já que, quando fiz força para que a disciplina passasse para o primeiro, só vi a vantagem de dar aos alunos logo de entrada uma "base", para o que, todavia, seria necessário transformar a dita disciplina em aula de "leitura vigiada" – que, aliás, decerto farei, se a mudança não for aceite pelo Dep. Seja como for, gostaria de saber a sua opinião a respeito.

E por hoje, ponto final. Afetuosas lembranças para a Miriam, e para você o abraço do amigo velho e grato

Casais

Poesia

Poeta

Poeta: uma criança em frente do papel.
Poema: os jogos inocentes,
invenções do menino aborrecido e só.
A pena joga com as palavras ocas,
atira-as ao ar a ver se ganha ao jogo.
Os dados caem: são o poema. Ganhou.

(de *Confusão*, 1929)

À memória de
Mário de Sá-Carneiro

A mão ergue inerte o mesmo facho
figuração morta dum sonho enevoado
lá longe no tempo escuro
em que ainda havia gestos belos
mãos e braços altos num protesto
ânsias a pedir sonhos desmedidos
fomes sem descanso e sedes sem esperança…

(de *Poemas do tempo incerto*, 1934)

Itinerário da libertação

Asa vagabunda, como folha tão leve
que mal pousa e logo o vento a leva…
meus dias passados! E só aquela ânsia
da comunhão sonhada e necessária
era em mim a força que superava
as longas insinuações da desesperança..
Lado a lado, as duas forças que lutavam:
a desesperança sempre alimentada
de novas decepções a cada dia,
voz de aniquilação que me chamava
a descrer por uma vez de qualquer rumo.
E só, face ao acumular-se de insucessos,
só ante as negações sempre mais vivas,
só, nua em sua presença desarmada
– a fé intangível na vitória!

(de *Sempre e sem fim*, 1937)

Canto da nossa agonia

[...]
A manhã tem aves e mulheres lindas
e tem árvores e varandas com flores...
Eu tenho tudo isto porque ando na rua
e porque me esqueci neste sol todo de que havia
propriedade
e meti ao bolso aves e mulheres, árvores, varandas e
sonhos...
Tenho tudo isto e não tenho nada.
Porque a noite em que tudo se apaga já está dentro
dos meus olhos,
porque bem sei afinal que as minhas mãos estão vazias,
e nos bolsos,
só está o sonho de lá ter metido qualquer coisa...

A noite já veio e eu queria ainda acreditar nesta manhã,
queria por força que tudo fosse manhã, dentro de mim e
[dos outros...
Mas nem eu nem os outros temos senão sonhos envenenados,

senão esta recordação atravessada na carne,
dum dia que não houve
dum dia que mais uma vez nos foi roubado,
dum dia em que ia haver realmente
a manhã de sol de todos nós.
[...]

(de *Canto da nossa agonia*, 1942)

Europa

III

Na erma solidão glacial da treva
os que não morreram velam.
Em vagas sucessivas de descargas
a morte ceifou os nossos irmãos.
O medo ronda,
o ódio espreita.
Todos os homens estão sozinhos.

A madrugada ainda virá?

Vão caindo um a um na luta sem trincheiras,
e a noite parece que não terá nunca madrugada,
mas cada gota de sangue é agora semente de revolta,
da revolta que varrerá da face da terra
os sacerdotes sinistros do terror.
A revolta a florir em esperança
dos braços e das bocas que ficaram...

A traição ronda,
a morte espreita.

Uma comoção de bandeiras ao vento...
Clarins de aurora, ao longe...

Os que não morreram velam.

IV

Eu falo das casas e dos homens,
dos vivos e dos mortos:
do que passa e não volta nunca mais...
Não me venham dizer que estava matematicamente previsto,
ah, não me venham com teorias!
Eu vejo a desolação e a fome,
as angústias sem nome,
os pavores marcados para sempre nas faces trágicas das vítimas.
E sei que vejo, sei que imagino apenas uma ínfima,
uma insignificante parcela da tragédia.
Eu, se visse, não acreditava.
Se visse, dava em louco ou em profeta,
dava em chefe de bandidos, em salteador de estrada
– mas não acreditava!

Olho os homens, as casas e os bichos.
Olho num pasmo sem limites,
e fico sem palavras,
na dor de serem homens que fizeram tudo isto:
esta pasta ensanguentada a que reduziram a terra inteira,
esta lama de sangue e alma,
de coisa e ser,
e pergunto numa angústia se ainda haverá alguma esperança,
se o ódio sequer servirá para alguma coisa...

Deixai-me chorar – e chorai!
As lágrimas lavarão ao menos a vergonha de estarmos vivos,
de termos sancionado com nosso silêncio o crime feito instituição,
e enquanto chorarmos talvez julguemos nosso o drama,
por momentos será nosso um pouco do sofrimento alheio,
por um segundo seremos os mortos e os torturados,
os aleijados para toda a vida, os loucos e os encarcerados,
seremos a terra podre de tanto cadáver,
seremos o sangue das árvores,
o ventre doloroso das casas saqueadas,
– sim, por um momento seremos a dor de tudo isto...

Eu não sei por que me caem as lágrimas,
porque tremo e que arrepio corre dentro de mim,
eu que não tenho parentes nem amigos na guerra,
eu que sou estrangeiro diante de tudo isto,
eu que estou na minha casa sossegada,
eu que não tenho guerra à porta,
– eu porque tremo e soluço?
Quem chora em mim, dizei – quem chora em nós?

Tudo aqui vai como um rio farto de conhecer os seus meandros:
as ruas são ruas com gente e automóveis,
não há sereias a gritar pavores irreprimíveis,
e a miséria é a mesma miséria que já havia...
E se tudo é igual aos dias antigos,
apesar da Europa à nossa volta, exangue e mártir,
eu pergunto se não estaremos a sonhar que somos gente,
sem irmãos nem consciência, aqui enterrados vivos,
sem nada senão lágrimas que vêm tarde, e uma noite
à volta,
uma noite em que nunca chega o alvor da madrugada...

(de *Europa*, 1946)

Ato de contrição

Pelo que não fiz vida perdão!
Pelo tempo que vi, parado,
correr chamando por mim,
pelos enganos que talvez
poupando me empobreceram,
pelas esperanças que não tive
e os sonhos que somente
sonhando julguei viver,
pelos olhares amortalhados
na cinza dos sóis que apaguei
com risos de quem já sabe,
por todos os desvarios
que nem cheguei a conceber,
pelos risos, pelas lágrimas,
pelos beijos e mais coisas,
que sem dó de mim malogrei

– por tudo, vida, perdão!

(de *Simples canções da Terra*, 1949)

Ode ao Tejo e à memória de Álvaro de Campos

E aqui estou eu,
ausente diante desta mesa –
e ali fora o Tejo.
Entrei sem lhe dar um só olhar.
Passei e não me lembrei de voltar a cabeça,
e saudá-lo deste canto da praça:
"Olá, Tejo! Aqui estou eu outra vez!"
Não, não olhei.
Só depois que a sombra de Álvaro de Campos se sentou a meu lado
me lembrei que estavas aí, Tejo.
Passei e não te vi. Passei e vim fechar-me dentro das quatro paredes,
[Tejo!
Não veio nenhum criado dizer-me se era esta a mesa
[em que Fernando Pessoa se sentava,
contigo e os outros invisíveis à sua volta,
inventando vidas que não queria ter.
Eles ignoram-no como eu te ignorei agora, Tejo.

ODE AO TEJO E À MEMÓRIA DE ÁLVARO DE CAMPOS

Tudo são desconhecidos, tudo é ausência no mundo,
tudo indiferença e falta de resposta.
Arrastas a sua massa enorme como um cortejo de glória,
e mesmo eu que sou poeta passo a teu lado de olhos fechados
Tejo que não és da minha infância,
mas que estás dentro de mim como uma presença indispensável,
majestade sem paz nos monumentos dos homens,
imagem muito minha do eterno,
porque és real e tens forma, vida, ímpeto,
porque tens vida sobretudo,
meu Tejo sem corvetas nem memórias do passado...
Eu que me esqueci de te olhar!
O meu mal é não ser dos que trazem a beleza metida na algibeira
e não precisam de olhar as coisas para as terem.
Quando não estás diante dos meus olhos, estás sempre longe.
Não te reduzi a uma idéia para trazer dentro da cabeça,
e quando estás ausente, estás mesmo ausente dentro de mim.
Não tenho nada porque só amo o que é vivo,
mas a minha pobreza é um grande abraço em tudo o que
                                              [é sempre virgem,
porque quando o tenho, é concreto nos braços fechados sobre a posse.
Não tenho lugar para nenhum cemitério dentro de mim...
E por isso é que fiquei a pensar como era grave ter
                                    [passado sem te olhar, ó Tejo,
Mau sinal, mau sinal, Tejo.
Má hora, Tejo, aquela em que passei sem olhar para onde estavas.
Preciso de um grande dia a sós contigo, Tejo,
levado nos teus braços,
debruçado sobre a cor profunda das tuas águas,
embriagado de teu vento que varre como um hino de vitória
as doenças da cidade triste e dos homens acabrunhados...
Preciso dum grande dia a sós contigo, Tejo,
para me lavar do que deve andar de impuro dentro de mim,
para os meus olhos beberem a tua força de fluxo indomável,

para me lavar do contágio que deve andar a envenenar-me
dos homens que não sabem olhar para ti e sorrir à vida,
para que nunca mais, Tejo, os meus olhos possam
                            [voltar-se para outro lado
quando tiverem diante de si a tua grandeza, Tejo,
mais bela do que qualquer sonho,
porque é real, concreta e única!

(de *Noite aberta aos quatro ventos*, 1943)

Chave do silêncio

Ao José Blanc de Portugal

Onde vai meu tormento?
onde tem detença
meu rumo insondado?

Que dizem as coisas?
Que palavras ler
nas linhas cruzadas?

Meu rio de águas turvas, de águas fundas,
onde sou sem saber aquele que busco?
Meu pobre mistério, talvez bem claro,
soluço parado sobre estradas nuas...

Onde estás, meu segredo?
Para alguém o ler?
Ou tudo são traços
à toa na areia?

Se não vale a pena…

Meu riso, donde és?
Ó dor, quem lamentas?

Meu voo insensato
entre nuvens negras!

(de *Noite aberta aos quatro ventos*, 1943)

Sol da tarde

Ao João Paulo

É uma presença de todos os dias.
Porque só os vi agora como nunca –
como se num círculo mágico fechados?
Na sala, de repente, tudo o mais se apagou.
Mistério do sol, da hora, e de que mais?

De um lado o guache de Fernando Lemos
do outro o óleo de Vespeira
e ao centro, pousado sobre a cômoda antiga,
o maravilhoso Miró explode.
Nos três nunca a forma acaba ou a cor começa
inteiras presidem
ao nascer do mundo.

Como isto me encheu os olhos de repente
ao abrir as janelas da sala para o sol da tarde!
Como o calor das três pinturas está lá fora

igual ao calor da primavera dentro delas!
Onde começa a natureza e elas acabam?

Como elas saltaram para dentro de mim
a ensinar-me o amor das coisas sem perguntas
o amor físico sem subterrâneos de significações
o amor-camarada da cor-forma que renega
a realidade que nos querem impor cinzenta!

(de *Voo sem pássaro dentro*, 1954)

O castelo

Só pelo instinto sei
restituir
restituir-me à vida.

Só pela ignota voz
reter o mundo
voltar ao mundo.

Não sei contar segredos
nem meus nem de ninguém.
Nenhuma língua fala
a voz que em si me tem.

O resto é só piedade
e carne dada aos vermes.

(de *O estrangeiro definitivo*, 1969)

O CASTELO

Só pelo instinto sei
restituir
restituir-me à vida.

Só pela ignota voz
reter o mundo
voltar ao mundo.
Não sei contar segredos
nem meus nem de ninguém.
Nenhuma língua fala
a voz que em si me tem.
O resto é só piedade
e carne dada aos vermes.

Adolfo Casais Monteiro

Autógrafo do poema.

Romance

As esperanças comuns[1]
(um capítulo da primeira parte)

Encostado a um portal, André esperava. Já passavam cinco minutos da hora marcada; mas André já ali estava desde muito antes, como que receasse que um acaso, o relógio adiantado, uma ansiedade igual à sua, a pudessem fazer vir mais cedo – e André não podia imaginar Helena esperando, esperando-o. E, contudo, bem sabia que ela viria atrasada que, como tantas vezes naqueles dois meses, bem podia suceder que a sua espera fosse vã e passariam dez, vinte, quarenta minutos, uma hora ao fim dos quais acabaria por perder de todo a esperança e partiria enfim vagarosamente com olhares implorativos a todas as esquinas, num derradeiro apego à ilusão. André ia revivendo todas as horas que já passara assim num crescendo de ansiedade agarrando-se a todos os pretextos que pudessem justificar uma demora, imaginando visitas de amigas, a chegada repentina dos pais, um mal-estar súbito, mas com a certeza íntima de que passados dez minutos, um quarto de hora no máximo, era

---

1   *Presença*, Coimbra, n.52, p.2-3, jul. 1938. Texto incorporado ao romance *Adolescentes* (Porto: Ibérica, 1946). (N. O.)

Página da *Presença* com trecho de romance posteriormente intitulado *Adolescentes*.

certo Helena já não vir. Mas esta certeza já não tinha força para o fazer abandonar o repisar de suposições em que se embalava.

Dez minutos tinham passado. André levantara a gola do sobretudo; o frio não era muito mas naquela meia tepidez que envolveu o seu rosto como que sentia um consolo indefinido, uma suavidade na angústia. Porque era verdadeira angústia, aquele esperar em vão, enquanto ao seu lado os indiferentes iam passando, por vezes uma mulher aproxima-se dum vulto que se levantava dum dos bancos do jardim ou avançava duma esquina; outras era o homem que chegava e a visão desses encontros doía-lhe como a recordação duma felicidade impossível – tanto mais que nenhum daqueles, com certeza, se ia ali encontrar senão impedido pelo amor, ao passo que ele bem sabia que na mistura de sentimentos que levavam Helena até ele o amor ocupava um espaço tão pequenino que era quase de desejar que antes não ocupasse nenhum.

Lá do outro lado do jardim um vulto esguio de mulher surgiu. Foi uma ilusão de segundos: o vulto aproximou-se. E André mais se encolheu no portal, as mãos, enterradas nos bolsos, apertaram mais contra o corpo o sobretudo, num gesto friorento como se o sentimento de abandono que crescia dentro dele se convertesse em frio. Um quarto de hora André já sabe que só lhe resta ir-se embora, mas a sua imaginação trabalha com demasiada intensidade para que lhe seja possível qualquer decisão razoável. Cada carro elétrico é uma esperança, cada vulto um sobressalto que passa à angústia, para acabar numa intensificação do nervosismo que se apoderou de todo ele, tornado ainda mais intenso pela imobilidade forçada – se se deslocasse por pouco que fosse do lugar combinado, a imaginação logo o convenceria que ela viera precisamente nessa ocasião, e se fora, sem sequer olhar para os lados; era absurdo, mas no estado em que André se encontrava as coisas mais naturais transformavam-se em problemas complicadíssimos – embora a sua razão não deixasse de lhe mostrar, a cada momento, o absurdo de suas imaginações, a fantasia delirante das suas hipóteses; mas que podia a razão naquele mar revolto de paixão desencadeada?

Passou mais tempo, André não tem coragem de olhar o relógio, como se assim o tempo andasse mais devagar. Ainda tenta libertar-se da ilusão, num esforço maior: impossível. Se no próximo encontro ela lhe dissesse: "Sabes que apareci na quarta? Já não contava encontrar-te, passava mais de meia hora mas, por desencargo de consciência…" como se desesperaria! E que custa esperar a mulher que se ama? Não é melhor sofrer assim do que… nem sequer amar? E André ia-se embalando com esta ideia… Começou a recordar o que era a sua vida antes de se apaixonar por Helena. Como todos os seus amigos, falava muito do amor; mas entre todos era ele quem menos o conhecia – com exceção de Júlio, no qual todos reconheciam uma completa incapacidade para falar de amor sem pensar imediatamente numa cama; e contudo, quem sabe se aquela grosseria, aquela incapacidade para se elevar acima da pura animalidade, não esconderiam um outro Júlio sentimental e piegas diante de uma mulher, como eles não admitiam que se fosse? Mas o desprezo que sentiam por este estranho, que no fundo todos detestavam embora fosse um companheiro de todos os dias, não lhes permitia ver para além do que ele deixava ver. O Roberto talvez nunca tivesse tido um grande amor – mas quem o poderia saber? Por trás daquele sorriso que mais parecia um *rictus* de sofrimento que se esconde, quem poderia saber dizer o que se encontrava de fato? Uma intensa sensibilidade ferida à mais leve alfinetada, ou o gelo duma inteligência que arrefecia todos os sentimentos, que tudo convertia em coisa pensável? Roberto era um mistério que dava para inesgotáveis conversas dos mais íntimos que sabiam que sob aquele aspecto risível, para lá daquela inaptidão para os mais simples gestos quotidianos, estava *alguém*. Mas naquele momento o espírito de André não se podia fixar nos outros. Embora frequentemente se analisasse em comparação com os outros, naquele momento o seu caso impunha-se-lhe com o subjetivismo – egoísmo como também se chama por uma confusão habitual na linguagem apressada dos homens que não têm tempo de escolher as palavras de que se servem – falta em quem está sob o domínio do sentimento que se impõe ao ser inteiro, que subordina a si todos os atos, todos os desejos, todos os pensamentos. Desde que era homem, toda a vida de André fora a procura de um amor que nunca vinha – e que ele próprio ajudava a não vir nunca a tal ponto que se convencera da sua incapacidade, não de amar, mas de despertar numa mulher aquele interesse inicial que pode levar ao amor. E nem ele sabia como Helena tinha quebrado o encanto – embora nada tivesse feito para isto. Num assomo de sinceridade André confessou a si próprio: mentira, bem sabia como se resolvera a deixar de ser um contemplador mudo; desde que ela lhe fora apresentada em casa dos pais de Roberto, todas as vezes que a encontrava evitava a mais leve palavra que de longe sequer pudesse lembrar um galanteio, embora desde o primeiro momento a graça vibrátil de Helena, o encanto e seus olhos verdes sobre o mate do rosto moreno, o tivessem deixado aturdido. Estivera a olhá-la, num encantamento sem saber o que sentia, e só ao sair, caíra em si, reconhecendo que aquela mulher, horas antes uma desconhecida, se tinha apoderado dele ao ponto de não poder pensar senão nela.

A impressão de mal-estar físico cada vez maior chamou-o de novo à realidade. Não, agora ia-se embora! Dir-se-ia que o salto brusco da recordação dum momento em que dele para ela só havia a tensão de todo o ser, antes de começarem as dúvidas e as descrenças, para a realidade mais uma decepção, o tornara mais sensível no que havia de ridículo e inútil naquele amor. Afinal para que servia toda aquela comédia? Não estava ele farto de saber que ela não o amava? Estima, amizade... mas que lhe importava isso! Que distância para o que ele implorava! Talvez ela fosse sincera quando dizia querer amá-lo... mas que maior confissão de impotência para o amor do que essa! Queria amá-lo! E ele sem ver o ridículo de sua atitude de parvo à espera que o amor chegasse .. e dando--lhe conselhos amigos para a ajudar a liberar-se das más inclinações que a prendiam! E de quem é a culpa senão dele? Quem tomara aquela atitude de médico que se propunha a curá-la, para, depois de a ter salvo, de a libertar de seus fantasmas, ser o amante a quem ela pudesse entregar-se completamente livre, de todo esquecida de que lhe tinham feito mal, levada das suas fraquezas... patetice! Como podia ela ver nele senão esse amigo a quem se habituara a contar as suas tristezas... as suas aventuras com os outros! Que lhe importava a salvação dela! Afinal, só por co-bardia fingira aquelas atitudes superiores de cavaleiro andante; só por medo de não a poder conquistar por armas normais! E na onda daquela confissão que até no silêncio da sua alma o envergonhava, voltando a recordar como a conhecera, completou o pensamento que momentos antes começara a desenhar-se e a censura interior desviara, tão penoso era para sua consciência aceitar uma verdade tão mesquinha que parecia tornar-se aquele grande amor em miserável aproveitar de ocasião: pois o que o decidira a declarar-se senão, primeiro, o ter sabido que ela já não era virgem e em seguida, o que o Roberto lhe segredara uma vez, como se não ligasse importância ao que dizia: – "reparaste como a He-lena estava a olhar para ti, outro dia, quando lhe falavas de literatura?... Se não aproveitas, és tolo". Como interpretar aquelas palavras? Teria ele notado qualquer coisa? Ou num gesto de bondade inteligente, saben-do da timidez do amigo, inventara aquela maneira de lhe dar coragem a fazer aquilo que por si só não se decidia? Mas pensar nisso afastava o pensamento de André do sentimento de vergonha que lhe produzia o saber que o seu primeiro gesto, a sua primeira atitude de homem que procura apoderar-se do coração duma mulher, só a tivera por cálculo. Só por isso? A verdade do seu amor por Helena revoltava-se contra aquela complacência em diminuir-se; seria assim, mas nem por isso o seu amor deixava de ser aquele grande amor que o fazia sofrer como nunca julgara que se pudesse sofrer.

E André mergulhou num sonhar acordado em que as imagens do passado se confundiam com a realidade presente, com sonhos do futuro, numa névoa indistinta, como se, num sossobrar de todas as energias, a consciência se fosse esbatendo, afundando... André resolveu, por fim, a olhar o relógio: cinco menos dez. Tinha passado quase uma hora. Mas que importava o relógio e a sua precisão ao lado daquela aguda consciência do ritmo cada vez mais apressado da sua exaltação desesperada, na nitidez cada vez maior da certeza: não virá! E nessa mórbida fixação de todo a tensão vital sobre a dolorosa consciência do fracasso, ia-se formando, pouco a pouco, por enquanto num segundo plano brumoso, um daqueles estados de espírito como André já conhecera outros: vago e inconfessado comprazimento na tortura, espécie de modorra em que o desespero a si próprio era remédio. Mas era a primeira vez que tal estado nascia do amor. André, contudo, apenas tinha consciência da amargura que o dobrava para o chão, num quebranto que da alma lhe passava ao corpo, lhe anulava a vontade – fazia dele o autômato que minutos depois tomaria um elétrico, entraria num café, e ficaria a tarde inteira absorto, fechado num mutismo feroz, olhando para toda a gente como para inimigos figadais, com a impressão de que todos o olhavam fixamente, e liam no seu rosto transtornado o desespero que o atormentava.

Cronologia

1908	Nasce no Porto, filho de Adolfo de Paiva Monteiro e Vitorina Casais Monteiro.
1928	Completa seu curso de Ciências Histórico-Filosóficas, integra o movimento Renovação Democrática, constituído a partir da Faculdade de Letras do Porto, marcada pela presença anarquista – um de seus pontos de reunião é o Café Magestic. Com Sant'anna Dionísio e Leonardo Coimbra, compõe a direção d'*A Águia* em sua quarta série. Inicia sua colaboração na revista coimbrã *Presença*.
1929	*Confusão*, primeiro livro de poemas, escrito a partir do contato com José Régio e as obras de Pessoa e Sá-Carneiro.
1931	Integra a direção da revista *Presença* ao lado de José Régio e João Gaspar Simões. Início da correspondência com Ribeiro Couto e do contato com os escritores modernos do Brasil.
1933	*Considerações pessoais*, ensaios.
1934	*Poemas do tempo incerto*. Publica volume de correspondência inédita de Antonio Nobre. Ingressa por concurso nos quadros da instrução pública como professor do Liceu Rodrigues de Freitas, no Porto. Casa-se com Alice Gomes.
1935	*A poesia de Ribeiro Couto*, ensaio.
1937	*Sempre e sem fim*, poemas. Preso por sua participação na organização clandestina de Socorro e Auxílio à República de Espanha. Embora não seja pronunciado, é demitido do cargo de professor e impedido de lecionar em estabelecimentos de ensino particu-

lares, além de dirigir qualquer publicação. Contato com Manuela Porto, que lhe propõe ilustrar uma conferência sobre poesia brasileira moderna com a apresentação de uma seleção de poemas.

1938 Publica ensaio sobre a poesia de Manuel Bandeira na *Revista de Portugal,* que em 1943 é relançado pela Editorial Inquérito acompanhado de uma antologia. "Introduction à la poésie de Fernando Pessoa", conferência realizada no Instituto Francês em Lisboa e posteriormente publicada. Inicia colaboração regular em publicações brasileiras com artigos publicados pela *Revista do Brasil* (3ª Série). Nascimento do filho João Paulo.

1939 Inicia intensa atividade como tradutor a partir de sua mudança para Lisboa. Data de então sua convivência com Jorge de Sena, com quem, nos anos da Segunda Guerra Mundial, publica *O Globo,* jornal que defende a França livre.

1940 A *Presença* encerra suas atividades, após desentendimento entre Casais e Gaspar Simões. *De pés fincados na terra* e *Sobre o romance contemporâneo,* ensaios.

1941 Publica sua tradução de *O ilustre Gaudissart,* de Balzac.

1942 Publica sua antologia da poesia de Fernando Pessoa. *Canto da nossa agonia*, poema.

1943 *Noite aberta aos quatro ventos*, poemas. Morte do pai.

1944 *Versos*, reunindo seus três primeiros livros de poesia (*Confusão, Poemas do tempo incerto* e *Sempre e sem fim*).

1945 *Adolescentes*, único romance. O texto escapa à censura pelo fato de a Editora Ibérica ser recém-criada.

1946 *Europa*, poema dedicado a Antonio Pedro, que o lera ao microfone da BBC de Londres durante a guerra. Edita *Mundo Literário,* publicação que resiste por um ano.

1948 Viaja a Paris com Castro Soromenho; as despesas são cobertas por uma série de artigos para o *Diário Popular,* representa Eduardo Salgueiro da Editorial Inquérito em negociações.

1949 *Simples canções da terra*, poemas. Preso por publicar artigo no jornal *República,* no qual repetia afirmações de Rodrigues Lapa, que já se encontrava preso.

CRONOLOGIA 333

1950 *O romance e seus problemas*, ensaios. Integra com Jorge de Sena e Castro Soromenho grupo excursionista formado por médicos. Inicia sua participação nos comentários das sessões do Cine Tívoli, promovidas pelo Jardim Universitário de Belas Artes. Tradução d'*As grandes correntes da história universal*, de Jacques Pirenne. Fixação do texto primitivo e versão em português moderno da *Peregrinação*, de Fernão Mendes Pinto.

1951 Participa dos *Rencontres europeénnes de poésie*, em Knokke-Le--Zoute.

1952 Participa como convidado das *Biennales internacionales de poésie*, em Knokke-Le-Zoute.

1953 Convidado a vir ao Brasil para o Encontro Internacional de Escritores a realizar-se no ano seguinte como parte das comemorações do IV Centenário de São Paulo.

1954 Publicada em Madri uma antologia de sua poesia. *Voo sem pássaro dentro*, poemas, ilustrado por Fernando Lemos. Lançada sua tradução de *O Adeus às armas*, de Hemingway. Congresso Internacional de Escritores e Encontros Intelectuais em São Paulo. Casais apresenta as comunicações "Fernando Pessoa, o insincero verídico" e "Problemas da crítica de arte". Exila-se voluntariamente no Brasil. É redator e, depois, colaborador d'*O Estado de S. Paulo*. Trabalha na editora Anhambi, de Paulo Duarte. Leciona na Faculdade de Filosofia e Letras de São Paulo, em curso sobre poesia portuguesa moderna.

1955 Leciona "História da Literatura Portuguesa" na Universidade Mackenzie. Separa-se de Alice Gomes.

1956 Realiza a conferência "A moderna poesia brasileira" sob os auspícios do Club de Poesia de São Paulo. Muda-se para o Rio de Janeiro. Ministra, na Universidade do Brasil, curso sobre ideias estéticas na literatura portuguesa. Inicia relacionamento com Raquel Moacyr. Integra o grupo fundador do mensário da oposição portuguesa no Brasil, o *Portugal Democrático*, do qual será colaborador regular até o rompimento da coalizão que sustentava o jornal, em 1962.

1957	Publica sua tradução d'*A cartuxa de Parma,* de Stendhal. Projeta editar as versões d'*O crime do Padre Amaro,* de Eça de Queiroz, pela Casa de Ruy Barbosa. Cursos na Faculdade Nacional de Filosofia, no Rio de Janeiro, e na Faculdade Católica, em Petrópolis.
1958	*Estudos sobre a poesia de Fernando Pessoa,* ensaios.
1959	*A poesia da Presença,* antologia. Editada a tradução d'*A educação sentimental,* de Flaubert. Ministra cursos de literatura portuguesa e de literatura dramática na Universidade da Bahia. Apresenta sua comunicação "Afinidades e divergências do modernismo em Portugal e Brasil" ao IV Colóquio Estudos Luso-Brasileiros reunido em Salvador. Seu contrato na Universidade da Bahia não é renovado, volta a residir no Rio de Janeiro.
1960	Apresenta sua comunicação "O real e o ideal na concepção da literatura" ao I Congresso Crítica e História Literária, Recife. *Poesias escolhidas* publicadas pela Imprensa Oficial da Bahia, prefácio de Jorge de Sena. Ministra curso na Faculdade Nacional de Filosofia, no Rio de Janeiro, a convite de Celso Cunha. Integra o Comitê dos Escritores e Artistas Portugueses pela Liberdade de Expressão.
1961	Publica *Clareza e mistério da crítica.* Organiza a edição de *Coração, cabeça e estômago,* de Camilo Castelo Branco. Apresenta sua comunicação "A crítica sociológica" ao II Congresso de Crítica e Teoria Literária, em Assis.
1962	Convidado, por indicação de Jorge de Sena, a lecionar Teoria da Literatura na Faculdade de Filosofia Ciências e Letras de Araraquara. Participa do III Congresso de Crítica e Teoria Literária, em João Pessoa. Morte de Raquel Moacyr.
1964	*O Romance* (teoria e crítica), ensaios.
1965	*A palavra essencial,* ensaios. Morte da mãe.
1968	Defende sua tese de livre-docência – *Estrutura e autenticidade como problemas da teoria e da crítica literárias* – na Universidade de São Paulo. Leciona por um ano nas universidades norte-americanas de Wisconsin, em Madison, e de Vanderbilt, em Nashville.

CRONOLOGIA 335

1969 Publica suas *Poesias completas*, que incluem o conjunto inédito de seus poemas escritos no Brasil: "O estrangeiro definitivo".

1972 Morre em São Paulo. Publicação de *Figuras e problemas da literatura brasileira contemporânea*, ensaios, já póstumo.

Bibliografia selecionada

Poesia

Confusão. Coimbra: Presença, 1929.
Correspondência de família. Lisboa: [s.ed.], 1933 (com Ribeiro Couto).
Poemas do tempo incerto. Coimbra: Presença, 1934.
Sempre e sem fim. Porto: Presença, 1937.
Canto da nossa agonia. Lisboa: Signo, 1942.
Noite aberta aos quatro ventos. Lisboa: Signo, 1943.
Versos. Lisboa: Inquérito, 1944 (reunindo os anteriores *Confusão, Poemas do tempo incerto* e *Sempre e sem fim*).
Europa. Lisboa: Confluência, 1946.
Simples canções da terra seguidas de uma Ode a Gomes Leal. Porto: Marânus, 1948. (Cadernos das Nove Musas sob o Signo de Portucale; 2ª. Série, vol. 3)
Voo sem pássaro dentro. Lisboa: Ulisséia, 1954.
Poesias Completas. Lisboa: Portugália, 1969 (reunindo os anteriores e o inédito *O estrangeiro definitivo*).

Inéditos

Poemas em louvor da carne.[1]

Antologias

Antologia. Madrid: Rialp, 1954 (org. Rafael Morales).

---

[1] Anunciado como concluído em fins de 1933, a ser incluído em futura edição das *Poesias Completas*.

Poesias escolhidas. Salvador: Imprensa Oficial da Bahia, 1960 (pref. Jorge de Sena).

Adolfo Casais Monteiro: seleção de poemas Lisboa: Assírio & Alvim, 1973 (org. João Rui de Sousa; textos de A. Ramos Rosa, João Rui de Sousa e E.M. de Melo e Castro).

Participação em antologias

Poetas novos de Portugal. Rio de Janeiro: Livros de Portugal, 1944 (org. Cecília Meireles).

Líricas Portuguesas 2ª Série. Lisboa: Portugália, 1945 (org. Cabral do Nascimento).

"La poésie portugaise contemporaine" numero spécial *Le Journal des Poètes* Bruxelles, a. 22 (9) nov. 1952. (org. Adolfo Casais Monteiro)

Poesia para a infância. Lisboa: Ulisséia, 1955 (org. Alice Gomes).

Poetas Portugueses Modernos. Rio de Janeiro: Civilização Brasileira, 1967 (org. João Alves das Neves).

Modern poetry in translation Portugal. London: Small Press Poetry, 1972 (rev. org. Hélder Macedo).

Da Pessoa a Oliveira: la moderna poesie portoghese modernismo surrealismo neorealismo. Milano: Accademia, 1973 (org. Giuseppe Tavani).

Poesia Portuguesa Actual. Madrid: Nacional, 1976 (org. Pilar Vazquez Cuesta).

Modern Portuguese Poetry New York: Hispanic Society of America, 1978 (org. William M. Ed. Jones).

Poets of Portugal: a bilingual selection. Lisboa / New York: Instituto Camões / Luso Brazilian Books, 2005 (org. Frederick Williams).

Os poemas da minha vida. Lisboa: Público, 2006 (org. Eduardo Lourenço).

Ensaio e crítica

Considerações pessoais. Coimbra: Imprensa da Universidade, 1933.

A poesia de Ribeiro Couto. Porto: Presença, 1935.

Descobertas do mundo interior: a poesia de Jules Supervieille. Porto: Presença, 1938.

Introduction à la poésie de Fernando Pessoa. Lisboa: Institut Français, 1938.

Le moderne et l'eternel dans la poésie portugaise contemporaine. Lisboa: Institut Français, 1939.

De pés fincados na terra. Lisboa: Inquérito, 1940.

Sobre o romance contemporâneo. Lisboa: Inquérito, 1940.

Manuel Bandeira: estudo de sua obra poética seguido de uma antologia. Lisboa: Inquérito, 1943.

BIBLIOGRAFIA SELECIONADA 341

O romance e seus problemas. Lisboa: Casa do Estudante do Brasil, 1950.[2]

Fernando Pessoa e a crítica. Lisboa: Inquérito, 1952.

Fernando Pessoa, o insincero verídico. Lisboa: Inquérito, 1954.

Uma tese e algumas notas sobre arte moderna. Rio de Janeiro: Ministério da Educação e Cultura, 1956.

A moderna poesia brasileira. São Paulo: Clube de Poesia, 1956.

Estudos sobre a poesia de Fernando Pessoa. Rio de Janeiro: Agir, 1958.[3]

Clareza e mistério da crítica. Rio de Janeiro: Fundo de Cultura, 1961.[4]

"La generation de l'Orpheu: Fernando Pessoa, Mário de Sá Carneiro, Almada Negreiros", *Courrier du Centre d'Études Poétiques,* Bruxelles, (35-6): 3-12, dez. 1961.

O Romance (teoria e crítica). Rio de Janeiro: José Olympio, 1964.[5]

"A literatura popular em verso no Brasil". *Ocidente* Lisboa, (327): 3-14, jul. 1965.

A palavra essencial: estudos sobre poesia. São Paulo: Nacional/Edusp, 1965.

Estrutura e autenticidade como problemas da teoria e da crítica literárias. São Paulo: ed. do autor, 1968.

Figuras e problemas da literatura brasileira contemporânea. São Paulo: Instituto de Estudos Brasileiros USP, 1972.[6]

A poesia portuguesa contemporânea. Lisboa: Sá da Costa, 1977.[7]

O que foi e o que não foi o movimento da presença. Lisboa: IN-CM, 1995[8].

Melancolia do progresso. Lisboa: IN-CM, 2003.

Artigos de O Estado de S. Paulo. Lisboa: IN-CM, 2011.

Inacabado

Eça de Queiroz, estudo crítico.[9]

Participação em congressos[10]

---

2 Incluindo o anterior *Sobre o Romance Contemporâneo* (1940).

3 Incluindo os anteriores *Fernando Pessoa e a crítica* (1952) e *Fernando Pessoa, o insincero verídico,* (1954).

4 Incorporando o ensaio "Os falsos dilemas da crítica contemporânea", do volume *O romance e seus problemas* (1950) e parte da plaquette *Uma tese e algumas notas sobre a arte moderna* (1956).

5 Incorporando o volume anterior *O Romance e seus Problemas,* 1950.

6 Incorporando os anteriores *A poesia de Ribeiro Couto* (1935); *Manuel Bandeira estudo de sua obra poética* (1943); *A moderna poesia brasileira* (1956) e *A literatura popular em verso no Brasil* (1965).

7 Incorporando o ensaio sobre Mário de Sá Carneiro de *Considerações pessoais* (1933) e as páginas dedicadas à relação modernismo/simbolismo de *Estudos sobre a poesia de Fernando Pessoa* (1958).

8 Incluindo a apresentação da antologia *A poesia da* Presença. Rio de Janeiro: Ministério da Educação e Cultura (1959).

9 Anunciado em 1933 e definitivamente abandonado em meados dos anos 30.

10 Não foram publicadas as atas do IV Colóquio Internacional de Estudos Luso Brasileiros, Salvador (1959).

Congresso Internacional de Escritores e Encontros Intelectuais. São Paulo: Anhambi/Sociedade Paulista de Escritores, 1957.

II Congresso Brasileiro de Crítica e História Literária. Assis: Faculdade de Filosofia, Ciências e Letras, 1963.

Crítica e História Literária. Anais do I Congresso Brasileiro Universidade do Recife Rio de Janeiro: Tempo Brasileiro, 1964.

Teatro

A jaula e os inocentes, fragmento.[11]

Ficção

Adolescentes. Porto: Ibérica, 1945.

Organização de edições

NOBRE, Augusto Ferreira. *Antonio Nobre e as grandes correntes literárias do século dezenove.* Porto [s.n.], 1931.

Cartas inéditas de Antonio Nobre. Coimbra: Presença, 1934.

QUENTAL, Antero de. *Cartas a Antonio de Azevedo Castelo Branco.* Lisboa: Signo, 1942.

PINTO, Fernão Mendes. *Peregrinação.* Lisboa: Sociedade Cultural de Intercâmbio Luso-Brasileiro, 1952-3.

PESSOA, Fernando. *Poemas inéditos destinados ao no. 3 do Orpheu.* Lisboa: Inquérito, 1953.

BRANCO, Camilo Castelo. *Coração cabeça estômago.* Rio de Janeiro: Civilização Brasileira, 1961.

Antologias

PESSOA, Fernando. *Poesia.* Lisboa: Confluência, 1942, 2v.

PESSOA, Fernando. *Poesia.* Rio de Janeiro: Agir, 1957.

QUENTAL, Antero de. *Poesia e prosa.* Rio de Janeiro: Agir, 1957.

A poesia da presença. Rio de Janeiro: Ministério da Educação, 1959.

LOPES, Fernão. *Crônicas.* Rio de Janeiro: Agir, 1967.

---

11 Em fins de 1933 anuncia ter escrito três ou quatro cenas; em 1935 diz ter em preparo o volume com este título.

BANDEIRA, Manuel. *Poesias*. Lisboa: Portugália, 1968.

PINTO, Fernão Mendes. *Páginas da Peregrinação*. Lisboa: Verbo, 1972.

Prefácios

JÚLIO. *Domingo*. [Vila do Conde]: Presença, 1934.

CATÁLOGO da exposição de Carlos Carneiro Lisboa: Secretariado da Propaganda Nacional, 1936.

TCHECOV, Anton. *O duelo*. Porto: Vasco Rodrigues, 1938.

COUTO, Ribeiro *Uma noite chuva e outros contos* Lisboa: Inquérito, 1944.

BAPTISTA, Maria da Encarnação. *Hora entendida*: poemas Lisboa: Inquérito, 1951.

VIOTTI, Sérgio. *Invenção triste*: poesia. Lisboa: Inquérito, 1952.

SILVA, Domingos Carvalho da. *Poemas Escolhidos*. São Paulo: Clube de Poesia, 1956.

RIBEIRO, Aquilino. *Quando os lobos uivam*. São Paulo: Anhambi, 1959.

_____. *Quando os lobos julgam, a justiça uiva*. São Paulo: Liberdade e Cultura, 1959.

FERRAZ, Geraldo; GALVÃO, Patrícia. *Dois Romances*. Rio de Janeiro: José Olympio, 1959.

Traduções[12]

CARREL, Alexis. *O homem, esse desconhecido*. Porto: Educação Nacional, 1936.

KIERKEGAARD, Sören. *O desespero humano doença até a morte*. Porto: Tavares Martins, 1936. (trad. e pref.)

ANIANTE, Antonio. *Vida e aventuras de Marco Polo*. Lisboa: Inquérito, 1938.

TROYAT, Henri. *A aranha*. Lisboa: Inquérito, 1939.

SIMENON, Georges. *O cão amarelo*. Lisboa: Empresa Nacional de Publicidade, [1939].

DALADIER, Edouard. *Em defesa da França*. Lisboa: Inquérito, 1939.

UNAMUNO, Miguel de. *Um homem*. Lisboa: Inquérito, 1940 (com Aníbal de Vasconcelos).

TOLSTOI, Leon. *A morte de Ivan Ilitch*. Lisboa: Inquérito, 1940.

HÉRIAT, Philipe. *Filhos Rebeldes*. Lisboa: Inquérito, 1940.

TOLSTOI, Leon. *Adolescência*. Lisboa: Inquérito, 1941.

BEWAN, Edwin *A civilização greco-romana* Lisboa: Inquérito, 1941.

TÁCITO. *A Germânia*. Lisboa: Inquérito, 1941.

BALZAC, Honoré de. *O ilustre Gaudissart*. Lisboa: Inquérito, 1941.

DIDEROT. *Paradoxo sobre o actor*. Lisboa: Inquérito, 1941.

ELIOT, Georges. *Silas Marner*. Lisboa: Inquérito, 1941.

---

12 Em 1939 inicia, por encomenda da Editorial Inquérito, a tradução d'*Os filhos de Wang Lung*, de Pearl Buck, posteriormente abandonada.

DRAULT, Jean. *O corsário.* Porto: Educação Nacional, 1941.

TOLSTOI, Leon. *Infância.* Lisboa: Inquérito, 1941.

BAUDELAIRE, Charles. *O pintor da vida moderna.* Lisboa: Inquérito, 1941 (trad. e introd.).

SARTRE, Jean Paul. *As estátuas volantes.* Lisboa: Inquérito, 1941.

ROBIN, Léon. *Platão.* Lisboa: Inquérito, 1943.

BRÖNTE, Charlotte. *Os caminhos do amor.* Lisboa: Inquérito, 1943.

BART, Jean. *Sereia negra: europolis.* Coimbra: Nobel, 1944.

LACHELIER, Jules. *Psicologia e metafísica.* Lisboa: Inquérito, 1945. (trad. e pref.)

MESSER, August. *História da filosofia* Lisboa: Inquérito, 1946.

BLACKMON, Anita. *Rito mortal.* Lisboa: Édipo, 1950.

PRIOLY, Lucien. *Jogo duplo.* Lisboa: Édipo, 1950.

STEEMANN, S.A. *Três igual a um.* Lisboa: Édipo, 1950.

PIRENNE, Jacques. *As grandes correntes da história universal.* Lisboa: Sociedade de Intercâmbio Cultural Luso-Brasileira, 1950-52, 7 v.

QUEEN, Ellery. *O mistério dos irmãos siameses.* Lisboa: Édipo, 1951.

PESSOA, Fernando. *Bureau de Tabac.* Lisboa: Inquérito, 1952 (com Pierre Hourcade).

HEMINGWAY, Ernest. *O adeus às armas.* Lisboa, Ulisséia, 1954 (trad. e pref.).

MARGERIT, Robert. *O deus nu.* Lisboa: Estúdios Cor, 1954.

ALGUNS dos "35 sonetos" de Fernando Pessoa. São Paulo: Clube de Poesia, 1954 (em colaboração com Jorge de Sena).

VILMORIN, Louise de. *Madame de... seguido de Julieta.* Lisboa: Estúdios Cor, 1954.

Perspectivas dos Estados Unidos: As Artes e as Letras. Lisboa: Portugália [1955] (com Jorge de Sena).

STENDHAL. *A cartuxa de Parma.* Lisboa: Estúdios Cor, 1957.

CALDWELL, Erskine. *A estrada do tabaco.* Lisboa: Inquérito, 1959.

FLAUBERT, Gustave. *A educação sentimental.* Rio de Janeiro: Difusão Européia do Livro, 1959.

BERGSON, Henri. *A evolução criadora.* Rio de Janeiro: Delta, 1964.

PESSOA, Fernando. *Poemas ingleses.* Lisboa: Ática, 1974 (traduções, notas e prefácio de Jorge de Sena e traduções adicionais de Adolfo Casais Monteiro e José Blanc de Portugal).

Colaboração em obras coletivas

LIVRO do Centenário de Eça de Queiroz. Lisboa: Livros do Brasil, 1945 (org. Câmara Reys e Lúcia Miguel Pereira).

LEONARDO Coimbra testemunhos de seus contemporâneos. Porto: Tavares Martins, 1950 (org. Casais Monteiro, Álvaro Ribeiro, José Marinho e Sant'Anna Dionísio).

SALAZAR VISTO do Brasil antologia de textos de autores brasileiros e portugueses. São Paulo: Felman – Rego, 1962.

BIBLIOGRAFIA SELECIONADA 345

IN MEMORIAM de José Régio. Póvoa do Varzim: Brasília, 1970 (rev. org. J. Silva Costa).

Correspondência

CARTAS entre Fernando Pessoa e os directores da presença. Lisboa: Imprensa Nacional; Casa da Moeda, 1998 (org. Enrico Martines).[13]

Textos de participação política

O PAÍS do absurdo. Lisboa: República, 1974.

Colaborações na imprensa portuguesa

A águia (4ª. Série), Democracia, Claridade, República, Princípio, Civilização, Verdade, Porto Acadêmico, Acção Republicana, Presença, Liberdade, Descobrimento, Prisma, Movimento quinzenário cinematográfico, Diário de Coimbra, Seara Nova, Portucale, Revista de Portugal, Sol Nascente, Diabo, Afinidades, Litoral, Globo, Horizonte, Mundo Literário, Diário Popular, O Primeiro de Janeiro, Távola Redonda, A Serpente, O Comércio do Porto, Jornal do Comércio, Estrada Larga, O Tempo e o Modo, Ocidente, Diário de Lisboa.

Colaborações na imprensa brasileira

Boletim de Ariel, Revista do Brasil (3ª. Série), Diário de Notícias, Revista do Livro, Anhambi, A Ordem, Correio da Manhã, Ensaio, Portugal Democrático, Teatro Brasileiro, O Estado de S. Paulo, Diário de S. Paulo, Jornal do Brasil, Jornal da Bahia, Revista Brasiliense.

---

13 A íntegra da correspondência com Fernando Pessoa teve publicação anterior em A poesia de Fernando Pessoa. 2.ed. Lisboa: IN-CM, 1985; volume organizado por José Blanco.

Sobre o livro

Formato: 16 x 23 cm
Mancha: 27,5 x 49 paicas
Tipologia: Minion Pro 11/15
Papel: Off-white 75 g/m² (miolo)
Supremo 250 g/m² (capa)

1ª edição: 2012

Equipe de realização

EDIÇÃO DE TEXTO

Angélica Ramacciotti (copidesque)
Miro Dinardo (preparação de original)
Vivian Miwa Matsushita (Revisão)

CAPA
Estúdio Bogari

EDITORAÇÃO ELETRÔNICA
Estúdio Bogari

ASSISTENTE EDITORIAL
Alberto Bononi

Cromosete
Gráfica e editora ltda.
Impressão e acabamento
Rua Uhland, 307
Vila Ema-Cep 03283-000
São Paulo - SP
Tel/Fax: 011 2154-1176
adm@cromosete.com.br